高校图书馆服务与育人职能研究

朱建军 著

吉林文史出版社
JILIN WENSHI CHUBANSHE

图书在版编目（CIP）数据

高校图书馆服务与育人职能研究 / 朱建军著 . -- 长春：吉林文史出版社，2022.10

ISBN 978-7-5472-9051-4

Ⅰ . ①高… Ⅱ . ①朱… Ⅲ . ①院校图书馆—图书馆服务②院校图书馆—图书馆管理 Ⅳ . ① G258.6

中国版本图书馆 CIP 数据核字（2022）第 187363 号

GAOXIAO TUSHUGUAN FUWU YU YUREN ZHINENG YANJIU

高 校 图 书 馆 服 务 与 育 人 职 能 研 究

著　　者	朱建军
责任编辑	于　涉
封面设计	皓　月
出版发行	吉林文史出版社
	（中国·长春市福祉大路 5788 号）
邮政编码	130118
网　　址	www.jlws.com.cn
印　　刷	长春市华远印务有限公司
开　　本	787 毫米 ×1092 毫米　1/16
印　　张	13.75
字　　数	232 千
版　　次	2023 年 1 月第 1 版第 1 次印刷
标准书号	ISBN 978-7-5472-9051-4
定　　价	49.00 元

2015版《普通高等学校图书馆规程》指出：高等学校图书馆是学校的文献信息资源中心，是为人才培养和科学研究服务的学术性机构，是学校信息化建设的重要组成部分，是校园文化和社会文化建设的重要基地。高等学校图书馆的主要职能是教育职能和信息服务职能。图书馆应充分发挥在学校人才培养、科学研究、社会服务和文化传承创新中的作用。

我国教育的根本任务是立德树人，"为谁培养人、培养什么人、怎样培养人"始终是教育的根本问题。当今社会，在科技的推动下，人们的阅读形式逐渐从传统的纸质阅读向数字阅读转变，尤其在年轻人群体中。高校大学生是时代的弄潮儿，乐于接受新事物、新思想，在阅读形式的选择上能够较早地尝试数字阅读，同时，高校教学科研的需求也发生了新的变化，这都给高校图书馆带来了全新的挑战，因此，高校图书馆亟须进行变革和转型，以满足用户的多样化需要。当前高校图书馆服务和育人工作方式缺乏感染力和吸引力，无法更好地吸引用户走进图书馆，如何应对和解决这些问题，是高校图书馆需要思考的问题。

党的十八大以来，党和政府加大了高等教育投入的力度，高校图书馆作为高校的服务部门，应立足服务和育人这两个主要职能，把握机遇，创新工作方式和内容，实现"三全育人"和服务质量的全面提升，加快推进转型步伐。

本书从高校图书馆的服务和育人职能着手，分析和阐述了高校图书馆的思想政治教育功能、德育教育、学科服务、微信服务、智慧图书馆建设、创客空间建设等内容，剖析了高校图书馆服务和育人工作的现状，探讨了图书馆服务育人的重要意义、特点以及新形势下高校图书馆服务育人面临的问题，并提出了相应的创新路径。

尽管本人多年来一直从事高校图书馆文献资源建设和服务育人工作，但书中难免存在疏漏和不足之处，敬请各位同行和读者不吝指正。

目录

第一章　新形势下高校图书馆服务育人的作用…………………… 1

　第一节　高校图书馆服务育人作用的概述 …………………… 1

　第二节　高校图书馆服务育人理念 …………………… 7

　第三节　高校图书馆服务育人工作存在的问题及原因 …………………… 9

　第四节　高校图书馆服务育人路径创新 …………………… 14

第二章　高校图书馆的德育教育…………………… 24

　第一节　高校图书馆德育功能理论阐释 …………………… 24

　第二节　高校图书馆的德育教育功能 …………………… 30

　第三节　影响高校图书馆德育功能发挥的因素 …………………… 36

　第四节　充分发挥高校图书馆德育功能的策略 …………………… 38

第三章　"双一流"高校图书馆学科服务实践及发展对策……… 45

　第一节　高校图书馆学科服务概述 …………………… 45

　第二节　"双一流"高校图书馆学科服务成效及现状 …………………… 51

　第三节　"双一流"高校图书馆学科服务平台建设案例 …………………… 61

　第四节　"双一流"高校图书馆学科服务建设对策 …………………… 64

第四章　新媒体环境下高校图书馆学科服务及提升策略………… 70

　第一节　新媒体环境下高校图书馆学科服务概述 …………………… 70

　第二节　新媒体环境下高校图书馆学科服务存在的问题 …………………… 74

　第三节　新媒体环境下图书馆学科服务团队知识共享模式 …………………… 77

　第四节　新媒体环境下高校图书馆学科服务提升策略 …………………… 83

第五章　慕课（MOOC）环境下高校图书馆信息服务 ………… 87

　第一节　慕课（MOOC）环境下高校图书馆信息服务的变革……… 87

第二节　国内外高校图书馆慕课（MOOC）服务模式……………………　91

第三节　高校图书馆开展慕课（MOOC）服务的必要性和可行性……　95

第四节　我国高校图书馆 MOOC 服务存在的问题 ………………………　98

第五节　MOOC 环境下高校图书馆优化信息服务的策略 ……………　103

第六章　高校智慧图书馆服务……………………………………………111

第一节　高校智慧图书馆概述 ……………………………………………　111

第二节　传统高校图书馆与智慧图书馆的差异 …………………………　116

第三节　高校智慧图书馆服务建设中存在的问题 ………………………　120

第四节　高校图书馆智慧转型中的管理问题及成因分析 ………………　123

第五节　优化高校智慧图书馆服务的策略 ………………………………　126

第七章　高校图书馆微信服务……………………………………………136

第一节　高校图书馆微信服务概述 ………………………………………　136

第二节　高校图书馆微信公众平台信息服务的用户满意度 ……………　145

第三节　高校图书馆微信服务存在的问题 ………………………………　150

第四节　微信服务的优化 …………………………………………………　155

第八章　网络环境下高校图书馆服务创新………………………………160

第一节　网络环境下高校图书馆个性化信息服务 ………………………　160

第二节　网络环境下高校图书馆用户及其需求 …………………………　166

第三节　网络环境下高校图书馆的服务模式 ……………………………　171

第四节　网络环境下高校图书馆服务创新的路径 ………………………　175

第九章　高校图书馆创客空间服务………………………………………181

第一节　高校图书馆创客空间概述 ………………………………………　181

第二节　高校图书馆建设创客空间的动因、优势及意义 ………………　186

第三节　我国高校图书馆创客空间建设存在的问题 ……………………　191

第四节　高校图书馆创客空间的构建 ……………………………………　193

第五节　高校图书馆创客空间的服务推广策略 …………………………　198

参考文献……………………………………………………………………204

第一章　新形势下高校图书馆服务育人的作用

第一节　高校图书馆服务育人作用的概述

《普通高等学校图书馆规程》（2015）指出，高等学校图书馆是学校的文献信息资源中心，是为人才培养和科学研究服务的学术性机构，是学校信息化建设的重要组成部分，是校园文化和社会文化建设的重要基地。高校图书馆的主要职能是教育职能和信息服务职能，图书馆应充分发挥在学校人才培养、科学研究、社会服务和文化传承创新中的作用。高校图书馆在资源、环境和文化等方面的独特优势，是其发挥服务育人作用的重要基础，因此，高校图书馆应凭借自身的优势，保障服务育人作用的充分发挥。

一、高校图书馆服务育人作用的内涵及特点

（一）服务育人宗旨的提出

1956 年，高等教育部曾拟订了《中华人民共和国高等学校图书馆试行条例（草案）》。1981 年，教育部又对其进行修订，正式颁布了《中华人民共和国高等学校图书馆工作条例》（以下简称《工作条例》）。《工作条例》提出，"配合学校思想政治教育工作，宣传马列主义、毛泽东思想及党和政府的政策法令"。1987 年对该《工作条例》再次修订并改名为《普通高等学校图书馆规程》，由国家教育委员会重新颁发。该《规程》第二条规定，"高等学校图书馆应贯彻党和国家的方针、政策和法令，宣传马克思列宁主义、毛泽东思想和人类科学文化的优秀成果、履行教育职能和情报职能，为培养有理想、有道德、有文化、有纪律的社会主义建设人才，发展教育科学文化事业，建设社会主义物质文明

和精神文明做出贡献"。2002 版《普通高等学校图书馆规程》（修订）提出，"高等学校图书馆必须贯彻党和国家的教育方针，履行教育职能和信息服务职能，为培养德、智、体、美等方面全面发展的人才，发展教育科学文化事业，建设社会主义物质文明和精神文明服务"。2015 版《普通高等学校图书馆规程》规定，"高等学校图书馆是学校的文献信息资源中心，是为人才培养和科学研究服务的学术性机构，是学校信息化建设的重要组成部分，是校园文化和社会文化建设的重要基地"。从中我们可以看出，《普通高等学校图书馆规程》经历了多次修改和修订，但服务和育人始终是图书馆工作的灵魂。

（二）服务育人的内涵及其发展变化

学校的根本职责和使命是育人。以人为本，在学校最重要的就是以学生为中心，坚持育人为本。要面向全体学生，实施素质教育，帮助学生树立正确的世界观、人生观、价值观，牢固树立社会主义荣辱观，培养学生的社会责任感、创新精神和实践能力，把他们培养和造就成为中国特色社会主义事业的合格建设者和可靠接班人。学校的一切工作，都要着眼于提高学生的素质、促进学生全面发展。要坚持全员育人、全过程育人、全方位育人，做到教学育人、服务育人、管理育人、环境育人。要改革培养方式和教学方法，提倡探究式学习、实践性学习，培养学生兴趣，做到兴趣育人、研究育人、实践育人。要尊重学生学习、发展、成才的主体地位，调动学生的主动性、积极性、创造性，实现每一个学生生动活泼、富有个性的全面发展。教师关心爱护学生，在传授专业知识的同时，以自身的道德行为和魅力，言传身教，引导学生寻找自己生命的意义，实现人生应有的价值追求，塑造自身完美的人格。

高校图书馆的服务育人不应该局限在为读者提供服务，而是要拓展其深度与广度，以此构建更加新型、科学的育人理念。服务育人目标定位应该更具针对性与实用性，以我国传统的教育模式为基础，不可采用单一模式和方法，这会导致教学更为陈旧。服务理念应该在图书馆日常的管理和服务中体现出来，教育目标也要满足学生在个性化和多元化方面的需求，要帮助学生更有针对性地解决问题，以此提升图书馆服务育人的效果。所以，图书馆"服务育人"理念中所谓的"服务"二字具有时代性，其符合时代发展的潮流，图书馆育人功能更加完善。服务育人应该是一个统一的整体，高校图书馆应该使阅读服务更具多样化，让其能够体现在日常工作的每个环节，真正以读者的需求为依据，将馆内各项资源充分利用起来，推动我国高校图书馆的稳步发展。

（三）服务育人的特点

1. 服务性。服务性是高校图书馆的重要特征，它的基本职能就是为在校师生提供广泛的文献和信息咨询服务。服务是实现教育目标的基本途径，而教育也是服务的起点和最后归宿。图书馆是高等学校的教辅部门，是为在校师生提供教学科研信息资料和阅览检索等工作的服务性部门，优质有效的服务，是学校完成其教育目标的最基本手段和途径。

2. 引导性。高校图书馆不仅为全校师生提供丰富的学术研究资料和先进的教学服务，而且在服务育人方面也有着鲜明的引导性。高校图书馆有责任和义务给大学生提供更科学的阅读方式，为他们进行指引。图书馆可以以学生为主要群体，给他们宣传优秀图书、报纸，以此引导学生可以树立正确的世界观、价值观和人生观，争当新时代大学生，为社会主义现代化建设贡献自己的力量。

3. 工作复杂性。高校图书馆的具体工作内容烦琐复杂。图书馆需要结合学校的发展规划和教学计划，认真筛选适合学校学科专业设置的各种文献资料，而且还要根据读者的个性化需求，通过图书荐购等多种形式，为读者采购急需或个性化的图书，以满足读者的多元化需求；通过定期和不定期地聘请社会各领域的专家学者、行业精英等组织专题讲座或沙龙等，以教育读者要用真实、客观、理性的观念、辩证的思维方式，去观察和评判当前社会上热点问题和话题以及新观念新理论，从而增强自主判断的意识与能力；图书馆还需要根据学校重大的活动、节假日、纪念日等，举办相关宣传教育活动，提高学生的思想政治素养和文化素质，发挥服务育人的作用。

二、高校图书馆服务育人的制度建设与保障

（一）服务育人制度建设现状

制度一般指要求大家共同遵守的办事规程或行动准则，也指在一定历史条件下形成的法令、礼俗等规范或一定的规格。2018 年 1 月 1 日，《中华人民共和国公共图书馆法》正式施行，这是我国首部较为完善的图书馆法律，该部法律的颁布施行，充分表明图书馆发展已经得到了国家的高度关注。从不同高校的角度而言，对高校图书馆的制度进行完善，是建设现代图书馆的基本内容之一。现阶段，高校图书馆制度建设方面还不够完善，依然存在问题，例如图书馆相关人员创新意识不足、相关机制有"管理治人"色彩、相关制度不符合实际、缺乏相应的监督管理机制等。对于上述问题，笔者认为现代高校图书馆应该以

读者需求和本馆实际为出发点，以兄弟高校图书馆先进经验为借鉴，深入贯彻"以人为本"的理念，让馆员能够积极参与图书馆管理，进一步深化图书馆馆员的制度意识，激发他们的创造性，使其更为积极。对于合理化的建议，管理者也要认真听取。另外，管理者也可以派遣专职人员对图书馆进行管理，做到"以德治馆"，做好科学规划，坚持与时俱进，提升工作的时效性。针对现在瞬息万变的图书馆管理情况，馆员更应该随时关注相应变化，做到及时调整，以便更好地应对变化，努力做到科学合理，在追求个性的同时力求制度系统的统一完整。图书馆的管理应该以规章制度为依据，馆员与读者更要坚持以身作则，以此确保图书馆规章制度能够真正落实。

（二）服务育人的基本保障

高校图书馆丰富的馆藏文献资源，是服务育人的基本保障。除此之外，还包括人力资源保障与技术资源保障。文献资源保障指的是图书馆的纸质文献、电子文献、中外文数据库、自建数据库等，是服务育人的基础。人力资源保障指的是图书馆馆员，高校图书馆需要以馆内的实际情况为基础，对内部的结构划分与具体岗位分配进行调整，还要让所有的馆员做到合理配置，力争能够满足图书馆不同部门的工作要求。技术资源保障指的是图书馆的软件设施与硬件设备，具体来说主要指新技术设备、数字信息化设施等。思想政治教育从实质上来说就是教会学生如何做人的工作，这就需要学校以学生为主，开展的所有活动都应该以学生为核心，真正做到关心学生和为学生服务，在日常教学中不断升华学生的思想意识，提高他们的道德水平和文化内涵，使其最终可以成为社会发展需要的高素质人才。从高校图书馆的角度而言，要致力于馆藏文献资源建设，提高馆藏文献质量；调整馆内岗位设置和加强馆员培训，提升馆员服务意识与服务能力；密切关注图书馆新技术的发展和应用，积极主动争取经费，加强软硬件设施建设，推进图书馆建设现代化，以此为高校图书馆服务育人提供多方位保障。

三、影响高校图书馆服务育人有效发挥的因素

（一）服务理念

渗透参与的服务育人理念。此理念是依据教育目的，通过载体对服务对象以潜移默化、自然状态下的方式，循序渐进地开展教育教学的新模式，核心价值思想是教育者引导服务对象在无意识下，不自觉地学习，使其思想得到优化

和进步，体会教育者的教育目的，这是高校图书馆服务育人的特点之一。具体主要是通过及时增加和更新各学科的专业书籍和电子文献信息，进一步充实馆藏的电子信息文献资料，并利用现代化的科技设备，利用举办活动来完成对咨询服务对象的教育教学任务，以激励和充分调动学习者的激情与积极性，从而养成学习者独特的思考意识与创新能力，让学习者由浅入深、逐步渐进地融入大学图书馆的文化氛围之中，大学图书馆将以渗透参与式的管理服务理念取得最佳的结果，给大学生自身创造了参与到图书室管理服务工作中的实际机遇，支持与图书室业务相关的学校协会与志愿者的社会活动，以提高学习者的社会实践能力，使"学"与"做"得到有机结合和锻炼。

（二）服务环境

高校图书馆的软硬件环境是影响高校图书馆服务育人发挥的基本因素。高校图书馆通常是高校的标志性建筑之一，为全校师生提供优美、安静、舒适的学习阅读环境。完善的服务环境可以提高服务育人功能的有效性，优美整洁舒适的硬件环境，完备的软件设备，对于在馆内学习的读者来说，有着重要的熏陶作用。

（三）文献资源

随着全媒体的快速发展，各种移动终端设备的普及，为更好地服务于师生新的浏览阅读方式和习惯，培养大学生的全方面发展，树立正确的核心价值观，在采购文献资源的过程中，除了重视纸质文献资源的采购力度，也要重视专业数据库、中外文数据库以及电子图书、期刊的采购力度，选取国内外的权威知名数据库，在方便师生搜索资料的同时保证资料的专业性和全面性，当然图书馆不仅要重视重点优秀学科的文献资源采购力度，也要丰富和扩充其他学科的文献资料，不能出现不全面、不专业、不系统的文献资源分布情况。全面、专业、系统的纸质和电子文献资源，是实现大学图书馆服务育人目标的决定性因素，在文献资源采购完毕后，大学图书馆要严格按照我国关于文献资料分类管理的有关标准规范，对文献资料的信息进行科学合理的收集、加工、编目，从而形成信息检索体系，提供和设置方便师生检索的设备和方法，使师生快速便捷地获取所需的文献资料。

（四）馆员素质

图书馆馆员素质的高低对于高校图书馆工作的开展起到了关键作用，也是图书馆工作长远发展的根本原因。图书馆馆员是高校图书馆的主体，也是与服务对象接触最为频繁的人员。所以，图书馆应该对这些人群的个人素质给予高度关注，让他们能够以饱满的热情投身到工作中，给读者创造一个良好的阅读环境。管理者要鼓励馆员积极学习，以此推动图书馆的长足发展。具体来说，为提高人员素质，提升图书馆的育人服务质量，高校图书馆可以从下列几点着手：第一，图书馆馆长要结合自身特色和发展优势，制定短期、中期和长期的发展规划，借此优化相关的方案；第二，图书馆的领导者需要督促全体馆员，学习优秀个人或是部门等，深化自身的政治觉悟，做到严于律己和恪尽职守。高校图书馆还需要以不同部门的工作特点为基础，来优化具体的考核标准或奖惩内容，定期组织馆员考核；第三，转变公共图书馆传统工作模式。过去的图书馆服务大多为上级领导监督，这里说的转变工作模式是上级领导要转变自己的角色，将原本的监督变成所有馆员共同参与管理，也就是每一个馆员都可以参与到图书馆的日常工作讨论、策划之中，为最终的决策制定献计献策，具体如何执行可由全体馆员投票决定，保障高校图书馆的组织管理活动可以更加民主化、科学化，确保工作的顺利进行，进一步提高高校图书馆的核心竞争力；第四，高校图书馆需要秉承"以人为本"的理念，给有奋斗目标的图书馆馆员提供机会，鼓励他们可在职学习，也可以积极参与进修，以提升自身知识水平与业务能力，把专业的学科馆员培养战略和图书馆人才培养计划结合起来，调动他们的学习与工作积极性。

（五）社会环境

现阶段，国内外的形势瞬息万变，并且变化多端，这使我国处在了重要的发展阶段。在严峻挑战之下，我国高校图书馆应该居安思危，勇于创新。随着网络信息的全面普及，大学生在信息来源方面更为丰富和便捷，这就意味着大学生的思想意识也会受到更大的挑战。部分高校学生通过网络接触到了西方的一些人生观与价值观，这使他们深受影响，继而导致自身的思想观念发生改变。另外，网络信息中的一些不良信息，也会对大学生的身心健康带来负面影响。现在的大学生思想特点正处在变化中，这就对高校图书馆服务育人提出了更多要求。教育任务的本质为践行立德树人的职责，给我国社会主义建设培养更多的人。高等教育应该时刻秉承为人民服务的宗旨，立足国家的实际情况，以新时代为背景，积极借鉴国外的先进理念与方式，赋予我国高等教育更浓厚的中国色彩，推动我国一流大学与一流学科的建设，将我国建设为高等教育强国。

第二节　高校图书馆服务育人理念

一、坚持终身教育观

终身学习是学习型社会的核心观念，知识时代背景下，人们已从被动接受教育转变为主动学习。现阶段，我国正越来越重视民众的精神生活的改善、在精神文化方面的丰富，学校已不仅仅局限于普通学校，更应该贯穿人一生学习生涯，要不断增强自身素质，适应社会的快速变化和发展。

（一）终身教育观是国家政策的导向

十六大汇报中曾指出："构建全国人民认真学习、终生读书的学习型社区，促进人的全面发展"学习型社会是一个全新的人类生存方法和社会发展观，但要想真正成为学习型社会就必须把一个人终生的教学阶段与受教阶段融合为一起，学校也不再只是局限于学校，整个社区也是学校，一切地方都能够作为教学的场地，学校不再重视每一个人的"教育阶段"和"工作阶段"转而重视"终身教育"。图书馆幽静的环境、包罗万象的文献资源，是人们终身学习课堂，人人都可以学习，平等获取知识的机会。高校图书馆的开放性、信息普及性最大程度地满足了读者继续学习钻研的需求。高等学校图书馆有着丰富的馆藏信息、知识资源，是高等教育重要资源保障。图书馆为不同年龄创造了终生学习的平台，促进学习型社区的建立，可称为"实现终身学习的终身学校"。

（二）学校图书馆的数字教学化为学生终身教育建设创造了有利的环境条件

传统高校图书馆信息中心和知识服务中心的地位正面临着巨大的挑战，因此数字化图书室也已变成了势在必行的一个必须发展趋势，加快建立学习型社会的进程实现全民终身教育的大学堂。经调查研究表明，数字图书馆的形成使得社区内各成员不再局限于传统图书馆中的纸质文献资料索取，而是让读者能够随时随地都自觉的成为学习的主体。传统大学图书馆供应给读书人的是平面的和规格化的知识系统，而更注重的则是学识性。而数码书库所供应给读书人的不再是一成固定的传统文章，是丰富多彩、异变的新文章，展示在读书人眼前的是生动的、全满多维度的资讯网络，带给读书人的不仅是科学知识自身，而且科学知识间的紧密联系与连接。随着数字阅读日益占据了人民的生活，随着数码阅读理念的开放化，逐渐适应了人民利用各种方法来获取丰富的信息。

二、社会服务理念

高校图书室是在高等教育过程中传播科学知识，体现教育功能的主要载体，现今已成为全国社会教育研究与学习活动的主要中心，高校图书馆是知识的宝库，是没有城墙的大学。如今我国很多高等学校也尝试向社会进行开放，如厦门大学、上海几所高等大学，开始走向社会，为社会服务。馆内大量的文献信息可以为该馆的社会教育功能提供物质保证，也可以适应现代人类精神文化生活的需要，除馆藏传统文献之外，现代该馆还设有视频、录音、幻灯等各类电子多媒体及数字文献资料，供人们阅读利用。充分利用好图书馆，加强自我学习的能力。由于知识的传播，信息的爆炸及社会各行各业发展对知识的依赖与需求，高校图书馆已经成为知识产出的重地。学术与市场已经结合，大学图书馆已成为社会知识资源的"服务站"。大学图书馆的发展是对整个社会支持的成果，在发展中大学也要学会反哺社会、服务社会。深入社会，加强与社区合作。高校图书室也可在一定条件下向社会居民开放，并充分运用高校人才资源优势，建立多元化的"假日学校"体系，让高校图书室成为社会提供服务的主要基地。同时也可利用社区的现有资源大力支持学校教育资源，成为学校的素材和来源，为学校提供教学科研服务。

三、国际观理念

（一）实现资源优化配置：高校图书馆国际文献交换

海外文献交流不仅成为科学技术文化交流的一种主要方式，而且是大学图书馆进一步充实馆藏资料的主要信息源泉，这对大学图书馆的开发与利用具有建设性的意义。在全球化交换时期，高等学校文献资料必须在世界范围内自由流转，地区优势的互补，其目标就是最终完成教学资源在世界范围内的优化配置。在良好的国际大环境下，极大地提升了文献管理和咨询服务的品质，与各国交换量也呈现了逐渐增多的态势，国际文献交流与共享，可以有效更新并补充中国高校图书馆的馆藏文献资料。各国文献流动交换作为一项文化交流，其所产生的积极社会效益将是重要的更为持久的。透过各国文献交流，可以掌握世界各地的科学、文化、人文地理等各方面的资讯，并将进一步推动全球图书馆多方面协作，以促进世界各地之间的国际文化交流共享，保障国际文献协调、稳健发展。

（二）实现资源价值最大化：高校图书馆的共享资源利用

随着互联网等信息时代的来临，"共享"已成了当前社会经济发展的客观要求。高校应和国家社会科学技术生产部门保持紧密的联系，通过高等学校图书馆及时为国家社会科研部门供其工作所需而提供了大量的文献资料，而与此同时国家科研院所也及时提供社会最前沿的信息资料，使二者产生良性互动，从而确保了高校图书馆的信息资料向社会所提供的服务价值实现最优化，同时也确保社会持续为高等学校图书馆提供支持和帮助。国际方面，大学图书馆主张走国际协同发展之道路，馆际间的合作与教学资源的共用能使资源价值最优化，进而达到合作共赢。国际之间可以多进行交流合作，打开大门欢迎国外学者的到访，谦虚学习。取其精华为我所用，强化图书馆员培养，提升图书管理员能力，实现国际共享和互动；在省内，2018 年福建省已实现与五十所大学图书馆资源进行共享互借，到 2020 年，福建省还将推动建立全国大学数字图书馆，与公共、学术等三大体系进行资源的共享合作，并面向社会进行对外开放，实现文献资源共享、统一借阅以及个性化的信息"一条龙"咨询服务。

第三节　高校图书馆服务育人工作存在的问题及原因

2018 年 5 月 2 日，习近平总书记视察北京大学，在北京大学师生座谈会上的讲话时指出"广大青年既是追梦者，更是圆梦人"，"广大青年既拥有广阔发展空间，也承载着伟大时代使命。青年是国家的希望、民族的未来"。

大学，是学生走向社会之前的一堂教育课。当今世界经济与社会发展融汇联通，蜂拥而至的各种现代思潮和价值观念，严重影响着中国当代大学生思维的形成，由于受到多元文明和思潮的冲击，部分大学生的价值观面临着某些突出的问题，比如理想信念还不够牢固，思想政治意识比较迷茫，思想容易受到个别极端思潮的影响，缺乏社会责任感，面对社会上各种诱惑的抗力较低等。因此，高等教育系统所担负的教育职能，不仅表现在培养大学生自身的知识水平与创新能力上，同时也表现在培养大学生自身的社会思维与政治素质上。高校图书馆作为中国高等院校最主要的教辅单位，在思想政治教育工作上具有重要的意义，更应该关注大学生自身的思想政治教育素质的养成，并将对培养大学生自身的思想政治教育管理工作视为主要职能。长期以来，部分高校图书馆服务育人工作并没有得到很好地落实，甚至有些问题较为突出，并严重影响了育人工作的成效与质量。

一、部分高校图书馆在服务育人工作面临的问题

（一）传统式服务育人

传统式服务育人，主要反映在学校图书馆日常基本的服务管理中。部分高校图书馆的业务观念还未能进行改革创新，仍然停留在传统的、陈旧的业务模式上，仍是把人才需要量大、工作内容重复性高的传统流通图书借还业务当成工作的重心，未能切实地把"服务"和"育人"融入现代工作模式之中。随着经济信息化的高速发展，按照创新与变革的理念要求，高校图书馆传统的业务观念与知识传播方式，已经无法满足高等教育事业发展给高校图书馆工作所提出的巨大挑战。

传统的高校图书馆流程相对机械化，特别是流程相对机械化时，难以满足读者多元化的需求，难以实现对各部门的灵活控制。高校图书馆传统服务长期存在的宏观因素主要是由于高校发展战略的偏差、资金投入不足、资金配置不合理。学校往往更注重教学科研本身的投入，而减少教辅部门的投入。资金投入不足导致信息技术设备落后，导致信息资源的脱节和滞后，无法及时、准确地为教师、学生和读者提供多方位服务；微观因素是图书馆传统的管理模式。在各岗位中，工作比较单一，不能调动馆员的主动性和积极性，馆员的业务素质提升缓慢，管理方法比较简单，缺乏有效的奖惩，没有引导馆员主动创新和进步，导致馆员缺乏竞争意识和创新意识，缺乏团队服务意识，服务育人工作很难取得长足的进步。

（二）封闭式服务育人

封闭性服务育人的不足更多是体现在高校图书馆与师生、学校其他部门的沟通合作不畅，部分图书馆领导故步自封，管理理念落后，并未虚心向其他图书馆学习，这严重阻碍了高校图书馆的进步。封闭式管理模式导致图书馆无法及时了解读者需求，形成了文献信息资源滞后的问题。近年来，我国高校图书馆建设的步伐明显加快。然而，由于部分高校图书馆无法与教师和学生进行有效的沟通交流，无法获得高度专业的图书和最新研究成果，购书经费不足，图

书馆文献资源相对匮乏，不能充分满足师生的需求，导致部分读者无法获取前沿的文献信息，影响了师生科研能力与学习的提升。另外，部分高校在文献资源建设中，过于强调馆藏特色，而忽略了馆藏结构和文献资源的全面性，读者无法获取更全面的人文素养教育资源。

由于缺乏和校内其他职能部门的有效沟通与协作，导致部分活动的成效也不理想；此外，由于读者对于图书馆建设与管理的参与度不高，图书馆未能充分给予读者表达自身的需求及意见的机会，图书馆也无法充分了解读者的实际需要，这都影响到图书馆服务育人效果的发挥。

（三）被动式服务育人

被动式服务机械单调，影响馆员的服务态度，容易忽视自身的岗位价值，产生疲劳感，工作越来越没有激情，没有积极主动服务意识，造成恶性循环，不利于激发馆员的积极性与创造性。馆员没有正确认识到自己是现代高校图书馆的服务窗口，不仅代表自身，更代表图书馆的形象。一旦图书馆的形象不能更好地树立，那么其存在的作用、所处地位也就随之降低。

被动式服务更多可以从个别图书馆员工作中看出来，"读者第一"的服务理念极度匮乏。以我国传统图书馆为例，其借阅方式更多是集中在图书排架、整架与上架等体力劳动上，大部分馆员在日常的工作中也基本可以实现排列有序与分门别类等，也有个别人会出现给读者摆脸色看的情况，甚至还会带有部分情绪化语言。师生所需的图书馆服务，虽然馆员在实际中也提供了，不过从意识上来说，却缺乏主动服务的意识。另外，部分图书馆员的工作态度较为消极，对待学生也缺乏热情的态度，不愿意花费时间和精力给学生进行引导。随着整体服务水平降低，读者的负面反应越来越多，这些都会影响图书馆的后续发展。

二、高校图书馆服务育人工作存在问题的原因分析

目前，高校图书馆服务育人体系所体现出来的传统、封闭、单一和被动的现状，主要归结为以下几个方面的原因：

（一）缺乏现代服务理念

在信息化时代背景下，传统高校图书馆的服务育人理念，已经无法充分满足现代经济社会发展的新需求，因此高校图书馆需要及时应对随着现代信息化快速发展而产生的新变革，积极探索高校图书馆未来发展，逐步抛弃传统陈旧的服务观念，融合服务与德育的现代理念，从服务、教育有机结合的视角入手，

重新界定高校图书馆馆员的角色价值与服务能力标准，全心为师生提供专业而便利的服务，从根本上引导图书馆事业的发展与进步，吸引更多的师生读者使用图书馆。

首先，高校图书馆工作必须实时关注国家的发展规划、方针政策和相关规定，按照中央和地方关于文化事业发展方向和要求的相关文件精神，理论结合实际，编制图书馆中长期规划和短期工作计划，以保证图书馆工作符合文化事业发展方向。其次，严格地按照规划做好工作安排，当然，理论需要和实际效果相结合，在变更工作计划时，要进一步明确高校图书馆业务工作的重心，确立"立德树人，服务读者"这个基本目标，适当调整工作模式，重视满足用户感受，拓展符合现代阅读需要的服务方式，注重对图书馆空间利用的思考，在逐步完善中形成工作常态化。再次，要提高馆员的职业化水准，建设一支具备过硬的政治思想素质与修养、扎实的专业服务能力和丰富的历史文化底蕴的基层工作人员队伍，以保证图书馆在第一时间有能力及时为读者解决需求。最后，定期或不定期地向公共图书馆或兄弟院校图书馆交流、学习，找出自身差距，不断提升服务育人水平。

（二）缺乏开放分享

目前，高校图书馆的服务缺乏开放、共享的服务理念。高校图书馆有开放共享的责任和义务。要拓宽视野，坚持以人为本的原则，确立育人宗旨，拓展服务育人新途径，坚持开放、共享、发展的理念，构建互利合作的共赢关系。二者的双赢结合将提高育人服务水平，夯实高校图书馆的服务基础。

高校是个小社区，所有职能部门的地位相等，发展目标也相同，但全部职责都是用来培育社会主义现代化的建设者和接班人。单纯依靠某个部门的力量，无法培育出社会全面发展需要的优秀人才，因此，高校图书馆应联合学校各职能部门搭建校级合作共赢平台。高校图书馆作为高校的主要教辅单位，应积极主动联合校教务处、学生处、宣传部、团委和各学院等部门，以读书活动和图书馆志愿服务团队活动为载体，建立多样化的服务育人合作平台和激励机制，并积极举办各类社会公益活动，吸引读者投入高校的服务育人工作中。其次，高校图书馆应当加大信息资源成果分享的力度。高校图书馆主要是为在校师生提供信息资源服务的，具有明显得资源优势，应加大力度采购全面专业的纸质、电子文献及其他形式的文献信息资源，并完善图书馆现代化、自助化的智能设备设施，方便读者借阅、检索所需资料，全面提高信息资源的开放程度；最后，全国各大高校图书馆应同心协力，构建信息共享空间。各大高校图书馆应打开馆门，探索新形势下图书馆如何更好地利用信息资源，沟通分享未来图书馆的发展思路，共建共享信息资源体系，形成图书馆系统的育人合力。

（三）缺乏整体规划

我国高校图书馆服务育人工作缺乏长远的整体规划。当前，"以读者为中心""以读者实际需求为导向"的服务育人理念是高校图书馆所共同承认的核心价值服务目标。通过查阅国内外相关文献资料发现，国外高校图书馆尤为重视服务育人工作的长远战略规划，大多数高校图书馆会制定本年度或者三年、五年内的图书馆整体规划目标，一般涉及资源存取服务、跨库及整合检索服务、图书馆 2.0 体验服务、信息素养教育、信息共享空间建设等方面的具体规划。例如，美国国会图书馆实施的《国会图书馆 2011–2016 战略规划》中描述了服务国会及美国过敏、履行宪法职责、促进知识创新的战略使命。其强调了四个关键价值：服务——以创新方法改善服务；管理——建立并维护馆藏；质量——确保高质量的图书馆活动；合作——鼓励利益相关者在规划、实施、评估和改进活动方案的过程中合作。我国高校图书馆在整体规划方面显得不够重视，往往仅会在学期开始初期规划本学期的工作重点和计划，而很少去编制三年、五年内的长远规划。我国高校图书馆应借鉴国外高校图书馆服务战略规划，制定读者参与的战略规划，注重服务后的效果评估，以评估结果支持服务战略规划，需要改进的及时修正，最终提升服务育人水平。

（四）缺乏主动服务

缺乏主动服务意识是当前高校图书馆服务育人工作中存在的主要问题。高校图书馆作为学校的教辅单位，图书馆员素养参差不齐、服务态度差、业务能力不高的现象较为突出。由于图书馆员晋升通道狭窄，缺乏吸纳高质量、高水平、高层次的专业技能人员的优惠政策和条件，部分馆员无法安心地在图书馆工作，缺少积极性、创新性和工作激情，为读者进行信息咨询服务的意识淡漠等，造成了图书馆的人才匮乏现象越来越严重。个别图书馆领导，由于受到老旧观念、经费短缺等制约因素的影响，缺乏对馆员的服务能力的培养，甚至很少组织馆员业务能力培训，导致部分馆员服务态度淡漠、服务意识差、服务能力不强、语言表达能力不够规范统一，与读者的互动交流以及引导能力欠缺等。图书馆员在文献资源共享和读者需求方面不能发挥桥梁和疏通纽带的作用，严重地影响了服务育人工作的开展。

第四节　高校图书馆服务育人路径创新

创新发展是引领发展的第一动力，为读者提供优质满意的服务是图书馆的宗旨。面临着新的时代背景、新的现代信息技术、新的阅读需要，高等学校图书馆应当认真地从资源规划、空间设计和服务方式方法等方面做出自我审查和重新定位，使广大师生及读者体验到人性化、智慧化的优质服务，把发展、创造视为图书馆科学发展的核心理念，将高校图书馆作为信息教育、科学研究、文化传承和知识传播的重要参与者和提供者。因此，探索服务育人新路径是摆在高校图书馆面前的重要命题。

一、创新服务育人理念，落实立德树人根本任务

（一）顺应新形势，把握新理念的重点环节

新时期下的高等教育需要对整体的布局进行优化，加快"双一流"建设的脚步。现阶段，国际局势复杂多变，而我国又处在百年未有的历史发展机遇期，中国特色社会主义发展已经进入了新阶段，未来也更为光明，不过面临的困难和挑战也更为艰巨。高校应该坚持十九大报告中的"加快一流大学与一流学科建设，实现高等教育内涵式发展"战略部署，高校育人工作更要将"全面从严"视为根本要求，对实干精神进行进一步强化，在实践中加强管理，把会议精神真正落实到实际中。作为校园文化建设主力军的高校图书馆，更需要顺应新时代、新趋势的发展要求，抓住重要环节，以习近平新时代中国特色社会主义思想为指导，积极谋划推进高校图书馆服务育人新路径的新举措。

高校图书馆应当形成更加鲜明的社区文化服务意识，承担日益多样化的社会文化建设任务，以实现社会文化建设的历史使命与责任，这也是对当前高校图书馆建设的新目标与新任务。

加强与校内各部门团体和兄弟院校图书馆的沟通交流，做到信息资源的开放共享，给在校读者和其他院校读者提供使用文献资源的便利条件，提高工作活力，推动工作创新，拓展工作范围，增强服务辐射力量。同时充分发挥高校工会、团委、学生会、学生社团等部门团体的综合服务育人系统的影响力，

将思想政治教育贯穿所有工作领域与文化活动当中，以推动当代大学生的全面发展。

建立健全管理体系，提升馆员的服务水平。图书馆内部管理是个有机整体，涵盖了馆员管理、读者管理、图书流通管理、借阅环境管理等各个方面，而各种管理措施对其教育功效的实现也起着关键作用。高校图书馆应将新思想、新要求、新理念转变为具体的行动，贯穿于服务育人工作的全过程。作为图书馆服务主体的图书馆员在工作中应当切实改进工作作风，积极主动、自觉创造地为高校师生提供全面的服务，要立足本职工作岗位，坚持管理育人、服务育人，推进高校图书馆的服务转型，提高学生的综合素质能力。

（二）围绕立德树人目标，服务于学校意识形态工作大局

青少年是祖国的未来、民族的希望。党的十九大报告指出，要全面贯彻党的教育方针，坚持育人为本，德育为先，实施素质教育，提高教育现代化水平，培养德智体美全面发展的社会主义建设者和接班人。青少年兴则国兴，青少年强则国强，当代青年在我国未来社会发展中扮演着不可替代的重要角色。新形势下，高校承担着立德树人的历史重任，高校图书馆应紧紧围绕立德树人的根本任务，持续优化工作机制，改进工作方法，使业务与管理工作全面服务于高校的意识形态工作大局。

高校图书馆要充分运用馆藏资源来引导大学生树立终身学习的意识，发挥其在思想政治教育工作方面的积极推动作用，立德树人。高校图书馆的育人工作主要是指通过组织各种思想政治实践活动来提高学生的思想觉悟、规范学生的言行举止、开拓学生的眼界，提高学生的实践能力，帮助学生树立坚定的社会主义核心价值观。高校图书馆要充分挖掘自身在思想教育方面的优势，紧跟思想政治教育的发展趋势，以人为本，创新教育思维和方式，以大学生易于接受和认可的思想政治教育方式来助力高校更加高效地开展育人活动，打破传统单一灌输式教育模式的制约，增强高校育人的实效性。

现代高校图书馆工作应当以立德树人为根本，以社会主义核心价值观为导向，形成质量管理体系健全，服务方式灵活务实的管理工作体系，坚持服务育人导向，突出馆员岗位的价值导向功能，建立全员、全过程、全方位的服务育人模式，切实增强工作人员服务的亲和力，着力培育学生承担中华民族伟大复兴大任，实现中国梦的时代动力，进一步开拓新形势下现代高校图书馆业务与育人工作新局面。学校应推广马克思主义教育大众化的建设成果，努力建立富有正确指导性、强大凝聚力和社会积极引导力的社会主义思想，将大学生紧紧团结在一起。高校图书馆应该充分运用文献信息资料丰富的优点，发挥其基本工作职能，服务于高校意识形态工作。高校图书馆工作应当坚持我国的最新政策法规和思想，加强和完善学校思想政治教育工作，积极践行社会主义核心价值观，以强化马克思主义理论武装学校，在平时工作中，积极引领和推动新时期我国特色社会主义思想深入大学生的个体思想当中，使大学生树立正确的历史观、国家观和民族观。同时，高校图书馆也应当把握新时期新兴传媒事业迅速发展的机遇，更加注重新媒介、新科技传播方式的建设与革新，以增强自己的社会引导力与影响力。

（三）完善服务育人工作的考核机制

高校图书馆要制定科学的工作考核机制来加强服务育人工作开展的实效性，同时要做好服务育人工作的宣传工作，让工作人员从思想上认识到服务育人在图书馆工作中的重要性。高校图书馆服务育人工作有其自身的特殊性，因此在制定考核机制时，要充分考虑高校图书馆工作的实际情况，并为馆员服务育人能力的提升创造良好的外部条件。高校图书馆的工作考核要由专门的部门和人员来负责，在制定考核具体细则时要同馆员进行深入的沟通，充分吸取和参考他们的意见和建议，确保考核制度的科学性、合理性。科学合理的考核机制能够有效地推动馆员更加高效地开展工作，同时能够有效地监督馆员的日常工作，并引导馆员提升自身的服务能力，有利于高校图书馆工作质量的全面提升。

考核机制的指导思想要立足我国教育发展的大局，同时要注重考核机制的实际操作性，考核要坚持公平、公正的基本原则，领导和馆员要制定同步的考核规范，日常工作考核和定期工作考核要紧密结合，注重定量和定性一同考核。考核的内容要全面、具体，从思想道德、工作能力、工作业绩、工作态度五个方面制定具体的考核细则，让被考核人员能够按照考核细则，规范自身的言行。由于高校图书馆服务育人工作的特殊性，应客观合理地针对不同的服务岗位制定不同的考核机制，具体的考核标准应依据各馆实际情况制定。

对图书馆员工作进行的考评，首先要做到奖惩分明，并科学、规范、合理地建立工作考核，以各种工作考评结果为基础，对考核优秀的馆员要予以一定的嘉奖，对工作考核成绩不理想的馆员要着重进行批评教育，对于漠视、不遵守考核规定的馆员，可以在职称或职务晋升方面设置阻力，情节严重的甚至可以调离岗位或报请学校给予相关处分。同时，馆领导应充分利用考核结果，加强沟通和反馈意见的收集。

科学合理的考核机制，不仅能激发图书馆员的创造性和积极性，也可以对工作懒散、缺乏进取心的馆员起到了很好的警示作用，有助于高校图书馆整体工作的积极健康发展。考核机制的建立必须符合高校图书馆的特点，建立具有本馆特色的评估机制才能更好地服务于图书馆的各项工作。

（四）优化空间环境，践行服务育人

高校图书馆拥有得天独厚的文献信息资源优势，同时具备传统文化继承与传递的职能，而现代阅读倾向于把高校图书馆打造为学习与休闲的重要场所，同时阅览对馆内环境的要求也是一个多用途的、支持各种活动的场所，为此，高校图书馆应该进一步改善配备设施，认真考虑阅览对馆内环境特定功能的偏好要求，并加强和谐人文环境构建工作，以丰富的历史文化底蕴优化服务环境，进一步改善读者学习环境。

景观环境对于减轻读者学习压力、缓解焦虑情绪有着重要意义，因此，高校图书馆应该做好对未来空间业务模式的创新性研究工作，从环境优化布局、资源整合使用和文献资源保障建设等方面下功夫，重视馆内环境改善。在设计与改造过程中需要充分考虑空间的安全性、舒适性和耐久性等因素，以减少空间消耗。建立与环境相关的管理制度，培养一专多能型业务队伍，做好馆员业务技能培训，对新业务推广也要循序渐进。

自然环境改造方面，首先要关注读者的阅览体验，空间布局改造须强调动静结合或自由组合的空间结构，新的自然环境布局应当符合灵动、开阔、多变等特点，既能够提高馆内空间设计的开放性与多样性，也可减少空间设计的地域阻碍，从而实现在各种场景下自由切换。同时，高校图书馆在馆内空间设计上应根据读者的现实需要，强调自然环境、功能与业务三者的协同，新增除流动书库、电子阅览室之外的学术交流区、读者休闲娱乐区、电子产品阅读室、信息共享区，以及包括自助借还、3D 打印、3D 视听等新兴科技业务区，从功能上体现业务的集成与一站式服务，为专业讲座、生活娱乐、课题研究等活动创造新功能空间，并开展多模式业务。

随着图书馆服务方式的改进、服务环境的改善、服务理念的创新，图书馆服务育人模式正在向多元化、全方位的方向发展。当今，读者对于图书馆环境空间的要求，不仅包括传统的环境空间，还包括信息共享、交流研讨、茶吧、咖啡吧，集学习与休闲于一体的环境空间等。因此，根据馆藏和读者的实际需要，调整内部空间的布局，达到优化服务育人环境的目标。绿色建筑、节能环保是图书馆未来努力追求的目标。

（五）培育读者自主学习的能力

自主学习，是中国高校教育培养的主要目标之一。高校图书馆在推动大学生自主学习能力的养成中，担负着难以取代的重要角色。高校图书馆应该变革现行的管理体系和业务方法，以读者为本，引领并培育读者树立终身学习的思想，当然，在当今数字社会的大背景下，应该针对各校及各图书馆的实际状况，思考在数字媒体环境下读者的新特征和相应服务模式的变化，还应该思考整合传统图书馆的业务优势，现代高校图书馆究竟有哪些新的突破与创新，为读者自主学习能力的养成提供更优质有效的服务。

高校图书馆正逐步从传统的以文献收集和文献信息咨询服务为核心的业务，向以知识服务和文化服务为核心业务的转型，这也为读者自主学习能力的养成创造了更加便利的条件。首先，图书馆为读者自主学习创造了优良的学习环境。读者开展自主学习需要相应的时间与空间保证，而超长开放式服务则是当今各图书馆的服务优势，读者能够充分利用图书馆空间，独立地进行学习安排；其次，图书馆为读者提供了更多的学习契机，读者可以在这里查阅更多的文献资料，也能够获取更为便捷的网络服务。图书馆的藏书量较为丰富，近些年也得到了多媒体技术的支持，更促使读者的学习和科研活动更加有效。笔者认为，在未来的发展中，高校图书馆需要积极转变自身发展理念，为读者提供更加多样化的服务，为他们的学习和能力提升助力，并探索为读者自主学习能力的培养提供更为优质服务的路径。另外，高校也可以强化统计工作，为读者自主学习能力的提升提供依据，形成多样化的信息服务模式，提升图书馆服务的科技含金量。

二、加大服务育人的资源建设力度

（一）加强馆藏资源的信息化建设

智慧图书馆是未来高校图书馆发展的必然趋势。在《新媒体联盟地平线报告（2015 图书馆版）》中提到，"提高知识的可使用性、反思图书馆空间、探索专业信息记录的发展实质、提高对研究数据质量管理的关注性、提高使用者感受的应用价值、移动信息内容的优先与传递，这都将有利于推动高校图书馆资源关于现代信息化技术的应用。"高校图书馆信息化、智能化建设是新形势下高校图书馆工作的重心，要从多方面开展推进高校图书馆的数字化建设，逐步形成数字化服务平台，提升信息系统的稳定性，为信息化建设提供强大的后台保障，进一步拓展无线网络范围，实现区域内的信息共享。

当今社会，网络普及率高、信息传递的效率更快，各行各业机遇与挑战并存，高校图书馆应立足自身优势，探索如何使新技术应用在图书馆的发展中，以提供更高效便捷的网络化和数字化服务；同时探讨如何在开放多元的信息社会中建立起高度信息化的协作网络，满足读者信息需求的个性化和精细化。

随着馆藏资源数字化进程的加速，高校图书馆的各种文献大多以数字资源的形态出现，通过构建完整的网络系统，能够充分发挥网络平台的信息传递功能。同时为了丰富馆藏数字资源，利用构建的数据平台，对各类文献资源进行分级存放，为信息检索工作提供强大的技术支持。高校图书馆还应根据自身特点和学校的学科专业设置，利用馆藏资源，建设特色数据库，特色数据库的构建要立足图书馆实际和学校专业设置，以服务教学及弘扬传统文化为宗旨，并方便读者查找使用。建设多种电子阅读平台，读者可通过移动设备登录图书馆网页，随时随地查询、搜索、阅读、获取图书馆的文献资源和服务。

（二）构建新形势下知识管理系统

知识管理是高校图书馆推进信息服务的重要工作。图书馆知识管理是指应用知识管理理论和方法，合理配置和使用图书馆资源，充分满足用户不断变化的信息与知识需求，并提升现代图书馆的各项职能和更好地发挥其作用的过程。新形势下高校图书馆应充分分析馆藏结构是否合理，馆藏文献资源的使用率达到了最优化。

当前高校图书馆应根据读者需求，建立科学合理的文献信息资源共享策略。文献资料只有通过广大读者的阅读和使用，才能真正实现文献本身的价值，优化现有高校图书馆的馆藏结构和质量是十分必要的。首先，高校图书馆应加强交互式学术文化交流空间的建设，使读者的角色由"用户"转变为"参与者"。读者需要根据所在学科专业及自身学习的文献需求，收集本专业所需的文献信息交给图书馆统一采购，为师生提供多种类、多渠道、快捷的信息服务，突出信息资源的专业性和学术性，形成丰富、有特色的馆藏体系，最大限度地发挥高校图书馆的文化育人功能。其次，采访馆员在资源采购过程中要注意资源的质量，同时持续增加文献种类和数量，扩大文献分类的覆盖面，所购文献必须帮助解决读者的文献需求，具有较强的实用性，同时引导读者乐观、积极向上，传播正能量。最后，图书馆员需要厘清知识管理发展脉络，拓宽知识的范围，在知识管理问题上确立自己的立场，改变传统的思维方式，重塑现有的图书馆环境，培育知识共享的文化。图书馆管理者应适当组织培训，提供必要的业务学习，鼓励馆员参加行业学会、学术机构和专业人士提供的课程学习。

（三）实现全覆盖的网络自助服务

十九大报告提出，加快建设制造强国，加快发展先进制造业，推动互联网、大数据、人工智能和实体经济深度融合，在中高端消费、创新引领、绿色低碳、共享经济、现代供应链、人力资本服务等领域培育新增长点、形成新动能。这些领域将是未来经济转型升级的新业态。

高校图书馆应借助互联网的理念和技术，提供优质的移动阅读和自助服务。目前，图书馆自动化系统突出的特性表现在云计算、软件及服务。移动手机、平板电脑、掌上电子书阅读器等移动终端设备的普及化，移动阅读、掌上阅读被越来越多的高校师生推崇，随时随地利用碎片化时间进行学习阅读。所以，大学图书馆就应该更加丰富本馆的网络功能，实行全面的自动化服务，通过主动创新和拓展服务，把现代数字信息环境与读者生活有效融合。在设计系统功能方面应设计易操作的基本功能，这样才能提高工作效率，提升使用过程中的便利性，方便图书馆工作人员，也方便读者，优化用户体验。好的系统不但能够协助管理者做好当前的工作，同时也能够协助决策者建立合理的工作计划，发挥强大的决策功能。例如：多数大学图书馆的微信公众号设定了多种推荐专题和功能板块，定时推荐内涵丰厚、引导性强的读书主题，提供内容全面、符合读者需要的微信服务。在微信栏目设置中针对学生的阅读特性，结合当下热点，选取并推送新颖时尚的图书内容。微信公众号大体上可设置三个板块，即：资源版块、资讯版块和应用版块，资源版块下可设藏书搜索、新书通报、座位预约等功能；资讯板块下可设入馆教育、文献传递、移动 APP 等功能；应用板块下科设用户信息、借阅记录、进馆记录、图书荐购栏目等功能。在微信公众号上定期发布人们喜闻乐见的主题文字以及馆内的资讯公告等，设计多样的形式，并充分利用微信图文、声音、场景等功能，综合运用各种手法，以引起读者阅读注意，让读者随时随地接收到信息。高校图书馆的电子阅览室则需提供便捷、富有特色的服务，以吸引读者更好地利用电子阅览室。电子阅览室还可配备打印机、复印机等设备，便于来电子阅览室上机的读者利用网络信息共享技术实现在线网上打印论文、课表、准考证和下载数字资源等。

高校图书馆可以借助微信"摇一摇"功能获取相应的最新活动信息及资讯，

提升读者体验效果，也可以根据读者的位置移动提供动态的、及时性的个性化服务。有的校园智能定位系统也推出了"伙伴学习应用程序"，可以支持读者在图书馆学习交流和活动的组织。高校图书馆应当以充足的经费保证馆员探索人工智能领域。

还应注意图书馆系统的安全防范管理。鉴于互联网的自身特点，为了更好地促进高校图书馆业务的变革和发展，学校需要统一图书馆安全管理制度，并设置监测管理，系统地对互联网环境中的安全隐患实施监测，如果出现隐患，及时上报相关部门，同时做出处置，消除安全隐患。

三、重视服务育人的整体筹划

图书馆应当提高对整体筹划服务育人工作的重视程度，高校图书馆是校园文献信息中心，应当坚持以人为本的服务宗旨，整体筹划，通过多渠道、多途径的服务方法，提高馆员的整体素养，进一步提升高校图书馆的服务育人效果。

（一）强化全员育人的服务理念

为读者提供全面的、个性化的服务，是高校图书馆的根本宗旨与核心内容，因此高校图书馆应当强化内容建设，提高业务技能，增强全员育人的服务意识，提升高校图书馆文化育人、服务育人和管理育人的职能。

信息时代，提高高校思想政治教育的实效性，创新高校思想政治教育工作方式方法，是高校和图书馆必须重视的工作。高校图书馆应充分利用现代网络传播平台，以读者为主体，坚定立德树人目标，传播积极、健康的信息内容，激发读者学习的积极性和主动性，树立正确的世界观、人生观和价值观。

图书馆决策者应围绕全员育人组织开展宣传教育及培训工作，并对工作任务进行合理分配，提升全体馆员的服务意识和服务水平。确立资源共享与读者第一的宗旨，根据自身图书馆的特色，开展特色业务，满足读者对图书馆资源的需要。只有适应并满足读者的需要，提高管理育人、服务育人的意识，才能有效实现图书馆的素质教育职能。因此图书馆应该切实加强馆员的业务素养和服务意识的提升，确立全员育人的理念，转变工作作风，以思政课教师的视角上换位思考问题，为读者提供快捷准确的服务，才能实现图书馆全员育人的实效。

互联网改变了图书馆的传统服务方式，使读者与馆员之间实现了"零接触"的互动模式，学生可以通过微信、微博等方式向馆员意见和建议。除了多样化的整体服务外，还要加强个性化服务，个性化服务是一种以读者需求为中心的服务模式，主动服务是其基本形式。图书馆员应根据读者的不同需求提供不同的服务，为不同的读者提供相应的服务和资源。

（二）构建多部门合作共赢机制

图书馆在组织活动时，应积极拓展与学校相关职能部门的合作。通过多方合作，不断创新服务模式和服务方式，形式新颖、内容丰富的活动容易吸引学校各部门的广泛关注以及活动的深入开展。高校图书馆应积极与学校各部门沟通合作，共同组织服务育人、阅读推广等活动。除了与团委、学生处等职能部门的合作外，图书馆还应加强与各学院的合作。例如，在新媒体和计算机领域的工作可以与信息与计算机学院合作，计算机技术在图书馆资源管理中的应用越来越广泛，将图书馆学与计算机学科相结合，能够提高基于计算机开发和应用的图书馆资源管理水平，将计算机技术应用于图书馆资源管理，要求管理者积极总结以往的工作经验，使图书馆资源得到优化开发。在图书馆空间改造方面，图书馆内外环境设计可与艺术与设计学院合作，提升改造的科学性和实用性。在未来的发展中，高校图书馆还应利用兄弟院校图书馆的资源，进一步加强合作，丰富读者资源选择的渠道，拓宽读者服务的领域。

（三）利用网络优势扩大服务面

数字阅读内容广泛而多样，通过数字阅读读者不但能够感受传统图书中的文本配图的阅读方式，更能够感受到声音、视频等多元化的信息获取方法。读书终端也多种多样，比如手机、笔记本、电脑、电子阅读器等；阅览形式也比较随意，因为手机、阅读器等都是便于携带的阅读终端，因此随时查阅资料也变成了可能。因此高校图书馆就需要建设遍布全馆的有线与无线网络，提高互联网运转速度，同时加强整体规划和信息系统运用，为读者提供现代化水准的个性化服务。

图书馆应加强数字技术的推广力度，最大程度地方便读者利用馆内的数据资源，还要完善新空间的服务功能，以满足读者学习与休闲的全方位需要。还要注重服务内涵的创新，要利用最先进的服务设施及软硬件设备、研究空间等，开展多业务要素的综合服务，将服务内涵由传统的单一化延伸至多样化。

四、提升主动服务意识

（一）提升阅读推广活动质量

阅读推广又被称为推广阅读，指的是图书馆和社会为了能够进一步激发读者阅读兴趣，使其形成良好的阅读习惯，提高读者阅读水平，就此促使全民阅读能够顺利开展的一切工作的总称。"阅读推广"首次提出是在 1997 年世界教科文组织发起的全民阅读组织网站与工作报告中。《全民阅读"十三五"时期发展规划》是我国国家层面第一次制定全民阅读的发展规划，这表明全民阅读已经得到了国家层面的重视。由于高校承担着培养时代新人的艰巨任务，而图书馆是高校立德树人的重要部门，因此阅读推广对于高校图书馆的发展意义重大，然而当下大学生的阅读现状不尽如人意，如何引导学生关注阅读，学会阅读，提高阅读效率，成为当前高校图书馆阅读推广服务亟须解决的问题。

高校图书馆通过开展阅读推广系列活动，促进校园文化建设，建设书香校园。高校图书馆应该首先确定自身的发展指导思想，以我国出台的相关政策、规定等为核心，使校园文化推广活动的目的能够更加明确。通过阅读推广系列活动，进一步培养学生的阅读能力，提高阅读水平，使学生的思想道德素质能够上升到一个新的水准，将社会主义核心价值观能够深深植入学生的心中，使其成为我国优秀文化的传承者，继而为社会主义现代化建设添砖加瓦。同时要从学校实际阅读特点入手，举办形式多样、内容丰富、大学生乐于接受的阅读推广活动。可运用电子显示屏、电子阅览室、宣传栏、美术作品展览等新载体与多种形式，培养职业阅读推广人，开辟专题、专栏，组建学生阅读推广团队等，遵循接近生活、接近实际、接近读者的原则，推动广大学生形成正确的人生观、世界观和价值观。

（二）提升创新型馆员的职业化水平

馆员是推进图书馆服务育人工作的有力主力军，在学校经费及政策允许的情况下，积极推动人才引进，鼓励在职馆员参加业务培训和会议交流，是推进馆员提升职业化水平的有效途径。高校图书馆为了实现新形势下服务育人的目标任务，应当采取更加主动、公开的用人政策，积极创建一批业务素质高和服务能力强的馆员团队，以提高馆员的综合业务能力，增强人文素养，以优良的服务态度和创新意识满足广大读者的需要，推动高校图书馆育人目标的实现，进而实现图书馆的可持续发展。

第二章　高校图书馆的德育教育

第一节　高校图书馆德育功能理论阐释

一、高校图书馆德育教育的内涵

德国哲学家康德说过："教育最大的秘密，是使得人性完美，这是唯一能做的。"德育教育是道德活动的重要形式之一，是指一定社会或集团为使人们自觉遵循其道德行为准则，履行对社会和他人的相应义务，而有组织有计划地施加系统的道德影响。它是一定社会或集团的道德要求转化为人们内在品质的重要条件之一。在多数国家的学校德育限指道德教育，我国学校德育泛指政治教育、思想教育、道德教育等，实为社会意识教育。比较完整的道德教育过程，一般包括提高认识、陶冶情感、锻炼意志、确立信念和培养行为习惯等主要环节。与通常的知识教育相比较，道德教育具有广融性、同时性、多端性、重复性、强烈实践性和渐进性等主要特点。确定道德教育的方法和手段，主要是根据道德品质形成的特点和受教育者的实际状况，一般采取正面疏导的方针，实行传授道德知识和总结受教育者的道德生活经验相结合，个人示范和集体影响相结合，榜样激励和舆论扬抑相结合的方法。社会主义社会的道德教育，主要是培养人民的共产主义道德品质，提高人民的历史主动性，推动社会秩序和社会风气的不断改善。它既从现实经济政治关系的实际需要和可能出发，又着眼于人民道德境界的不断升华。它不仅注重清除一切旧道德的消极残余和影响，积极配合和保证政治、法律、知识、审美等方面的教育，而且更注重于培养人民的社会责任感和道德选择能力。

大学的重要任务之一就是培养人才。培养什么样的人才，这是由社会主义教育的本质和根本任务所决定的，培养什么样的人才决定了如何培养人才。2004 年 10 月 14 日电 中共中央、国务院最近发出《关于进一步加强和改进大学生思想政治教育的意见》（以下简称《意见》）。《意见》强调指出加强和改进大学生思想政治教育的主要任务要以基本道德规范为基础，深入进行公民道德教育。具体要求是要以为人民服务为核心、以集体主义为原则、以诚实守信为重点，广泛开展社会公德、职业道德和家庭美德教育，引导大学生自觉遵守爱国守法、明礼诚信、团结友善、勤俭自强、敬业奉献的基本道德规范。坚持知行统一，积极开展道德实践活动，把道德实践活动融入大学生学习生活之中。修订完善大学生行为准则，引导大学生从身边的事情做起，从具体的事情做起，着力培养良好的道德品质和文明行为。2014 年 9 月 9 日，习近平总书记在同北京师范大学师生代表座谈时指出，要把立德树人的成效作为检验学校一切工作的根本标准，真正做到以文化人、以德育人，不断提高学生思想水平、政治觉悟、道德品质、文化素养，做到明大德、守公德、严私德。

德育是道德价值最直接的实现方法，它也最能体现道德的功能发挥。德育效果充分发挥程度的大小，德育成效的高低，是对德育功能发展成果的综合反映。德育效果最大化就必须发挥出德育功能最好的效果，但是德育功效的良好发展也必须是体系化的，在德育系统内各种因素之间和通过这些因素可以与环境建立良性的互动机制，并通过互动形成良性的德育效应。

二、高校图书馆德育教育的时代价值

（一）高校立德树人的必然要求

党和国家历来高度重视大学生社会主义道德教育工作。在 2014 年召开的第二十三次全国高等学校党的建设工作会议上，习近平总书记强调，高校肩负着学习研究宣传马克思主义、培养中国特色社会主义事业建设者和接班人的重大任务。办好中国特色社会主义大学，要坚持立德树人，把培育和践行社会主义核心价值观融入教书育人全过程。学术界对"立德树人"的概念和内涵仍存在分歧，尚未形成统一的标准。正确界定"立德树人"的概念和内涵，不仅关系到学术界对"立德树人"研究的理论创新，也关系到如何充实其实质内容，指导具体的德育工作。这将直接影响到我国教育的发展方向，影响到大学生德育工作的实施过程和最终德育工作的效果。因此，如何正确理解"立德树人"的理论内涵，是值得每一位有责任的教育工作者深思和坚持的。

在中国传统的语言组成当中，"立德"和"树人"是并行的两个独立词语，两个词语彼此独立、各有各的独立含义。《辞源》将"立德"的"立"解释为"树立"。《现代汉语词典》也采用此种解释，或增加"建立"之意，进而将"立德"解释为"树立圣人之德"。"立德"语出《左传·襄公二十四年》，原文是"太上有立德，其次有立功，其次有立言，虽久不废，此之谓不朽"。在中国的伦理观点上，最重要的是讲求三不朽——立德、立功、立言，立德居于首位。《汉语大字典》则援引《广雅·释诂》指出，"立，成也"，将"立"解释为"建树、成就"，并以此作为"太上有立德"句中"立"的义项。在《辞源》中，对"树人"之"树"则解释为"种植"，并将"树人"解释为"培植人才"。

党和国家领导人从立德树人的内涵和培养什么样的人、如何培养人、为谁培养人这一根本问题出发，提出了新的要求和新的方向，丰富了"立德树人"的内涵。立德树人的理论内涵对大学生德育工作提出了更实际、更高层次的实践要求。立德树人中"德"的内容不仅指一个人的道德品质，还包括一个人在复杂社会中的道德理想信念、对人生价值的追求和对社会的坚守、个人的法律素养等等。立德树人的内涵应该是一个人的思想意识的综合体，是一个人应有的各种观念的综合，如一个人的世界观、人生观、价值观等。

瑞典斯德哥尔摩大学教育学家托尔斯顿·胡森博士在《论教育质量》中提到，人类希望校园给他们提供改变，不只是限制在知识范畴，人类希望校园帮助他们养成某种行动和心态，使他们能正确地鉴赏文化、行为受品德和审美精神的价值引导，进而变成责任的、合作的、参与的和独立的公民。

图书馆不仅仅承担高校教学辅助的任务，同时还承担着科学研究以及提升大学生道德素质的任务。图书馆与教学部门以及其他类型的教育机构不同，其发挥作用的形式也就有所不同。高校图书馆的德育功能主要表现在以下两个方面：一是可以向大学生介绍、传播中国传统古典名著，营造良好的阅读环境，进而增强大学生热爱读书的兴趣；二是举办不同形式的读书活动、学术讲座，营造阅读气氛，引导大学生学会读书、学会科研以及发现问题解决问题的能力，通过图书馆潜移默化的德育教育，促使大学生们可以从图书馆丰富的德育文献资源中提升自己，并从活动中陶冶情操、塑造品格。

（二）高校道德教育的必然要求

新时代思想教育是大学生道德教育中重要的一环，围绕这一主题，国家出台了一系列文件提升思想教育的地位。因此，如何让高校大学生思想道德管理工作更加全面化、精细化，以解决高校大学生思想道德管理工作发展不均衡、不完善的问题为目标导向，形成全国一体化思想教育工作系统，畅通思想教育工作的最后一公里，2017 年 12 月，教育部发布了《高校思想政治工作质量提升工程实施纲要》（以下简称纲要）。《纲要》明确了坚持和加强党的全面领导，充分发挥中国特色社会主义教育的育人优势，以立德树人为根本，以理想信念教育为核心，以社会主义核心价值观为引领，以全面提高人才培养能力为关键，强化基础、突出重点、建立规范、落实责任，一体化构建内容完善、标准健全、运行科学、保障有力、成效显著的高校思想政治工作质量体系，形成全员、全过程、全方位育人格局，切实提高工作亲和力和针对性，着力培养德智体美全面发展的社会主义建设者和接班人，着力培养担当民族复兴大任的时代新人，不断开创新时代高校思想政治工作新局面。

高校图书馆在大学生思想道德教育工作中起着重要作用，在充分把握大学生道德教育工作内容的基础上，协作推进各方面工作的开展，使其能够形成良好的协同效应。图书馆可以通过开设思想道德教育类荐书栏目，以提高在校大学生的推荐热情和效率；举办思想道德教育研讨交流或专家讲座等活动；组建思想道德教育志愿者团队进行德育教育宣传和推广工作；制定相关规章制度，引导大学生规范和注意自己的言行。

社会主义的现代化建设、"两个一百年"奋斗目标的实现，需要德智体全面发展的建设者和接班人，在这一人才培养过程中，高校图书馆具有义不容辞的责任，同时也有其自身不可替代的优势。高校图书馆应当积极利用先进教育手段，创新教育方式，紧密配合并落实党和国家的思想道德教育政策和任务，助力我国社会主义现代化建设和"两个一百年"奋斗目标的实现。

（三）素质拓展的理想场地

素质教育是指一种以提高受教育者诸方面素质为目标的教育模式，是以全面提高人的基本素质为根本目的，尊重人的主体性和主动精神，以人的性格为基础，注重开发人的智慧潜能，注重形成人的健全个性为根本特征的教育。它重视人的思想道德素质、能力培养、个性发展、身体和心理健康教育，与应试教育相对应。我国自改革开放以来，党和国家始终把提高全民族的素质作为关系社会主义现代化建设全局的一项根本任务。

高校图书馆丰富的资源及其在高校德育教育体系中的重要地位，决定了它必须承担高校素质教育的重任。当前，我国高校图书馆承担的大学生素质教育工作主要表现在以下几个方面：一是馆藏资源检索能力的培养。馆藏文献检索能力是大学生学习和科研必备的基本素质，文献检索能力不高，直接影响到学习效果和科研水平的提高，越来越多的高校开设信息检索课程，而信息素质教育研究室则大多隶属于图书馆。其次，提高馆员的服务意识和能力。作为图书馆最重要的因素，馆员的服务意识和能力直接影响图书馆在读者心中的形象，也决定着图书馆素质教育的效果。知识结构全面、业务能力出众、服务意识强、服务态度好的馆员能够使图书馆的素质教育达到事半功倍的效果。再次，提高图书馆信息化建设水平，以提高高校图书馆素质教育辅助功能的发挥。

三、高校图书馆德育教育的优势

（一）德育资源丰富

对于离开了紧张的高中学习生活，进入轻松自由的学习生活环境的大学生，在一段时间内，他们往往会感到不知所措，甚至有些学生会染上网络游戏、抽烟喝酒等恶习，学习懈怠，失去目标和方向。事实上，这一阶段是大学生道德素质形成的关键时期，也是人格奠定基础的关键时期。因此，对于大学生来说，能否通过阅读尤其是经典图书，找到营养，并在书中寻求科学力量发现问题和解决问题，是大学生未来适应社会，适应职场竞争的关键。经典图书对人格的塑造意义重大，这种阅读一方面是对经典的保存和传承，另一方面是对智慧的传承。

高校图书馆不同于社会上的公共图书馆，其功能更科学，服务对象的整体素养也更高，它脱离了基本的、低层次的知识需求，馆藏文献的专业性、知识性和科研性也更强。在高校图书文献资源的结构中，娱乐性的文献相对较少，更多的是古今流传下来的，或已得到专家学者的一致认可的经典。从古代先贤对各派学说的创立和继承，到儒家、道家、法家等传统哲学思想的发展，都显现出经典文献的魅力。大学生在培养基本道德素养的同时，还需要从道德的最高境界——哲学中寻求自身品格的塑造。如遵守纪律和规章制度，锻炼理性思维等。这些道德品质的形成应在学习中逐步培养，图书馆可利用现有的硬件和软件资源，助力大学生道德素质和健全人格的形成与提升。

（二）德育方法多样

首先，高校图书馆可以设置德育专栏来对大学生进行宣传教育，并有针对性地向大学生推荐德育图书资源。大学生通过阅读图书馆推荐的德育相关的经典书籍，吸收正确的价值观念、汲取正确的道德思想，并对自己的世界观、人生观价值观、进行深入的思考，从而形成自我的独立认知，同时能够促进大学生及时修正自己的认知偏差。

其次，高校图书馆以深厚的文化底蕴来开展立德教育。比如，高校图书馆联合高校各职能部门或学院共同举办思想道德知识竞赛、开展专家讲坛、名师讲座等，以丰富多彩的活动来开展德育教育。

最后，高校图书馆通过工作人员日常的服务态度、工作表现为大学生做出良好的表率。图书馆中工作人员的基本工作内容是图书的分类、整理，图书的借还等，这些工作内容虽然不复杂，但是需要工作人员的专业知识和敬业精神以及良好的服务意识，大学生在图书阅览、挑选和借还过程中能够感受到工作人员的工作态度和服务态度，这些会对大学生的待人接物产生潜移默化的影响，也会影响到大学生对待学习和未来工作的态度，进而影响大学生的道德素质的培养，这也是图书馆发挥德育教育功能的重要方式。

（三）德育形式独特

图书馆德育功能的发挥不同于高校课堂德育，它主要是依靠自身的环境、文化属性等来对学生产生影响，从而影响大学生的思想道德观的形成。图书馆的德育活动将重点放到德育形式和德育内容方面，着眼于细节，对大学生产生潜移默化的作用。图书馆德育教育的重要方式是隐形德育教育，通过图书馆的文化属性、学习氛围对大学生的学习和道德观念产生影响和引导，发挥"桃李不言，下自成蹊"的育人效果。在图书馆德育教育体系中，安静、舒适、典雅的环境，随处可见的名言警句，浓郁的学习氛围，对融入其中的大学生内心产生熏陶，同时对大学生的行为和思想起到有效的引导作用，以规范大学生的言行举止。这些教育是被动性的，是在学生不知不觉中产生的，是沉浸式的，学生更易于接受，也更容易使同学生产生共鸣，在帮助大学生形成正确的道德观念方面发挥重要的作用。

除此之外，图书馆工作人员作为图书馆隐形文化形成的重要因素，在图书馆文化的形成过程中发挥着重要作用。图书馆的成立、发展和影响力的形成都需要经过时间的沉淀和图书馆工作人员坚持不懈的努力，形成自身的特色需要投入大量的人力、物力、财力。工作人员作为图书馆隐性文化的重要组成部分，是图书馆重要的无形财富，工作人员的综合素质、职业道德对图书馆德育工作有着重要的影响，他们对学生的服务态度、业务管理水平等关系到图书馆的发展，同时影响到学生对图书馆的认知，很大程度上影响着图书馆德育工作的水平。因此，高校在图书馆建设中，应注重图书馆工作人员的素质提升，加强图书馆工作人员的业务和服务培训，增强图书馆工作人员的整体素质，提升图书馆德育教育发挥的效果。

第二节　高校图书馆的德育教育功能

大学教育的根本目标是为社会培养品学兼优的高素质人才，因此德育教育是大学教育的重要一环，大学通过灌输、引导、熏陶等不同方式培养学生正确的道德观念。高校图书馆作为体现高校文化基因的重要场所，是高校知识的宝库，是学生学习知识、探索未来，追求理想的重要场所，是高校德育体系中重要的构成部分。

一、高校图书馆的功能

（一）系统性教育功能

图书馆是高校教育的重要组成部分，收藏了丰富的文献资源，是大学生自主学习，探究专业知识，形成自主学习习惯的理想场所。对于大学生而言，有效地运用图书馆馆藏资源，是不断充实和提升自我的有效途径，是未来奉献社会的基础。目前，各图书馆为了倡导读者阅读都做了大量的工作，举办不同形式的阅读推广活动来提升人们对阅读重要性的认知。如安徽农业大学图书馆推出的"21天读书打卡活动"，不仅使众多读者养成了读书的习惯，还使读者通过对不同类型图书的阅读拓宽了自己的视野；如安徽工业大学图书馆的"光影阅读"活动，则使读者感受到了文学与电影交织带来的全新体验，大学生也更易于接受。

（二）专业素养和人文素养融合培育的功能

高校图书馆是大学生德育教育的重要场所。图书馆收藏了众多的经典著作，为大学生提供了丰富的精神食粮，他们通过阅读经典，学习其中的警句名言和蕴含的人生哲理和，并深入地思考，将其内化为自己的行为准则，这是开展德育教育的有效方式。经过时间的洗涤传承下来的名人名言、人生哲理、诗词歌赋等既丰富了大学生的文化内涵，提升了大学生的文化品位，同时也传承了我国优秀的历史文化，使他们生成为我国传统文化的继承者和传播者。图书馆通过制作丰富的文化活动来吸引大学生的参与，通过文化熏陶来提升大学生的审美素养，实现德育教育的目的。从历史的发展来看，成就非凡的历史人物都是热爱阅读的人，他们通过阅读吸收先贤的精神营养，提升自身的专业能力和思想境界，不断地精进自我。图书馆作为人类文化知识的宝库，承担着传承我国优秀思想文化的历史重任，学生通过阅读学习和了解我国优秀传统文化，在增长专业知识的同时，有助于拓宽视野，提升思想境界，对未来的发展也大有裨益。

高校图书馆是大学生综合素质提升的重要场所。教育的根本目的是学生能够更好地发展，他们通过掌握专业的技能、正确的思想道德观念，能够更好地适应未来社会的发展。大学生通过自身的德智体美劳全面发展，形成辩证性思维和独立创新意识。传统的教学模式对大学生综合素质的提升具有一定的限制作用，在传统的教学中，教师的教学重心是依照教学大纲来开展专业授课，教学任务和教学内容基本都是固定的，教师不能够随意改动，对于学生知识结构、兴趣爱好、品格培养是统一的，缺乏对学生个性化发展的重视。在这种教学模式下，大学生个性化成长需求被抑制，不能够根据自身的兴趣爱好和成长需要来选择自己所要学习的东西，无法满足个性化发展需求，也无法实现综合素质提升的目标。图书馆作为知识的集散地，为大学生的学习提供了更加自由和灵活的环境。图书馆里拥有丰富的馆藏资源，大学生可以在里面找到各种学习资源，满足自己成长所需。大学生可以通过在图书馆的学习，丰富知识储备、优化知识结构、陶冶情操、培养爱国主义情怀、树立自身的正确的价值观念，同时也可以通过自主学习形成自己独立的思维方式，培养创新意识和创新能力。任何科学研究都需要信息作为支撑，如果缺乏足够的信息就不能做出正确的判断，大学生可通过查阅同研究课题相关的文献资料来获得信息，以提升信息素养，同时图书馆开展信息素质教育来提高学生检索和利用文献资料的效率，进而提升科研能力。

高校图书馆是重要的人文素质教育场所。人文素质教育是提升大学生的人文修养的重要手段，大学生通过阅读馆藏人文类图书，吸收人类优秀文化成果，并将其转化为自身的人格和气质，形成高雅的人文气质。图书馆作为大学生人文素质教育的第二课堂，具有得天独厚的人文素质教育优势，馆藏图书是一座文化宝库，他们可以从中吸收丰富的人文养分，向历史人物学习，通过历史人物的高尚道德品质来指引自己的人生道路，并以他们为榜样树立自身的道德规范和标准。此外，在人文素养培养方面，图书馆也可以有针对性地开展德育讲座，邀请知名度较高的社会人士来同他们进行交流，通过这种方式来开展德育教育。

（三）信息共享功能

高校图书馆的基本功能是保存文献和为师生提供信息服务，因此高校图书馆基本的功能定位是高校的文献信息中心。具体表现在三个方面：首先是收集文献；其次是整理和加工文献。图书馆工作人员作为专业的图书管理人员，他们负责对收录的文献进行分类、整理和信息加工，以使馆藏文献有序化；再次是传递文献信息，为师生提供便捷的文献信息服务。随着互联网和计算机技术的发展，高校图书馆的服务模式也在不断创新，信息共享中心的服务模式在图书馆中悄然兴起，该模式以计算机设备设施为平台，借助互联网整合图书信息资源并使其数字化，为师生提供更加便利、快捷的服务，打破了传统图书馆的时空限制，方便了读者的借阅，提高了图书馆馆藏资源的利用率。在新时代，将高校图书馆定位为信息共享中心是科技发展所带来的新变化，同时也对学校德育工作的开展提供了更加便捷的方式。

（四）创新型人才培养功能

新形势下，高等教育是以人为本，为社会发展培育创新型人才，通过高校教育组织来培养学生的创新意识和创新能力。在创新型人才的培养中，教师的教学发挥了重要的作用，但是学生的自主学习和刻苦钻研也占据着重要的地位。图书馆作为学生自主学习的重要场所，是学生创新思维和创新能力培养的摇篮，高校图书馆为大学生的学习和探索提供了舒适的环境，同时为学生的刻苦钻研提供了丰富的文献资料。高校图书馆服务的主要目的是培养学生正确的学习方法，以及养成终身学习的能力，为学生未来的发展奠定基础。高校图书馆浓厚的学习氛围，舒适、轻松的学习环境，为学生的学习和思考创造了一个良好的外部条件，有助于激发学生的创新思维。高校图书馆举办的各种创新性活动，激发学生的创新意识和创新思维，促使学生有效地运用图书馆来获取信息资源，并在此基础上进行创新。

（五）终身学习教育功能

构建学习型社会已经成为国家的重要战略，已经上升到了国家的层面。高校作为我国的高等教育机构，应当在这一伟大社会进程中发挥积极的推动作用。高校图书馆作为学校的信息共享中心应当发挥纽带作用，紧密地将读者和阅读资源结合起来，通过图书馆的服务，让学生养成自主学习的习惯，同时树立终身学习的意识，为我国构建学习型社会贡献一份力量。

二、高校图书馆的德育教育功能

德育教育功能是高校图书馆基础功能的延伸，它的表现形式不同于高校专门负责德育工作的相关课程和职能部门，其德育功能更加隐性、间接性、多样性和社会性。读者在图书馆进行阅读和学习时，会受到图书馆环境氛围、文化元素等的熏陶和影响，进而影响自身的行为和道德观念，引起自身心智的变化。高校图书馆德育功能主要表现在浓郁书香氛围的熏陶、丰富的馆藏文献价值引领和德育活动对读者行为的塑造。

一、浓郁的书香氛围熏陶

（一）图书馆建筑景观有利于大学生审美品位的提升

大学生审美品位的提升是高校图书馆德育教育的重要内容。图书馆是高校的标志性建筑，作为高校的窗口单位，高校在图书馆外观的设计和内部的装饰、布局方面都是经过精心设计和规划的，馆外的人文景观设计、馆内的雕塑形象、悬挂标语和名言警句都体现了高校的人文特色和校园文化特色。比如，武汉大学老图书馆建筑景观就是高校图书馆的典型代表，也是武汉大学的标志性建筑，它采用了中国古典建筑设计，外部装饰也是采用中国的古典装饰风格，呈现出的是端庄典雅的气质。图书馆的四周种满了不同的类型的树木和鲜花，不同的季节有不同的鲜花盛开，桂花、樱花等如一幅优美的画卷，美不胜收，学子们无论远眺还是近观都是一种美的享受，深能够深刻体会到中国古典建筑之美和景观之美。老图书馆是莘莘学子离开校园后魂牵梦萦所在，更是武汉大学精神地标。学生对图书馆建筑景观的欣赏和体会有助于提升自身的审美情趣。

（二）图书馆文化氛围有利于提高大学生自身的人文素质和道德情操

大学生综合素质的提升需要从多方面着手，包括道德修养、科学文化素质、心理素质等，只有全面提升大学生的素质，才能够实现大学生综合素质的提升。高校图书馆浓郁的文化氛围和环境为高校德育教育的开展提供了一个良好的教育场所，学生在高校图书馆中阅读、学习，参加学术交流和座谈会活动，会受到图书馆的格调、氛围和布局的影响，并被馆内绘画、书法、雕塑、标语以及馆员良好的精神面貌感染。环境优美、格调高雅的图书馆让学生感受到浓郁的人文气息，会改变学生的言行举止以符合图书馆的人文格调。比如安徽农业大学图书馆，在一楼天井雕刻着五面近百平方米的文化浮雕墙，讲述着文明的演进，对广大同学进行爱国爱校教育；二至八楼的 38 根立柱张贴具有安徽代表性的文化元素——巢居文明、道教文化、建安文学、新安理学、桐城派、徽文化、新文化运动等中的代表性人物或作品，旨在对广大同学进行爱国爱省教育；七楼至八楼的 18 根立柱则制作包含校史、校训、校徽、校旗、校庆日、校友等文化元素的宣传展示板，对广大同学进行爱校爱农教育。

二、丰富的馆藏文献价值引领

（一）将古代先贤的智慧内化于心

文化传承是高校图书馆的基本职能之一，高校图书馆保存了大量古今中外的经典著作，汇集了人类社会文明发展的重要成果，是重要的精神财富。大学生通过阅读能够同先哲们进行跨时空情感交流，吸收先哲们的思想观念，对于大学生构建自身的道德价值观具有重要的影响。流传下来的经典图书是作者智慧的结晶，充满了作者的真知灼见，读者通过阅读能够同作者实现情感的共鸣和心灵的碰撞，为自身道德观念的形成提供强有力的信念支撑。读书能够决定一个人的修养和境界，能够提升一个民族的素质和力量，能够影响一个国家的前途和命运，一个不读书的人、不读书的民族是没有希望的，读书能够使人明辨是非、坚强勇敢、温暖他人。大学生通过阅读思想内容积极向上的著作，能够增强自身的专业知识，同时能够提升自身的道德修养，帮助自己树立正确的价值观念，并以古圣先贤作为自己安身立命的楷模和榜样。高校图书馆丰富的馆藏资源为学生自我探求和德育教育提供了丰富的精神资源。中国传统教育的核心是人文教育，将"修身、齐家、治国、平天下"作为教育的目标，大学生通过阅读经典能够学习和吸收人物的思想情感，并同自身的言行举止进行对照，不断完善自身的道德修养，提升自我的人格魅力。我们通过历史可以看到，古今中外，很多人的发展都同图书馆有着千丝万缕的联系，他们通过图书馆阅读来吸收先进的思想和养分，并确立自己奋斗的目标，积极地投身到国家发展和社会主义建设伟大事业中去，在自己的工作岗位上为国家做出了巨大的贡献。

（二）感受高尚情怀，抵御不良心理问题

大学生作为新时代的建设者和接班人，他们具有活跃的思想，旺盛的精力，易于接受新事物和新思想，但同时他们因为生活在校园内，社会经验不足，缺乏对社会环境和社会现象的全面认知，思想容易受到各种思潮的冲击，内心容易产生矛盾和冲突。现在的大学生正处于竞争日趋激烈的社会环境中，面临着较大的就业压力、心理压力，由于正处于特定的年龄阶段，还面临着情感问题，

不少大学生往往会产生心理焦虑，有些心理素质较差的学生甚至会出现心理问题，影响正常的生活和学习，有些心理问题如果得不到及时地解决甚至有可能出现极端的情况。高校的心理咨询部门能够帮助学生解决心理问题，但有些学生因为不愿意向别人吐露心声，因此他们不愿意向别人求助，而由于图书馆周到全面服务的吸引和自主学习的隐私性，那么此时阅读图书馆的藏书就成了大学生寻找精神支撑，解决心理问题的重要方法。

三、阅读活动对读者行为的引导和塑造

（一）通过开展各种读书活动，为大学生提供交流思想的空间

文献资源优势是高校图书馆的基础优势，图书可依托自身的文献资源举办各种文化交流活动，比如文化讲座、征文竞赛、报告会等，以丰富大学生的文化生活、培养大学生正确的思想意识和独立精神。图书馆的各项文化活动在大学生德育工作发挥了积极的促进作用，依托丰富的馆藏资源，举办丰富多彩的文化教育活动，丰富大学生的文化生活，为大学生思想交流搭建良好的文化平台、活跃学生的思维、培养学生正确的道德观念。高校图书馆举办文化活动是公益性的活动，没有任何功利性，大学生可以根据自己的兴趣爱好和时间来选择自己想要参加的活动。大学生参加图书馆举办的文化活动能够锻炼自身的社交能力和表达能力，同时能够在相互交流中碰撞出新的思想，增长见识，提升综合素质。比如，华中师范大学图书馆定期举办的"风雅阅读会"，通过对文化的寻根和反思激发了大学生独立自主的思想意识和精神追求，已经成为广受大学生喜爱的文化活动，经过多年的积累和发展，"风雅阅读会"已经成为华中师范大学校园的特色文化活动。

（二）通过开展各种志愿活动，为大学生提供道德实践的机会

高校图书馆德育工作具有明显的实践性。读者在图书馆借还书和学习过程中是否遵守图书馆的借阅规定、是否顾及他人的感受、是否遵守公共场所的秩序等，这些都能从侧面反映一个人的道德修养，同时图书馆的环境和氛围对学生的言行举止有一定的引导作用，当学生看到其他读者都在遵守公共场所秩序、投身到学习中去的时候，自身的行为举止也会被影响到，这有助于规范学生的行为举止，帮助大学生完善自身的道德修养。图书馆道德教育的实践性能够有效地促进德育工作发挥作用。

国外大学的图书馆使用大学生志愿者协助图书管理工作是很常见的事情，

特别是在美国，大学生志愿者的人数能够占到图书馆工作人员总人数的20%以上。大学生志愿者在图书馆从事图书上架、整理和修补等重复而繁重的图书管理工作，这种做法减轻了因为图书馆在编人员不足导致图书管理工作超负荷、馆员工作压力大等现实问题，同时增强了大学生对图书馆工作的了解程度，并且图书馆志愿者有一定的志愿者补贴，也可以减轻一些家庭经济比较困难的学生的经济压力。

目前我国很多高校的图书馆在图书工作管理中也在招募志愿者，这种方式既减轻了图书馆工作人员的工作压力，又为有意愿参加图书管理工作的大学生提供了实践机会，同时客观上也为大学生提供了道德实践的机会，让大学生通过在图书馆的志愿服务，学会遵守图书馆的规章制度，加强同馆员的联系和沟通，有助于增强大学生的服务意识和主体责任感。大学生通过在图书馆里从事图书的上架、整架、修补及打扫卫生等繁杂的日常事务，能够体会到图书馆工作人员的辛苦，有助于增强大学生对图书馆环境和图书的爱护意识，培养大学生的集体意识和团队合作精神，让大学生体会到在图书借阅过程中遵守图书馆规章制度的重要性，并通过自身的言行举止来影响身边的其他学生，从而让大家都养成文明的借书和阅读习惯。实践证明，高校图书馆的志愿活动能有效地将德育教育融入大学生的实际行动中，对于培养大学生的道德品质具有非常好的效果，已经成为高校图书馆开展德育工作的重要方式。

第三节　影响高校图书馆德育功能发挥的因素

一、德育意识缺乏

高校图书馆工作人员大多缺乏对图书馆德育功能的正确认知，他们往往忽略了图书馆在德育教育方面所能发挥的重要作用。很多高校图书馆馆员对图书馆功能的认识仍然停留在传统借还图书的阶段，他们认为图书馆的主要作用是为高校师生提供丰富的文献资源，为师生创造一个良好的学习环境，缺乏对图书馆在德育方面作用的认知。图书馆德育功能认知的偏差，不仅是图书馆馆员对图书馆功能定位的不准确，更是因为高校在图书馆功能定位上的不准确，甚至教育主管部门对图书馆德育功能缺乏正确的认识。我国早期的高等教育主要侧重于智力教育，往往忽视德育在个人发展的重要作用，不够重视德育教育。图书馆的德育功能相比于高校思想品德教育课程而言更加的隐性，它主要是通过图书馆的文献资源、内外环境、文化氛围和文化活动来隐性的影响学生的道德思想，是对学生被动影响，学生在潜移默化中形成自身的道德观、价值观，这也正是图书馆德育的重要特性。由于图书馆德育功能的隐性特征导致高校管理者更多地认为德育工作应由德育专业课程来承担，而忽视了高校图书馆所能发挥的德育功能。

二、软硬件配置及信息化滞后

很多高校在图书馆软硬件方面的投入不足，导致图书馆的座位数量不能够满足读者自习的需求，特别是期末考试或者考研期间，经常会出现学生为了在图书馆占一个自习的位置从早晨开馆就大规模排队的现象。图书馆在非考试期间还基本能够满足读者看书学习的需求，但是到周末或者考试期间就无法保证读者的学习需求。在高校图书馆中还会出现因为占座导致读者之间出现纠纷，究其根本原因是图书馆座位资源的稀缺，同时也有学生道德素质不高的问题。高校要加大图书馆建设投入力度，做好图书馆的基础设施建设，为读者使用图书馆创造良好的环境和氛围，并加强对学生德育工作的开展。

另一方面，部分高校图书馆信息化服务水平滞后。图书馆在电脑配置、信息安全方面的建设工作还存在欠缺，不能够有效地规范学生的上网行为，对网络信息进行有效的筛选，保证网络信息的健康和安全。高校大学生思想活跃、好奇心强，他们对外部世界充满了好奇，易于接受新的事物，这是他们的优点，同时这种年龄特性也导致他们容易受到不良信息和观念的影响，导致他们的思想道德观念出现偏差。高校图书馆要加强信息安全管理，引导大学生正确地使用网络，并加强思想道德观念的引导，导正大学生的道德观和价值观，纠正学生思想方面出现的问题。

三、德育服务理念欠缺

高校图书馆的工作人员在日常工作中将工作重心放到文献整理和读者基础服务方面，对于图书馆承担的科研辅助任务和德育任务缺乏全面的认知，服务理念缺失。具体表现为：图书馆缺乏专职的德育工作人员，一般的图书管理人员在德育方面缺乏专业理论和经验，德育教育水平和德育意识不足，无法有效地开展德育活动。很多图书馆管理人员受到传统的图书馆工作职责的影响，缺乏对图书馆在大学生德育中所承担职责的认知。高校图书馆目前作为高校德育体系的重要组成部分，图书管理人员的职业道德和个人道德修养对学生的德育起着重要的影响，他们在工作中表现出来的服务意识、工作态度和工作行为会对学生如何看待工作产生一定的影响，如果图书管理人员在工作中表现出消极懈怠的情绪、服务态度不好，会影响图书馆工作人员给学生树立道德榜样示范作用。图书馆工作人员对自身在德育方面所能发挥的作用认识不足，在图书馆中没有设置专门的德育专栏，也未能全面收集德育相关的图书，对德育实践活动的开展也缺乏积极性。提升图书馆的德育效果，应首先从提高图书馆员的德育服务理念着手。

第四节　充分发挥高校图书馆德育功能的策略

一、整合推进德育教育，形成德育合力

（一）推动学校层面转变传统观念，保障图书馆的德育功能发挥

高校决策者要转变思想，用新思想、新思维看待德育工作的开展，构建立体式的德育教育体系，重视高校图书馆在德育中所发挥的作用，通过创新德育教育的方式、方法，提升德育教育的效果。高校决策者要召开学校级别的办公会议，专项研究图书馆的德育工作开展规划，并制定相应的图书馆德育工作计划和工作目标，将图书馆德育工作纳入图书馆的日常工作管理体系中去，并协调学校的相关部门，为图书馆德育工作的开展创造良好的外部环境。高校决策者要从思想上重视图书馆德育工作，并对图书馆德育工作给以全方位的支持，从人员编制、机构设置、经费等方面给予支持，提升图书馆工作人员的德育工作热情，提高德育水平。高校决策者在德育工作开展过程中要坚持整体性原则，协调德育工作的相关部门和主体，形成合力，推动图书馆德育功能的有效发挥。

（二）积极争取学校学工部门支持

高校图书馆工作同学工工作二者长期以来是没有交叉、相互分离的。大多数图书馆工作人员在思想意识中也认为图书馆工作是为读者提供文献服务，他们主要的工作任务是服务于为学校的教学和科研，德育工作与他们没有关系不

大，高校学工组织在德育工作的开展中也没有意识到图书馆能够有效地发挥德育教育作用。二者在思想意识方面的不足不利于高校构建全方位德育工作体系。一方面，高校学工组织可以加强同图书馆的交流合作，通过图书馆了解目前大学生的阅读兴趣和爱好，以及学生比较感兴趣的读书活动等，从中获取开展德育工作的方法和建议。大学生通过阅读图书来获取新的知识和新的思想观点，对阅读内容的选择反映了大学生的兴趣和大学生在某方面的需求，高校学工组织可以在图书馆设立德育工作办公室，并筛选优秀的德育读物提供给大家，让学生能够更加便捷地接受德育教育。另一方面，高校图书馆要同高校学工组织进行紧密地联系和交流，了解高校德育工作的开展情况和工作重心，并通过图书馆的文化活动来配合学工组织的德育工作，图书馆工作人员要始终将德育意识融入文化活动中去。高校图书馆要加强同高校学工组织的合作，邀请辅导员到图书馆开展德育工作，在图书馆的环境和氛围中为学生开展德育教育活动，规范学生的借阅行为，引导学生成为文明的读书人，并通过德育工作提升大学生的思想道德素质。高校图书馆要协助流动学生党团组织开展各种文化活动，促进学生党团组织充分发挥德育教育作用。

二、加强人才队伍建设

馆员是高校图书馆德育工作的组织者和参与者，他们在图书馆德育工作中发挥着重要的作用。高校图书馆工作人员不同于公共图书馆中的工作人员，他们同大学生读者之间不仅是简单的服务与被服务关系，同时还是一种特殊的师生关系。在高校图书馆读者服务过程中，馆员的工作态度、服务意识、精神面貌等会感染和影响大学生对待学习和未来工作的态度，馆员自身的言行举止会影响到图书馆的读者。高校图书馆德育工作有很大一部分是被动开展的，不是图书馆员通过主动的教育宣讲来向大学生灌输德育知识和德育思想，而是学生通过自身观察、自我感受从内心深处感受到的尊重、热情，并内化为自己对工作、对他人的一种待人处事的方式方法，从而实现德育的目的。优秀的图书馆员通过读者服务工作来展现他们的良好职业道德和专业素质，让学生感受到心情的愉悦，从而影响学生的道德思想。因此，有效发挥高校图书馆德育教育功能，必须提升馆员的综合素质，为图书馆德育工作储备优秀的人力资源。

（一）创新管理机制，提升馆员的整体素质

高校作为事业性组织，图书馆馆员为事业编制人员，由于受到体制因素和

一些客观因素的影响，高校图书馆馆员缺乏有效的激励和竞争机制，导致馆员在工作中缺乏热情和积极性，缺乏积极奋进、努力进取的敬业精神，这种情况制约了高校图书馆高水平的发展，同时也限制了高校图书馆德育教育功能的实现。馆员作为德育工作的参与者，他们自身的思想素质对德育工作的开展有着重要的影响作用。如果馆员对待工作漫不经心，在读者服务中懒散懈怠，学生感受不到馆员的饱满精神和服务热情，那么馆员的德育教育就很难取得良好的效果，言传不如身教，只有以身作则才能够更好地影响别人，否则仅仅依靠知识言语并不能够完全打动学生的内心。为了能够促进图书馆德育工作的更好开展，将图书馆建设成为大学生的德育工作基地，高校要在提升图书馆馆员道德素质上下功夫，建设一支思想品格高、专业技能强、德育水平高的馆员队伍。

馆员在服务的过程中表现出来的道德素质、敬业精神和专业水平对大学生的心理产生较大的影响，读者在使用图书馆的过程中，如果能够受到图书馆员热情的服务，那么他们就会对图书馆的德育产生信任，更易于接受图书馆德育的影响。图书馆工作人员同学生之间不是直接的教育者和被教育者关系，他们开展德育工作主要是靠个人言行举止的影响和渗透。因此，馆员要特别注重同读者在使用图书馆过程中的沟通，让读者从馆员的工作中感受到他们的人格魅力、职业素养，并以馆员为榜样，树立自身正确的职业道德和个人修养。比如，当读者在图书馆借阅图书时，由于思想觉悟、道德修养的差异，馆员有时会发现图书的损毁、污损等现象，甚至有些读者因各种原因会图书馆的图书据为己有，馆员除了要按照相关规定对这些不良行为进行处罚以外，还要对这些读者进行说服教育，以诚恳的态度和礼貌的用语同读者进行沟通，不得使用侮辱性的语言，了解他们的心理情况，并给予改正的机会，让读者发自内心地认识到自己的错误。总之，图书馆工作人员要提升自我的综合素质，以自身的行为举止来感化学生，促进学生思想道德的提升，做文明的读者。

高校图书馆要建立完善的考核和激励机制，激发馆员的工作热情，建立竞争机制，让馆员有危机感，让那些思想素质不高、业务能力不强、对工作缺乏热情的馆员限期整改，如果不能够符合图书馆工作的要求，那么就将他们调离原工作岗位，同时招聘一批热爱图书馆工作、素质过硬的人才充实到馆员队伍中来，提升馆员的整体素质。一方面，高校和图书馆要从馆员的角度思考对馆员的管理工作，为馆员解决现实中的问题，提高他们的薪酬待遇，改善他们的工作条件，让他们更有归属感，这样才能够解决馆员的后顾之忧，调动他们的工作积极性，更好地投身到读者服务工作中，更加有效地开展德育工作。另一方面，高校图书馆要建立公平、公正的考核机制，让馆员能够感受到自己被公平对待，自己的付出能够得到相应的回报，把职称评定、晋升机制等引入图书馆管理工作中来，让馆员在工作中体现个人的价值，从而调动馆员的工作积极性，促进图书馆德育工作更好地开展。

（二）加强岗位培训，提高馆员的业务能力

当前，我国高校图书馆已经进入数字图书馆时代，特色馆藏建设、电子资源服务、定题检索、网上师生互动等，都需要馆员不断更新知识，提高业务能力。但由于多种原因，一些图书馆决策者只注重使用人才而不重视培养人才，不注重馆员知识的更新以及素质的提升，相当一部分馆员还不能胜任新时期集信息服务者与德育工作者于一身的角色，这不仅影响了图书馆的德育氛围，更影响了图书馆德育目标的实现。

高校图书馆所面对的读者群体是具有知识文化水平较高的教师和大学生，这就要求馆员具有渊博的知识、专业的服务能力和良好的精神面貌，这样才能在服务中渗透德育、感染读者。因此，加强岗位培训，提高馆员业务能力，是促进高校图书馆德育工作有效开展和加强大学生德育工作的现实需要。新时期高校图书馆德育工作要求馆员应该掌握最新的信息检索技术，了解人类文明的知识体系，能够有针对性地向大学生介绍代表先进文化的优秀文献。馆员要能熟悉全馆的藏书体系，熟悉馆内各种检索工具的使用方法，还要具备相关学科的知识，要不断填充自己的未知领域。因此，我们要从实际出发，动员全体馆员参加岗位培训，通过不断学习，提供自身的业务能力。岗位培训的内容设计应该具有实效性和针对性，侧重图书馆学、情报学的新知识以及图书馆德育工作技能等方面，以落实"按需施训"原则。岗位培训的方式可以灵活多样，包括分期分批将本校馆员人员送到重点院校图书馆学习；以及通过聘请其他院校专家、学者以及优秀图书馆馆员来本校图书馆授课、研讨和交流。

三、美化阅读环境，打造德育平台

（一）打造舒适的馆舍环境，通过优美的建筑景观感染读者心灵

图书馆建筑景观作为物质形态的隐性课程对大学生思想道德素质的影响是潜移默化的。

大学生可以在高雅的阅读环境中一边学习科学文化知识，一边提高审美品味，提升精神境界。我们要通过优美的图书馆建筑景观来感染读者心灵，就是要使图书馆无论是在其建筑设计、外观形象还是在内部布置上都要营造一种良好的人文氛围，要在图书馆景观设计的每个角落体现美感和人文关怀，让图书馆对读者产生亲和力，从而促使读者提升自身的道德修养。

从环境心理学角度出发，高校图书馆的景观设计应该遵循统一而又和谐的原则。现代图书馆普遍都重视"生态建筑"的建馆理念，注重应用树木、芳草、花卉、雕塑、喷泉等元素来吸引读者。图书馆建筑景观的设计在重视生态环保的同时，还要符合美学原理，突出图书馆景观的艺术性和思想性。图书馆景观的特征要该抓住青年大学生这个年龄层次人的心理和生理特征，符合他们的心理需求，要使读者进入图书馆后立即被它浓郁的学术氛围和独有的文化气息所感染，产生强烈的求知欲。高校图书馆是校园内最安静的场所，它体现了人们对文化的尊重。因此，图书馆植物配置要立足于高雅的内涵，为学生营造一个宁静幽雅的阅览环境，给学生以美的享受和启迪，满足他们的精神需求。例如，图书馆入口景观可以选择棕竹、旱伞等观赏性强的景观树种，其配置的布局形式上不宜过于分散复杂，而要集中简洁、视野通畅，体现令人陶醉的自然美，给人明朗、静谧的入馆意象。总之，高校图书馆应以美术的语言表达出它特有的文化气息，使其成为大学生心中的圣地。

（二）创造高雅的人文环境，让读者在良好的文化氛围中形成优良品格

我们可以在图书馆馆舍中设立向读者发布新书信息、实事报道、名人介绍等的宣传栏，以发挥宣传栏的德育阵地的作用。图书馆馆舍内要加强墙壁文化和走廊文化建设，充分利用墙壁文化、走廊文化的宣传作用。图书馆还可以在楼道增加反映地域文化的装饰，加强走廊文化建设，突出地域文化特色。图书馆内墙壁的设计应该遵循育人为本的原则，融知识性、教育性、艺术性于一体，充分利用名人肖像、名人名言、诗词古训、知名校友的图片及事迹等，让读者置身如诗如画的阅读环境之中，为广大读者提供思想道德建设的精神食粮，激励广大读者奋发有为、立志成才。大学生读者在学习间隙时，抬头欣赏图书馆墙壁艺术，不但可以消除疲劳，还能享受到情感的愉悦，身心舒畅，从而激励自己不但提升思想境界和人格修养。高校图书馆有着浓郁的学术氛围，是培养大学生读者严谨治学态度的场所。因此，图书馆内的布置包括桌椅板凳、书籍陈列、馆员行为、读者活动等都应当体现出严谨与次序。这种强烈的次序感会

感染学生，又无声的语言引导学生成为具有严谨思想的人。

四、优化馆藏资源，传播先进文化

（一）优化传统文献资源结构，通过优秀的作品培养读者高尚情操

高校图书馆的传统纸质文献资源不仅是高校教学科研工作的重要物质基础，也是对大学生进行道德教化的重要载体，具有明显益德功能。传统纸质文献资源作为理论化的人文精神资源，其质量的优劣直接影响着对大学生进行德育的效果。因此，高校图书馆不断加强传统文献资源建设，结合时代特点优化传统文献资源结构，有助于帮助大学生正确认识社会，也有助于塑造大学生完美的人格。

高校图书馆要加强传统文献资源建设，首先，要严把图书采购关，保证文献采访的质量，注重选择那些有思想、有深度、有内涵的优秀书刊。图书馆要通过加大优秀书刊在馆藏文献中的比重、优化文献结构，发挥格调高雅的书刊在图书馆德育工作中的益德功能。其次，高校图书馆还要改变"重专业教育、轻素质教育"的传统观念，注意改善传统纸质文献的学科结构，加强哲学、史学、文学、社会学、中国特色社会主义理论等基础素质教育方面的文献收藏，补充本校专业以外的文献资料，从而提高文献品位，让大学生有更多机会接触丰富的德育资源。最后，高校图书馆还要结合本校以及本地区的特点建立本校师生文库、地方学者文库、地方文化文库、地方经济文库等特色藏书体系，引导大学生读者阅读特色藏书，使大学生们实实在在地感受身边世界的发展和变化，从而增强他们对祖国、家乡、人民以及本土文化的自豪感。

（二）加强数字图书馆建设和资源共享建设，培养读者良好的信息道德

在科学技术发展日新月异的今天，网络几乎无处不在，它成为大学生学习和生活中不可缺少的部分，也大学生获取知识、交流思想的重要平台。信息时代，高校图书馆的馆藏是由传统的实形馆藏和时代性的虚拟馆藏构成的，虚拟馆藏就包括数字图书馆馆藏和文献资源共享馆藏。数字图书馆正是基于网络平台的可扩展的知识网络系统，它把各种不同载体、不同地理位置的信息资源用数字技术进行存贮以便于读者使用，它是未来图书馆的发展方向。高校图书馆资源共享实现了文献资源的共享共编，促进了德育资源的整体化和归一化，可以让读者不受时空限制的、最大限度地接触德育资源，这也是未来图书馆德育工作发展的趋势。高校图书馆可以通过数字图书馆建设和资源共享建设，实现德育

资源的数字化，适应当代大学生读者数字化阅读的新的阅读模式，从而引导大学生读者正确认识网络和使用网络，培养他们良好的信息道德。

数字图书馆以及文献资源共享的建设涉及很多方面，需要政府、高校、网络提供商、信息技术企业等各方面的支持。由于资金、体制等各种原因，我国高校图书馆的信息化建设呈现发展不均衡的势态，沿海地区、东部地区发展迅速，中西部地区发展较为缓慢。因此，中西部地区的高校图书馆要特别重视这方面的工作，加快信息化进程。高校图书馆可以通过信息化建设实现德育资源的数字化和网络化，为大学生提供各种思想道德教育的学习资料，对大学生进行覆盖面广、时效性强、富有针对性的思想道德教育，使大学生在感受网络带来的快捷服务同时还能受到德育的影响。高校图书馆还可以建立大学生德育专题数据库，例如：反映各行各业杰出人物的先进人物特色数据库、针对大学生心理状况的心理咨询、辅导数据库、针对无序网络信息的信息资源网址库等等，引导学生使用这些特色数据库接受有序的、先进的、积极向上的知识的熏陶，提高信息甄别能力，从而提升读者道德素质和思想境界。总之，高校图书馆要通过数字图书馆建设和资源共享建设加强大学生德育工作的辐射面和影响力，指导大学生更好地甄别各类网络信息，更好地利用网络资源，使图书馆网络成为弘扬主旋律、开展德育工作的重要渠道。

第三章 "双一流"高校图书馆学科服务实践及发展对策

第一节 高校图书馆学科服务概述

一、高校图书馆学科馆员涵义、作用和职责

（一）学科馆员的涵义

"学科馆员"是指图书馆设专人与某一个院系或学科专业作为对口单位建立联系，在院系、学科专业与图书馆之间架起一座桥梁，相互沟通，为用户主动地有针对性地收集、提供文献信息服务。"学科馆员"一般能有针对性地为教学、科研提供有力的帮助。指的就是我们常说的图书馆员，该人员主要负责的是咨询服务、课题跟踪服务与定题服务等。在美国已经出版的美国图书馆协会《图书馆学与情报学词汇表》中对于"学科馆员"的概念做了如下界定：指的是图书馆中对于某个专业领域有扎实的知识基础、负责图书馆专业领域馆藏文献评估、偶尔会给用户提供专业信息咨询服务或负责馆藏图书的工作人员。李春旺等学者则认为，学科馆员需要主动了解学科用户的实际需求，以给用户提供更丰富的学科指导性服务，让图书馆和学科用户之间能够建立起有效联系，这也凸显了学科馆员的本质。

（二）学科馆员的作用

高校图书馆建立"学科馆员"制度对图书馆综合水平的提高主要有两个：其一，"学科馆员"是由具有一定外语水平的专业人才担任，他们能对图书馆的文献开发有针对性地提供给读者，使图书馆的资料得以充分利用，有助于提高文献的利用率；其二，担任"学科馆员"的工作人员本身不仅对图书馆的馆藏文献资源较为熟悉，而且对其服务的院系的文献资源也比较了解，"学科馆员"

可以根据对口院系学科设置和科研的需求，为图书馆采购图书期刊资料提出合理的建议，使图书馆的馆藏文献资源更为合理，使新的文献信息及时得到宣传、利用。

（三）学科馆员的服务内容

学科馆员的服务内容主要包括：

联络拓展：每个院系对应有专业的学科服务团队，学科服务团队负责日常与院系的交流和沟通，获取师生一线需求，提供院系教学和科研所需的学科资源和服务。

学科资源建设：通过数据库推荐、图书荐购、主题书展、零星荐购等多种资源荐购方式，满足院系学科资源需求。

信息素养教育：提供通识核心课、公共选修课、新生培训、滚动培训、院系专题讲座等多种类型的培训，培养和提升全校师生对信息资源的获取、分析和利用的能力以及遵守学术规范的科研素质。

嵌入教学：提供与专业课程关联的嵌入式教学，例如针对某一门专业课程的师生需求，量身定制信息素养教学内容；或者跟踪某一学科学制期内的学习需求，策划与定制进阶式的培训课程等。

科研支持：针对科研过程提供融入式服务，提供学术资源或科学计量分析报告，例如信息推送与个性化定制、课题查新、科研课题定题服务、课题申报分析、学科发展态势分析、同行对比与追踪、学术期刊分析与评价等。决策支持：为校院两级管理层提供学科竞争力、人才评估、知识产权战略、前沿资讯推送、机构知识库等服务，使管理决策有据可依。

创新交流：基于图书馆的物理和虚拟空间，通过定期举办创新交流沙龙、创新科普、创新知识竞赛以及举办一些成果展示与经验交流等活动，为师生营造交流、研讨、协作的环境和氛围。

宣传推广：通过图书馆官方微信、学科博客、学科微信公众平台、院系 QQ 群、微信群等多种途径，及时对学科文献信息资源、数据库和讲座培训等信息进行发布。

二、高校图书馆学科服务的涵义、特征和作用

（一）学科服务的涵义

多年来，为全面认识学科服务，学者们从不同的角度在不同阶段对学科服

务的定义也有所差异。早期，学者研究学科服务多数是指学科馆员以学科为中心，针对用户专业围绕服务院系开展的具体工作。张晓林教授是这样定义学科化知识服务的，他认为组织科技信息工作若依照文献工作流程进行研究，使得信息服务倾向于非阵地化，对文献的检索与传播也更趋于简单化。相反，若组织科技信息工作根据学科研究会使得信息服务与服务内容更具有学科化和智能化。中科院国家科学图书馆的李春望基于张晓林教授"学科化知识化服务"的概念基础上，首次明确提出"学科服务化"这一定义，他还认为图书馆对科研活动的提升需依靠学科服务这一项重要手段才能顺利开展。为进一步融入用户的物理或虚拟社区，初景利教授认为学科服务应以顺应用户行为为根本目的，从用户利益与需求两者角度出发，通过调动图书馆所有一切可利用的人力、物力、财力等资源，以知识服务为手段，为用户提供一个综合性的学术科研服务保障环境。随着学科服务的不断发展，其概念也不断贯入新的内涵，综上所述，学科服务相对比较全面的定义为：高校图书馆学科服务是以用户的需求为中心，以知识服务为主题，以个性化、专业化、知识化为手段，由学科馆员与非学科馆员之间相互分工协助，通过采用先进的信息技术与网络技术为广大的师生在教学、学习与科研方面创造一个综合信息服务平台，进一步为他们提供全面的信息资源，并在信息技术应用层面上给予强有力的保障和支持。

（二）学科服务的特征

1. 个性化

学科服务应与用户的实际需求紧密相连，给用户提供更具针对性的信息服务，与各个院系深入交流，密切不同学科领域学者的关系，以满足用户的个性化需求。同时，通过实时在线的服务模式，掌握咨询用户的信息环境，尽快收集与之相关的信息，了解咨询对象的信息需求。对于服务内容和用户需求不一致的情况，可以给予用户指导，使其及时调整取向与角度，优化内容与方式。以目标用户为主要对象，把制作的服务产品传到他们手上。

2. 知识性

学科服务并非将文献内容进行简单传递或互借，而是需要对获取的信息进行二次加工，以便更好地利用情报学原理与文献学方法，根据学科知识体系划分不同类别，将信息进行重组，便于相关人员应用。知识性服务应充分利用图书馆门户网站构建的专业数据库等，将信息主动推送给用户。与此同时，根据学科馆员对联系科研人员的追踪和了解，获得更具个性化的消息，为学院教师与科研人员更好地获取知识提供帮助。

3. 学术性

学科馆员所提供的服务属于一种研究性服务，服务的对象人群主要为教师或科研人员，用于帮助他们解决科研工作中遇到的问题。在此过程中，学科馆员可以充分发挥所掌握的知识与技能，对掌握的信息进行研究和挖掘，以学术研究为前提，结合自身思考，提出有效意见，让用户能够有更多可供参考的建议，以获得帮助。

4. 主动性

学科服务属于外向型服务，这就需要学科馆员积极和相关人群沟通，能够积极地走出去，拓宽自己的视野，走进相关院系，了解教师和科研人员的需求，以此构建起良好的关系。在此过程中，学科馆员需要了解教学与科研信息的发展方向，主动为教学科研提供专业化信息贡献出自己的力量。

（三）学科服务的作用

1. 满足用户的个性化需求

学科服务在识别用户与满足用户需求方面发挥着重要作用，具有很强的灵活性，可以随时随地满足用户的实际需求，更具个性化，从很大程度上可以避免学科服务因为空间、时间或是人员问题受到的局限。学科馆员能够随时借助计算机等设备，更好地为给学科钻也提供服务，便于双方的及时沟通，进而实现服务的泛在化。

2. 有助于全面学科建设

高校图书馆整合馆内的所有力量，创建学科服务队伍，以保证学科服务有充足的人才资源，与教师、学生或是科研人员保持密切联系，提供更多、更全面的服务。学科馆员在服务学科建设期间，对于文献信息同样会进行整合，根据学科的不同类型创建数据库平台，从而推动高校的学科建设发展，保证其速度与质量。

3. 提高馆藏资源利用率

学科服务根据学科、课题等内容来对信息资源进行组织、加工与利用，从形式上突破了传统的文献资源组织方式，资源建设也会更加具有针对性，资源可见度也会得到大幅提升，将会有效提高资源利用率，以此增强图书馆的公众认知度。这种方式将会促使图书馆和教学、科研人员之间进行全面合作。学科馆员可以对信息收集、处理与加工进行专业评价，给用户提供可参考的建议，使其能够充分利用图书馆学科资源，增强最终的服务效果。

4. 有助于提高图书馆竞争力

学科服务并非一成不变，而属于一种持续发展与不断摸索的服务模式，同时也可以看作是一种长期性和综合性的系统工程，需要有相应的环境、资源和人力支持。高校图书馆不同部门之间经过携手合作，可以让资源和信息得到整合和优化，提高图书馆的学科建设能力、科研服务能力与为读者服务的能力，这将会促使高校图书馆得到可持续发展。学科馆员能够在提供学科服务的过程中感受学科学的学术气氛，提高学术水平，自身学习能力将会得到提高，学科服务质量也会明显上升。

三、学科服务平台的含义、类型和作用

（一）学科服务平台的涵义

学科服务平台，指的是学科用户和学科馆员彼此交流、学习与进行信息资源置换服务的一个互动舞台。学科馆员利用现在的馆舍、文献资源等设施，为广大用户创建学科服务物力实体场所，借助先进的互联网技术，搭建起虚拟网络环境平台。在此平台应用之前，学科馆员可以对有价值的信息进行统一划分和分类，为用户提供定制服务，在统一平台上提供学科信息跟踪与数据服务、学科咨询与学术交流以及课题服务分析等。学科用户与学科馆员之间的沟通，可以借助此平台，学科服务平台可以看作是学科服务的外在形势，其不但可以密切用户和学科馆员的联系，而且也让学科服务有了更加强劲的支撑。

（二）学科服务平台的类型

1. 第三方支持下的学科服务平台

如 Spring Share 于 2007 年推出的 Lib2.0 知识共享系统— Lib Guides，重庆维普公司开发的平台 LDSP，开源应用系统 Subjects Plus 和湖南纬度信息科技公司的纬度信息共享空间等。这类平台设置首页、馆藏资源、研究机构、专家学者、学术热点追踪及学习社区等功能，界面简洁，学科馆员可根据用户需求对内容进行编辑，并定期进行更新。如清华大学、武汉大学、浙江大学、东南大学等众多高校建立了 Lib Guides 学科服务平台，中南大学、湖南大学、武汉大学等使用湖南纬度信息共享空间系统搭建学科服务平台。

2. 创建特色学科服务平台

北京师范大学利用开源的 worldpress 创建了学科服务平台，这一平台会呈现

出静态网页和动态网站形式，并且还会不定期更新。无论是静态网页或是动态网站，其作用主要表现在两方面：一方面是可以给用户呈现一些固定内容；另一方面就是可以对馆藏学科资源和网络信息资源进行整合，便于学科用户检索实际需要的信息。

3. Web2.0 技术下的学科服务平台

上海交通大学图书馆依托 Web2.0 技术，创建了 16 个学科博客，哈尔滨工业大学图书馆则是创建了 13 个博客。其汇聚了高校图书馆现在的学科信息资源和一些免费资源，最终构成了较为系统的知识网络体系。在互联网技术的帮助下，学科知识信息资源能够实现大力整合，最终满足用户需求，为其提供个性化服务，而且也能够给用户创建学术探讨的空间，学科馆员与用户能够进行随时随地交流，学科信息资源也可以及时得到汇总，进而实现信息资源的共享，提升学科服务质量。

（三）学科服务平台的作用

第一，为了满足不同级别科研小组、职能部门和决策机构的师生的学科信息需求，向他们提供有关该学科相关领域全面准确的研究进展和成果、研究机构的会议和活动、科学研究的主题和项目研究现状等，对知名研究机构的报告以及相关领域的研究热点、重点和发展趋势进行统计分析。为确定新的研究方向、研究领域的关键决策和监测研发重点的迁移以及更改提供信息支持。

第二，利用现有技术，组织不同学科的信息资源，对学科的服务方式进行整合，能够借阅信息收集、构建、发布、管理以及交换等环节的时间，尽可能地满足不同类型用户的需求。从一定程度上而言，可以最大化地减少维护期间产生的随机性与不确定性，让平台程序与标准能够更加规范，而且还能够促进工作流程的优化，加深部门间的合作。与此同时，在生产网络中利用知识转化、获取与交换主体，保证渠道的多样化和资源的大力整合，以此开展学科服务。另外，高校还要对各方力量进行充分利用，深化科研交流与发展，使学科资源能够更加完整和更有广度，进而提升服务效果。

第三，学科服务平台可以涵盖多种集成检索系统，学科馆员也能够按照特定分类系统来创建任意数量的学科指南。利用大数据挖掘技术，对其中隐藏的隐性资源进行充分挖掘，丰富图书馆的数据资源，让用户有更为精确的数据信息来参考。相关人员也可以将用户作为中心，将其和教学科研工作融合，结合数据的特点与专业信息能力，对科研中的不同数据信息提出相关建议，为学科服务提供更多的支持。

第二节　"双一流"高校图书馆学科服务成效及现状

一、"双一流"高校图书馆学科服务成效
（一）有助于加大人才引进与培养力度
1. 加大学科馆员引入力度

为创新图书馆的服务，给用户更具个性化与专业化的图书馆知识服务，国内的学科馆员制度的施行最早开始于清华大学图书馆。学科馆员制度的创建与设立不但可以看作是图书馆服务内容的一次延伸，而且图书馆的岗位设置、角色设计方面都有很大的创新，这是学术图书馆提供现代化服务的重要标志。

通常来说，学科馆员职责是通过一些工作任务与活动，来实现预期的组织目标，因为服务对象、服务水平以及服务要求存在巨大差异，学科馆员在职责分工上也有很大的不同。清华大学是我国第一个引入学科馆员机制的高校，学科馆员职责的完善对于其他高校来说，有着巨大的指导意义。通过对清华大学学科馆员工作职责和制度等的梳理和分析，其职能和作用具体体现在以下几个方面：一是学科服务网页、编写等得到了进一步优化，参考资料也有所更新；二是可以给对口学科资源建设提供更多帮助，明晰其重要性，密切双方的合作与交流；三是采取不同方式给用户进行宣传，使其明白图书馆的重要性，提高馆内资源利用率；四是提高对口院系师生的信息素养，也可以组织开设讲座解决课题咨询问题；五是积极主动了解对口院系中的文献资源分布与科研动态；六是深入院系教学中，征求读者的信息，和图书馆顾问进行密切合作；七是尝试应用、评价和搜集相关课程的文献资料；八是给对口院系课题提供更多的帮助，和学术带头人之间建立密切联系。

2. 加快馆员内部培养速度

以清华大学图书馆为例，清华大学图书馆为了真正提升学科馆员的专业能力，整合相关信息资源，加大组织和传播力度，在此过程中，学科馆员需要完成的目标主要表现以下几个方面：第一，有效组织收集文件和数字化信息资源，可以创建相应的目录与索引，便于总结文献资源的专业特色，构建特色数据库。

同时，还可以依据用户的实际需求，搜索网络资源，创建适用于客户需求的导引库；第二，有效组织网络信息资源与文献信息资源，收集不同学科的信息，按照用户的实际需求，给其提供更具有针对性的服务；第三，创建不同专业目录、索引与特殊数据库，编制检索引擎和参考数据库，给用户提供可选择的检索方式，以供用户咨询相关问题，用户可以根据实际需求选择最佳的信息获取方式；第四，根据用户类型的不同，为用户提供相关的信息检索培训，方式灵活多样，如可以开展讲座、授课或短期培训等，提升用户的自助服务能力。

除此之外，清华大学图书馆还要求学科馆员要为了满足工作需求，在日常生活中积累多方面的知识，其中不仅仅包括专业知识，还涵盖了计算机与互联网技术、学科服务操作知识，特别是学科服务中新媒体技术的相关知识，可以提高专业信息的分析能力，也可以提升学科馆员对信息的分析能力与利用能力，通过对不同类型参考文献信息的整合，能够为用户进行信息导航。现阶段，清华大学图书馆学科馆员已经覆盖了学校的不同院系和研究生学术研究中，对于服务用户也开始进行分层次培训，希望借此可以提高师生的信息素养，以实现学科服务中用户的深入互动与交流，增强学科服务效果。

（二）拓展了多维学科服务模式

1. 知识发现模式推进了学科服务发展

知识发现被提出最早是开始于 1989 年，其可以依据用户的不同需求，从各种信息中获取知识，知识发现的目的是希望可以保护用户的权益，避免用户会受到原始数据的影响。通过分析原始数据，系统可以从中提取有价值的信息，然后反馈给用户。知识发现涉及的范围很广，从工业到农业、从天文到地理、从预测到决策，知识发现的作用已经被重新挖掘出来。知识发现与图书馆的结合最早是开始于 2001 年，系统地分成三类，即数据挖掘层、数据库与用户界面，相关技术人员可以用数据库对数据信息进行存储和整合，然后数据挖掘层再对数据加以分析和转化，最终呈现在用户面前。

2011 年北京大学图书馆经过前期的筹划，上线了"未名学术搜索"文献资源检索系统，致力于为读者提供便捷的一站式检索，用户只需要在系统上搜索关键词，就可以搜索出不同类型、不同主题的资料，将其进行整合就可以获取参考文献，实现快捷下载。从发布至今，"未名学术搜索"始终在北京大学图书馆服务中占据着重要位置。"未名学术搜索"的资源更多是从图书馆馆藏目录、数据库、学位论文或是电子期刊中搜集而来，如古文献资源库或北大藏书等。

2. 学科建设有助于学科服务发展

高校建设和发展的核心是进行学科建设,其内容涉及了高校中的很多层面,终极目标就是可以反映出学科的实际水平,在不断地投入和产出之间来提高学科水平。北京大学在国内"双一流"高校中占据领先位置,学科建设一直以来都被学校管理者重视,学校以实际的教学情况为基础,遵循各学科的发展规律与基本原则,针对性地开展学科建设,以此树立富有特色的高水平品牌。从文献多维计量与多年的积累情况来看,可以应用文献资源对科研成果进行评估,并使用有效工具来对北京大学的"双一流"建设进行分析。

(三)强化了学科服务平台建设

传统的图书馆咨询服务是以馆藏文献为基础,由于时间与空间的束缚,该服务模式在实施中会受到很大限制,到馆用户也仅仅能享受到文献服务,通过馆员的引导,查找相关的文献资源,不区分学科。学科服务可以看作是以传统服务为基础的一种升华,也可以说是高校图书馆创新服务过程中极具时代特色的高层次信息服务。高校图书馆学科服务主要以用户知识需求为导向的,面向用户,为其提供更多的知识内容服务,同时兼具了学科化、知识化与个性化。清华大学1998年引入了学科服务,2001年武汉大学也就此开展了学科服务工作,截至目前,武汉大学已经组成了五个学科工作组,每个小组都会配有多名学科馆员,每个学科馆员负责某个或是多个院系,共计有三十多名学科馆员。人员构成一部分为专职人员,一部分为兼职人员,大部分为专职。为了助力教学科研工作,武汉大学图书馆根据院系对这些馆员进行了分配,力求能够更加全面地为用户提供服务。除此之外,武汉大学还构建起了学科服务平台,让学科馆员能够更好地投入学科服务中,相关人员以图书馆的实际情况为基础,对海量的资源进行大力整合,完善系统,促使学科馆员有更好的平台学习和查阅文献。

1. LibGuides 平台的应用

现阶段,国外大学图书馆较为成熟的学科导航系统有很多,例如LibGuides、MediaWiki、SubjectsPlus 等,这些都属于内容管理系统,其基础模板上有很多优秀设计,在此基础上网站开发的速度会明显加快,而且能将成本控制在合理的程度之内。2012 年,武汉大学图书馆为提升数字化水平,给读者提供更为便捷、个性化和一站式的信息环境,使用户可以享受到深度知识服务,引进了 LibGuides 内容管理以及知识共享平台,该校现在已经制作完成了超 30个学科指南,让用户进行选择。LibGuides 属于一种内容管理和知识共享的系统,其融合了很多类似的软件，如 SNS、WiKi、Tag 等 Web2.0 工具，这些工具采取的"云端"管理方式，致力于给用户提供"一站式"的服务。基于现在的云环境，相关人员可以充分挖掘平台知识，寻找知识之间的联系，对这些知识关系进行管理，构建多样化的学科知识平台。作为学科服务平台，其所具备的优势可以助推图书馆服务，具体包括下列几点：首先，系统是开发公司提供，服务器给予支持，对后台数据进行处理，用户可以在线应用，不需要特意开发与维护，学科馆员方面也不限制网站编程和设计；其次，创建简单，可以利用现有的模板进行创建，也可以复制或重复应用 Guides、LibGuides 提供搜索交叉指南，易于添加搜索框，如图书馆书目检索、数据库检索、期刊检索等。对馆藏资源有按学科分类导航的功能，可以便捷地容纳、整合各类检索系统，馆员可以按照不同的学科或者主题创建出任意数量的 Guides，将图书馆内外相关资源从整体上进行有效组织和集成。再次，LibGuides 是一个以社区共享理念驱动的系统，几乎所有 Web2.0 元素都集合在一起，大大提升了用户、学科馆员和技术人员之间的沟通效率，同时方便交流与共建共享。最后，LibGuides 系统具有操作简便的模块化设计，这让学科指南的制作变得非常方便且直观，易学易用，操作简单。

除此之外，Libguides 服务平台还可以为用户提供丰富的文学资源，以实现内容的融合。融合社交网络、维基、博客等多种形式的 web2.0 工具，学科馆员可以通过它来快速创建和管理网站、分配班级和特定学科的各种资源以及实现信息共享和知识管理，LibGuides 学科导航系统为创作者或学科馆员提供极大地发展空间，彰显其个性和工作的灵活性。LibGuides 功能强大，涵盖的内容广泛，对学科馆员来说十分友好，但从用户角度来看，由于包含的内容太多，会导致用户不易查找、不易阅读，因此，就增加了学科馆员工作的难度。学科馆员需要利用 LibGuides 整合图书馆现有的各种服务平台，使图书馆的资源与服务得到深度地揭示，对平台上的学科资源需要进行整合划分，以便用户快速检索到所需信息。

武汉大学图书馆利用 LibGuides 搭建的学科服务平台总共包括五类学科和一个课程平台，其中人文社会学科包含 11 个学科指南；理学和工学分别包括 6 个和 5 个学科指南；测绘与信息学科包含 3 个学科指南；医学包括 1 个学科指南；课程平台包含 5 种馆院合作专业课程学习平台。在每一个 Guides 中都有学术动态、热点追踪、文献服务、数据库资源、特色文献查找、教师社区、学习社区及其他内容，内容丰富，更新速度较快。部分学科指南中还包含学科机构一项，与学科机构保持稳定联系，助推获取学科动态信息的便捷性。

2. 纬度学科信息服务平台的应用

我国开发的学科服务平台均由平台服务商委托构建学科指南，模块固定，涵盖的内容类别相同。武汉大学图书馆利用国内开发的纬度学科信息服务平台，搭建法律、艺术、边界与海洋研究三大学科服务平台，主要涉及学科机构、学科期刊、学科动态、学术成果、学术社区等内容。用户在搜索学术资源时，可以很容易地找到自己需要的内容，这在一定程度上弥补了 LibGuides 学科服务平台自身存在的不足。

学科服务平台的建设离不开学科馆员的工作。在资源收集方面，学科馆员通过 RSS 订阅数据库、期刊、网站、论坛、博客等网页，获取最新的学术信息，并在前期访问师生，收集用户需求，系统考虑选择哪些博客、论坛等。然后通过在线资源网站推荐直接获取。二是从其他高校图书馆的学科服务平台获取资源。三是收集相关科研机构网页信息，收集相关课程资源。四是将已排序的资源嵌入数据库，并在资源导航平台上嵌入其他搜索框架。所有收集到的资源将根据不同的学科进行分类和组织，然后平台将以标签、模块等多种形式呈现所有学科服务，一站式检索、嵌入式个性化信息素养教育、科技查新、主题评价、主题动态、主题定稿等个性化服务将为用户提供交互式服务。武汉大学图书馆一直致力于拓展平台功能、丰富平台内容、创建特色资源库等，并通过学科服务平台传递的理念，根据用户的实际需求，为用户提供更加个性化的服务。

武汉大学双平台的建设，一方面体现了"双一流"高校图书馆对学科服务工作发展的重视，另一方面也更有效地发挥了学科馆员在实践中的价值。学科馆员可以在平台上发布最新的学科资源、学科动态和相关学科信息，方便教师课堂教学，更好地辅助教研工作。对于用户来说，学科馆员可以根据用户需求提供个性化服务，实现更有效的沟通，提供更便捷的学科服务，实现用户与学科馆员之间的有效沟通，为学科用户提供更加个性化的学科服务。此外，用户还可以在平台社区进行在线交流，分享自己的经验，实现多方互动，推动和完善学科服务平台的建设。

（四）增强了学科服务对高校教学科研的支撑

1. 创新服务模式，打造特色学科服务平台

以上海交通大学图书馆为例，作为创新社区基地，上海交通大学图书馆为学院各类创新团队和创新机构提供创新支持服务，包括长期开放小组讨论室，

具体使用规划校团委或科研管理部门负责，并对创新团队成员提供针对性、个性化的培训方案。建设图书馆"创新社区"主题服务平台，使之成为分享创新经验、展示创新成果的交流平台，提高学校教生的科研创新能力，促进科研创新团队的培养和孵化。建立"创新社区"学科服务平台，收集全球最具创新性的科技信息，建立创新研究模块，最终形成独具特色的"创新信息"数据库。

2. 嵌入院系服务，助力科研工作

上海交通大学图书馆根据信息环境、用户需求环境、技术应用环境和学术研究环境创建了一种全新的服务模式，即IC2学科服务。主要目的是为了营造提供学术创新与学术交流服务的良好校园环境，从读者用户个性化需求的视角入手，以"学科服务"为主线，在学校的学科领域内设置了IC2学科服务基地，把学校图书馆的专业服务模式和创新支持理念直接传递给读者，打造以专业为主线的主动化服务模式，让各院系师生更加真实地体验到学校图书馆个性化服务所提供的便利。

学科馆员通过走进院系宣传、制作海报等方式向师生宣传图书馆的学科服务，加大宣传推广力度。学科服务团队拜访科研工作者，了解他们的日常教学科研习惯，询问他们的需求，准确把握其研究兴趣，在一系列的走访过程中，获得第一手的科研人员使用图书馆的信息，以促进后续服务的发展。其次，选择一些需求突出的用户进行跟踪服务，并根据团队的实际情况制定细致的科研支撑服务策略，一方面为培养科研团队成员定制信息素养计划，另一方面开发详细的主题信息推送服务。

团队成员围绕学院学科特色和学生特色群体，全面梳理学院学科的主要数据库、文献资源、网络资源、工具软件等，在优秀论文撰写、学术论文提交、学科发展跟踪、文献研究、参考文献管理等方面提供指导和分析，针对问题收集相关数据进行定量分析，并通过对某些学科及相关领域的文献分析提出个人意见和建议。

3. 打造特色情报分析服务

上海交通大学图书馆学习中心和科研支撑中心一直致力于情报计量分析领域的科学研究与咨询服务，为配合高校的人才培养战略，着重服务于高校的"双一流"建设工作，借助图书馆丰富的资源优势，以计量学理论为指导，运用国际领先的专业信息数据分析技术与数据挖掘工具来解析文献数据，并基于事实数据、社会信息资料等基本数据，为用户提供了一系列的情报资料数据分析咨询服务，以推动科研项目的稳定发展，进而推动图书馆业务的全面转变，为科研管理领域的重大决策过程提供了全面保障。其服务范围主要包括以下四个方面，即对学术竞争力的分析、对研究人员工作的评估、对学科发展的分析以及高被引论文的检索。

学术竞争力分析。运用大数据与评价工具客观地评定学术的实力，上海交通大学图书馆还推出了一个基于期刊发文竞争力的大数据分析报告，目标在于通过对比在 Science、Nature 与 Cell 三种杂志上交大和其他院校发布的科研论文信息，以便掌握该领域的学术发展情况，并支持学科进行技术创新。

科研人员绩效评估。根据人力资源部门提供的学术论文清单和个人信息，运用科技手段，选择更为广阔的数据渠道，以图形、图表的形式呈现给用户，以进行可视化展示，对科研成果进行跟踪和阶段性监控分析，向人事部门提供分析评估报告，为科研人员提供政策指导。

学科发展态势分析。作为高校图书馆支持科学研究的一项重要措施，分析学科领域发展态势的需求可以概括为三个层次：学校的管理和决策层、学院的决策层以及特定学科领域的决策层。上海交通大学图书馆在协助研究人员和决策者确定总体发展情况和研究情况，根据用户的特定需求在开发策略、分析方法和报告框架方面发挥着重要作用。

高倍引论文检索。上海交通大学图书馆还对 ESI 每个统计周期的高被引用学术论文和热点文章进行检索，并根据作者的院系单位加以分类，对用户开放下载权。

二、"双一流"高校图书馆学科服务建设中存在的主要问题

从上述研究分析中可以发现，"双一流"高校图书馆在学科服务的建设过程中取得了一定成效，大多数高校形成了具有自身特色的学科服务体系，但由于各种因素的影响，"双一流"高校图书馆在专业服务项目构建方面仍存在欠缺的地方，例如，在专业服务机制、专业服务项目内涵、专业图书馆员数量与素养以及专业服务体系的构建方面，仍然存在着诸多问题。

（一）学科服务制度体系尚不健全

高校图书馆的发展和学科服务离不开高校、图书馆和相关院系这三大主体的共同支持，要实现三者之间的有机联系，需要有一个完整的通信机制和系统，这也对学校相关部门提出了更高的要求。在相关规章制度的制定中，图书馆作

为牵头单位，不仅要形成完整的规章制度体系，还要密切沟通，获得学校的支持和院系的协助。此外，学科馆员服务的评价制度和奖惩制度也是必不可少的，学科馆员在提供服务时必须有相应的评价，才能调动工作积极性。

1. 学校、图书馆、院系学科服务制度对接程度不够

针对高校层次与学科层面的专业发展机制体系，经过对开展学科服务工作的"双一流"院校的研究可以看出，学科服务水平受多种因素的制约。大部分院校对学科服务机制都处在缺位状况，高校对学科服务的关注程度不足，认为学科服务制度应由图书馆内部自行规划的思维模式也使得图书馆与院系、学校两者之间的配合程度不够，使得学科服务无法进行深层次的开展，图书馆本身在经费与人才的掌握上能力有限，缺乏学校层面的政策保障。各院系在没有明确规章制度的要求下，对图书馆开展的学科服务未能做到积极配合与响应，院系师生的参与热情不高，学科服务也难以进一步推进。

2. 图书馆学科服务配套制度建设不成熟

对于许多已经开展了学科服务工作的"双一流"高校图书馆来说，学科服务机制的现状仍处于需要改进的状态，不仅机制落后，而且学科馆员管理体制、学科的服务质量评价机制和经费管理机制也不健全。虽然部分高校已经开始采取措施，但只是遵循高校的总体规划机制，没有建立有针对性的学科服务工作机制，导致主体服务最终未能实现自身价值。笔者通过对"双一流"高校图书馆的调查研究中发现，学科服务体系最缺乏的是学科服务评价机制，这将直接影响学科馆员的服务水平。缺乏相应的学科服务评价和激励机制，缺乏绩效考核标准，极大地影响了学科馆员的价值。此外，工作量与工资水平并不成正比，一方面，学科馆员的工作积极性大大降低，严重影响了学科馆员的工作积极性。另一方面，它阻碍了学科馆员的发展，降低了其提高综合素养的积极性和主动性，给学科服务工作的进一步开展带来了一定的阻力。

（二）学科服务团队整合度不高

1. 学科服务团队数量不足

据调查，在地方高校图书馆学科服务的实际发展中，学科馆员数量不足，导致一个学科馆员同时负责多个学科，如复旦大学和武汉大学，因为人数限制，所以无法有效缓解这种情况。在这种身兼数职的模式下，学科馆员不能专注于对一个学科负责，从而不能为每个学科提供有针对性、有深度的服务，一方面增加了学科馆员的工作难度和负担，另一方面不利于学科服务向教学和科研的

渗透。用户无法认识到学科服务的实质作用,这将严重影响学科服务的效果,学科服务工作将无法继续深入开展。

2. 学科服务团队素质有待提高

在设置学科馆员岗位的高校中,普遍存在着学科馆员学术结构不均衡、专业背景差距大、专业知识不足等问题,由于缺乏专业培训和继续教育,导致学科馆员普遍缺乏专业技能。

我国高校图书馆尚未对学科馆员资质做出相应规定,学科馆员的门槛普遍较低。虽然大部分高校学科馆员的招聘条件已提升至研究生及以上,但由于以往招聘的学科馆员多为本科生,学科馆员学历以本科及以下学历为主。由于图书馆是学校的教辅部门,其发展和自主性也受到一定程度的限制,高校一般以人事代理的形式管理新进馆员,缺少针对性的招聘机制,引进的学科馆员也多为兼职,主要原因是专职学科馆员指标有限,很难吸引到资深的专业人才,也不可能充分调动各学科馆员从事深层次的学科服务。另外,学校对已经在图书馆工作的学科馆员缺乏一定的激励机制,导致他们不愿意参与学习和研究,他们的工作积极性降低,不利于学科服务的发展。

3. 学科服务团队效率低下

通过调查发现,"双一流"高校图书馆在咨询渠道与服务模式方面都开展了相应的工作,由于受到空间等因素的制约,除现场咨询外,电子邮件及社交平台咨询方式的实际效果并不理想。有的图书馆没有提供学科馆员联系方式,学科服务平台功能不健全,即使明确规定邮件应在 1–2 个工作日内回复,但有大多数图书馆并没有落实。此外,多数高校图书馆没有专门的人负责在线咨询服务,电子邮件咨询也无法得到及时答复,因此"双一流"高校图书馆应加强图书馆自身建设和提高学科馆员的服务效率,让沟通渠道得以畅通。

(三)学科服务内容层次有待拓展

1. 学科服务内容层次较浅

根据研究发现,在全国提供学科服务的"双一流"高校图书馆中,均涉及文献传递、数据库检索、数据下载、引文检索等基础服务,然而,诸如学科资源导航、学科信息素养、学科动态跟踪等深层次的学科服务却很少开发,大多数高校的服务方式还停留在信息咨询层面,只有少数高校能够提供这种深度服务。对主体用户真实需求的关注程度不高,围绕用户的个性化服务尚未实现。从调查结果来看,我国部分"双一流"高校图书馆在学科服务形式层面暴露出了一些问题：一是学科服务范围过窄；二是主体服务内容层次明显。这两个问题使得图书馆在教学和科研中发挥的作用很小，对学校师生科研工作的开展帮助不大。三是主体服务不以用户为主体提供有针对性的服务。

2. 学科服务重心过于倾斜科研工作

学科服务强调的是提升图书馆资源共享的效率，在教学科研等过程中向用户提供全方位的大数据和信息资源服务，其根本任务就是根据学科专业的建立与发展和教学科研过程的需要，提供全面的信息支撑服务。从理论层面上来看，高校图书馆学科服务的主要意义就是为教学和科研的顺利开展保驾护航，但实际情况未然。目前，我国高校图书馆重学术轻教学的状况相当明显，大部分高校图书馆学科服务并未能有效实现这一双向价值，多数高校虽明确了学科服务的最终目标，但其在实际开展过程中却存在较大差异。据调查，如在上海交通大学图书馆开展的深层次学科咨询服务—情报计量分析，其业务内容主要涉及专业实力分析、科研人员业绩评价、专业发展状况分析以及高被引用文章检索，四项服务内容中三项涉及科研方面，对教学研究的支持均无提及，几乎所有院校都存在着重科研而对教学研究的倾入力度较弱的情况。

（四）学科服务平台应用程度较低

1. 学科指南建设差异较大

国外开发的学科服务系统内容较全面且涵盖范围广，但国内高校图书馆所构建的学科服务系统基本是通过委托平台提供商来构建学科指南，所涵盖的内容类别也基本相同。国内"双一流"高校图书馆中，在学科建设规模上有着很大差异，有的学校已经建立了数十个学科服务机构，但也有的学校仅有少量学科服务组织，有的甚至尚未建立学科服务平台。关于其中暴露出的问题，总而言之，就是服务平台建设比例较少、建设内容较为简单，且没有系统的、深入的专业知识介绍，大多面临着专业知识挖掘不全面、资源揭示不深入等一系列问题。

2. 论坛、博客等平台用户访问互动量不足

开设论坛、博客的初衷是为了拉近图书馆员与用户之间的距离，及时了解用户的信息需求，为用户提供必要的资源，而大多数高校的学科服务平台、论坛和博客等都存在低用户访问、交互不足和缺乏人气等问题，未能实现学科馆员和用户之间的有效沟通，他们的真正价值也无法体现。如上海交通大学图书馆主题博客的互动留言簿关闭，华东师范大学图书馆主题博客内容仍停留在

2015-2016年，内容缺少更新，博客总访问量较低，受欢迎程度不足。如哈尔滨工业大学图书馆主题博客动态更新周期长、评论量低，一些主题更新仍然停留在2013-2015年，其内容缺乏深度和广度，尚未认识到学科博客建设的真正意义。在访问量和交互数据较低的情况下，学校和图书馆没有得到足够的重视，学科博客的价值已经丢失，很明显，以这种形式进一步发展学科服务并没有取得好的效果。

第三节 "双一流"高校图书馆学科服务平台建设案例

一、武汉大学图书馆：LibGuides+纬度学科服务平台

武汉大学图书馆通过 LibGuides 学科服务平台和纬度学科服务平台相结合的方式，为用户提供学科服务。LibGuides 学科服务平台设有6个学科大类和33个学科子类，纬度学科服务平台设有法学、艺术学、边界与海洋研究三个学科门类。在课程资源构建方面，二者均以文本资料和行业资源为主，纬度课程资讯服务平台的资源划分则更加具体，分为课程动态、会议预告、课程分析、学术成果、专家与学者、课程教参数据、培训机构、课程社区等栏目。其中教参数据栏目包括课程教师列表、研究生推荐书目和本科生推荐书目；课程社区栏目对网络免费资源进行了搜集与整理，包括国内外机构存储库、网络搜索系统、青年论坛、网络直播等；法学学科服务平台还提供法律电影免费观看等。在学科知识咨询服务方面，武汉大学图书馆设立了文科、理学、工程、生物信息学和医学五大学科工作组，共设置了34个学科馆员，主要提供以下三个方面的咨询服务：一是按院系对口配备学科馆员队伍，按照深入各院系掌握的专业文献信息要求，进行文献信息参考咨询；二是将专业文献资源指南嵌入学校科研、教学的第一线，开展各类信息素养教育业务；三是针对用户需要，进行可定制化的研究数据分析、科学评估和研究引导等学科知识业务。

武汉大学图书馆学科服务平台的优势首先在于平台所建立的学科门类齐全、学科资源类型丰富、更新速度快。例如，艺术学科服务平台的"学术动态"栏目，平均每周更新一次，每次更新次数在10次以上。其次，学科知识服务体系成熟，包括科研分析、科研评价、科研指导，搭建了"武汉大学科研数据管理"

平台，能够提供数据查看、采集、使用、保存等科研数据管理服务。不足之处是 LibGuides 平台的部分学科指南在 2015 年以后已经停止更新，而纬度学科服务平台目前只有 3 个不断更新的学科，无法为其他学科用户提供持续的学科服务。总之，武汉大学图书馆在平台建设、资源建设、学科服务模式等方面相对成熟，对于综合实力较强、人员、经费充足的图书馆具有一定的借鉴意义。

二、重庆大学图书馆："学部 + 学院"数字图书馆

重庆大学图书馆在学科服务平台构建方法上不断创新，通过"学部 + 学院"的方法，成功构建了人文学部、社会科学学部、理学部、建筑学部、工程学部、信息学部和医学部等七大学科部、38 个学院的数字图书馆主页。

在数字资源建设方面，重庆大学图书馆将馆藏资料嵌入学院的数字图书馆主页，支持对图书、期刊论文、学位论文、外文资料、数据库等纸本资料和电子资源的高级搜索，同时新增了学科馆员信息、专业刊物推荐、学科数据库、近期成果、核心期刊论文、教学信息、学术专题信息库等专业信息，各院系教师也可查询数字资料的下载数量、推荐刊物、必读书目、最新成果及读者借阅排行等。

重庆大学图书馆学科服务平台的优势，首先在于通过学院提供学科服务，有利于用户方便快捷地浏览某一院系相关学科的信息动态和跨学科信息的整合与创新。二是兼具课程文献中心和科研课题资源库的综合功能。例如，课程文献中心下设教科书和参考资料、文献订阅、相关资料、交流讨论等模块，用户可以查询本课程的论文信息，可以根据主题、机构、作者、语言、时间等对论文内容进行筛选和浏览，也可以使用 XML、NoteExpress、Refworks、EndNote 等多种方法导出论文标题。此外，用户可以跟随课程的小组成员进行交流和讨论。其不足之处是平台资源建设层次较浅，学院作为一个单元，难以针对特定学科开发学科资源和知识服务，如学术动态、专家学者、会议预演等，缺乏深入的学科分析和评价报告。另一方面，学科馆员数量较少，部分学科馆员不得不同时负责两个或多个学科服务工作。总之，重庆大学图书馆的学科服务方式是创新的，从我国高校图书馆学科服务平台建设的角度来看，"学部 + 学院"的建设模式是一种有意义的探索和尝试。

三、河北工业大学图书馆：学科网页

河北工业大学图书馆采用学科网页的方式，以院系为单位，分别建设了机械工程学院、电气工程学院、化工学院、经济管理学院等17个院系的学科网页。在资源建设方面，提供纸质资源、电子资源、近期学术会议、重要学术站点、投稿指南等信息，并链接了国内外网络学术资源，如机械工程学院链接的开放存取资源图书馆（OpenAccessLibrary）、汉斯出版社（HansPublishers）中文学术期刊等，用户可以根据资源类型，如专利、标准、机构、网站、会议等分类浏览学科信息。在学科服务方面，提供馆际互借、参考咨询、教学培训、投稿指南等基础服务。该馆配备48个学科馆员分别负责17个院系的学科服务工作，平均每个院系约有3个学科馆员。为了进一步加强图书馆与各学院的联系，建立通畅的"需求"与"保障"渠道，2015年，该馆制定《河北工业大学图书馆学科联络馆员管理（暂行）办法"》明确了学科馆员的职责、任职条件、选聘流程、管理与奖励。

河北工业大学图书馆学科服务平台的优势，首先是学科馆员数量充足，并制定相关规章制度来保证学科服务工作的高效开展；其次是学科网页界面上提供微信二维码，用户通过扫描即可在手机上浏览该学科网页信息；最后是学科网页可访问性良好，虽然平台搭建方式较为简单，但网络加载速度快且无失效链接。其不足之处是资源类型有限、学术动态更新不及时、缺乏深度学科分析与挖掘的信息。总之，河北工业大学相对于北京大学、郑州大学等高校来说，综合实力及平台建设条件有一定的差距，它根据自身实际能力建立了合适的学科服务平台来为用户提供服务，其建设模式适合一些尚未建立学科服务平台且平台建设条件较差的高校图书馆。

四、南京中医药大学图书馆：方略学科导航平台

南京中医药大学图书馆方略学科导航平台，在内容方面分为学术站点、知识要闻、国际动向、研招资讯、国际会议中心、学科专业指南、课件、视听资料、知识库等专栏。学术站点专栏中汇集了科研院所、博士后流动站、其他专业新闻媒体、地方政府组织、社会个人站点、关联公司、海外机构和开放资源等学科专业资讯；研招资讯栏主要涵盖招收研究动态情况、招收简章、参考书目和试卷。用户可以按学科或栏目对学科资源通过标题、作者、网站等进行多样化检索。在专业咨询服务方面，该馆主要提供核心期刊论文、SCI收录证明、查收

查引、科研查新、投稿指导、ESI 专业分析报告等服务业务，并将线上和线下有机地结合，提供学术交流室的预约服务，为国际学术会议、学术交流、专业研究、学术演讲等活动提供专业的图书馆空间。此外该馆学科服务栏目下链接了"中药资源产业化过程协同创新中心"与"本校教师学术资源平台"，与学科服务平台共同支撑与保障用户的科学研究。南京中医药大学图书馆学科服务平台的优势，首先是学科资源类型丰富且更新及时，特别是以高质量的灰色学科资源为主；其次是对学科大类进行细化，如中药学平台下分为中药化学、中药药理学、本草学等 11 个研究方向，支持按学科研究方向浏览文献；最后是与其链接的"中医药信息资源工业化流程协同创新管理中心"平台，该管理中心目前由南京中医药大学负责，以人才培养、科学研究和学科建设三位一体为目标，联合多家研究所和企业共建，制定了中药资源产业化过程中所涉及的五个研究方向和七项研究任务，这种建设与组织模式对我国学科服务平台共建共享工作的开展具有重要参考价值。其不足之处在于，一方面是学科门类建设较少，平台栏目内容不够完善，如中西医护理学平台中的"本科生必读书目"栏目下显示"没有结果"；另一方面是没有提供具体的学科馆员信息，缺乏学科参考咨询服务与学科分析服务。

第四节 "双一流"高校图书馆学科服务建设对策

"双一流"高校图书馆在政策、资金、人才、信息资源等方面均优于其他高校图书馆，目前其学科服务的发展取得了一定成效，但仍存在较多亟待解决的问题。本节根据国外院校图书馆学科服务的先进经验，结合国内"双一流"高校图书馆学科服务的实际状况，提出有针对性的措施意见，以供其他院校图书馆学科服务建设带来参考借鉴。

一、完善学科服务"三位一体"制度体系建设

虽然国内高校图书馆学科服务建设的实践暴露出诸多不足之处，但从长期发展来看仍具有深远的意义。在未来的建设过程中，高校图书馆需要争取各方的支持与配合，特别是学校层面的整体规划，包括宏观层面规划图书馆学科服

务的发展方向。此外，作为高校决策部门，需要建立一个三维协调机制，促进学校、图书馆和其他职能部门之间加强联系与合作，以保证长期的建设运行。

（一）增强学校的宏观统筹作用

学科服务的深度和广度表明，图书馆难以单独承担学科服务的重任，它的稳定发展离不开学校的宣传和推广，离不开政策、资金和人才的支持，也离不开各部门的支持与配合。为了确保学科服务的长远发展，学校应从宏观层面重新审视和界定学科服务，明确学科服务的具体目标和实际价值，从长远的角度对学科服务做出整体规划。作为协调人，学校应在政策和资金上给予有力支持，明确各部门参与图书馆学科服务的职能任务，从而调动师生和图书馆馆员参与学科服务的积极性，保障图书馆学科服务的良性发展。

（二）加强学校、图书馆、学院三者间的联系

学科服务的主体是图书馆，它依赖于图书馆中丰富的馆藏资源，如果工作人员仅仅依靠图书馆本身，是无法满足现代社会需求的，也无法保证学科服务工作有序开展。为确保学科服务工作的有序开展，图书馆应充分发挥自身的主导作用，密切与学校、学院及职能部门的沟通，科学合理地规划学科服务工作，协调学校的资金和人力资源，了解学院学科服务的需求，为学科服务工作的有序开展提供保障。此外，图书馆还需要联系各部门，获得部门的支持与配合，使职能部门能够深入图书馆学科资源建设中，也可以让学科馆员参与院系的科研工作，发挥学科服务在教学和研究工作中的保障作用。

（三）确立学科服务管理机制

目前，国内"双一流"高校图书馆学科服务工作的实施仍缺乏较健全的机制，所以，亟须由图书馆牵头建立一个健全的学科服务机制，从里及外，逐步设置有针对性的学科服务工作机制，以明晰学科馆员的工作职责及各部门的职能，推动学科服务管理机制的建立，为学科服务长期良性发展提供保障。

二、提升学科服务团队的综合素养

（一）增加学科服务团队人员数量

通过对国外高校图书馆学科馆员的研究和了解，可以发现我国"双一流"高校图书馆的学科馆员人数明显少于发达国家高校图书馆。我国"双一流"高校图书馆学科馆员数量少、学科背景薄弱的问题则尤为突出。因此，"双一流"高效图书馆需要聘用具有扎实的学科基础、深厚的学科专业背景、熟练的计算

机应用技能和较强的语言交际能力的人才，同时通过一系列考核流程，招募具有丰富教学科研经验的校内人员，以形成庞大高效的学科服务团队。此外，还需要提供学科馆员的相关专业背景、研究方向等信息，以便用户在咨询时选择学科馆员。

（二）定期组织培训学习，提升综合素养

"双一流"高校图书馆在提高学科馆员入职门槛的同时，还必须定期开展在职学科馆员的培训教育活动，在培训学习过程中不断提高学科馆员的专业素养。不仅要加强学科馆员培训人员的培养，而且要引导更多从事学科馆员工作的人员开展校内外交流学习，吸收国内高校先进的学科服务经验，融入工作实践中。提高学科馆员的学科服务水平和综合素质，建设一支高素质、专业化的学科服务队伍，是学科服务工作顺利开展的有力保障。

（三）助力教学科研工作，开展多层次学科服务

调查显示，大多数"双一流"高校都明确了学科馆员现阶段的主要任务，包括与院系教师对接，协助教学科研工作。然而，由于部分高校学科馆员人数的限制，这项工作并未真正开展。因此，在未来的发展中，"双一流"高校图书馆应配备不同部门或不同学科的相应学科馆员，这不仅有利于更好地掌握学科资源和学科动态信息，而且可以加强教师与学科馆员之间的联系，为教学活动提供专门的信息服务，在科研工作中发挥推动者的作用，并协助开展科研和教学工作。此外，学科服务团队的构成需要在学历、专业背景、年龄等方面形成多层次匹配结构。

此外，在"互联网+"模式下，数据信息资源更为丰富，"双一流"高校图书馆应根据自身优势，积极建设特色数据库。这就需要结合学校的学科特点，同时购买国内外特色数据资源，组建并不断完善一些特色鲜明、富有个性化的学科数据库，使纸质资源与电子资源之间相互支撑和互补，从而实现加强学科资源建设的目标。

三、深化学科服务内容

（一）划分层次，实现嵌入式学科服务

现阶段，国外高校图书馆将学科服务工作倾向于从科研活动环境角度开展，并且还融合了用户学习，希望可以给用户提供知识服务，所以，"双一流"高校图书馆更要注重对学科服务进行全面的提高，使其水平能够达到一个新的层

次，以达到深化服务内容的目的。从用户角度来说，图书馆可以按照用户的不同层次来进行划分，对于用户需求进行重新定位，具体来说，可以将其划分为研究型、教学型与学习型。事实上，学科服务是一种嵌入式服务，要求学科馆员能够和用户环境主动融合，在结合图书馆实际的情况下，达到广度与深度的融合。另外，学科服务不但需要致力于学科覆盖率，还需要注重深层次的学科服务内容，例如学习型用户针对在校本科生，教学型用户针对在校任课教师，研究型用户则是针对以院系教授牵头带领的科研团队。针对这三个层次的用户，学科馆员应该将为用户提供个性化和专业化的学科服务作为核心理念，由资源主导型转向服务主导型。

（二）强化学科资源建设

文献资源是高校图书馆服务的基础，高校图书馆建设的重点是要进行学科资源建设。"双一流"高校图书馆可以采取问卷调查或是走访的方式，对用户需求的图书馆缺口资源进行补充和搜集，在后续的图书馆采购过程中补充相关数据，以满足用户对文献的需求。

（三）开展重点学科信息导航和课题跟踪服务

积极联系相应院系科研人员，整合收集、识别、整理相应院系学科资源，了解院系发展趋势，并建立学科导航以展示给院系师生，方便师生快捷方便地获取学科资源。此外，学科馆员还应掌握学校重点学科和其他学科的建设，在此前提下，应熟悉科研人员的水平、类型、研究方向和科研团队，根据学科的特色内容和建设重点，为学科采购并建立专门的文献信息资源库，方便学科用户在确定课题或其他需要时进行查阅。同时，为一些重点课题从选题到定稿提供一站式服务，为选题的顺利、有效开展提供保障。

四、加大学科服务平台建设力度

（一）扩大学科服务平台建设规模

学科服务平台是连接用户与高校图书馆的纽带。在学科服务平台建设方面，国外高校图书馆更加注重专业服务平台的建设。它们大多数使用 LibGuides 平台，主题资源导航的名称也略有不同。如耶鲁大学、哈佛大学和普林斯顿大学图书馆研究指南，芝加哥大学图书馆指南，不仅有大量的主题，每个主题下都有丰富的主题指南供用户参考和学习。在学科服务平台建设方面，国外高校图书馆具有相同的特点：一是学科资源导航系统十分完善，相应的学科馆员信息详细，方便教师和学生查阅；二是每个学科都有丰富的专题；三是每个主题导航主页或主题主页都可以按照资源类型进行分类和搜索；四是主题数量众多，每个主题都配有主题导航。大多数学院和大学都有数百个指南，每个指南都有详细的主题分析。

国外高校图书馆使用的平台基本是 LibGuides 学科服务平台，形式相对简单。国内"双一流"高校图书馆使用的学科服务平台除国外图书馆指南平台外，还包括图书馆自建的学科服务平台和国内科技公司开发的学科服务平台，内容较为多元化。在学科指南的建设方面，国外有大量的现实案例，例如，哈佛大学和波士顿大学已经分别达到 2189 个和 1170 个学科指南。比较现有差距，"双一流"高校图书馆在后续开展学科服务工作时应结合自身特点和优势，同时借鉴国外先进经验，开辟一条与自身发展相适应的道路。与国外高校图书馆相比，"双一流"高校图书馆建设学科服务平台的意识相对薄弱，平台建设和学科资源导航数量相对较少，因此，在今后的发展过程中，需要加大人力物力的投入，自主引进或开发学科服务平台，为学科服务的发展创造良好的环境。

（二）丰富学科服务平台的内容

第一，整合纸质资源、电子资源、网络资源等学科资源，实现学科服务平台从按文献类型查找资源到按学科资源引导的转变，进一步做到学科细分，如耶鲁大学图书馆语言文学学科指南细分为 21 个门类。

第二，根据用户的习惯，建立读者推荐、资源推荐或学科馆员推荐的好书资源平台。

第三，根据学科用户需求，提供学科动态、信息素养培训讲座、特色数据库等。学科馆员还可以利用学科服务平台创建课程指南，开展嵌入式服务。

第四，与各院系深度合作，将各学科的教材纳入学科服务平台，通过图书名称、课程、教师等检索方式检索教师提供的课程资料，并链接到图书馆馆藏书目检索系统，方便用户查找电子全文。

（三）增强学科服务平台的更新、维护及互动意识

学科服务平台可以借助新兴技术为用户提供全面的学科服务，其信息质量对学科用户有很大的影响。在大数据时代，数字信息日新月异，"双一流"高校图书馆应加强学科相关信息更新意识，加强云计算、互联网、物联网等技术的应用，并以此为契机跟上时代、吸引并留住用户。增加学科资源导航和课程资源导航数量，加强二级学科资源导航建设，丰富主题导航内容，注重平台内容的时效性，为学科用户提供实时的学科信息。另外，要及时维护网络页面和系统安全，对数据库进行更新和备份，并全面保护系统安全。在现有学科服务平台的基础上，开放交互功能，既要实现用户与学科馆员之间的咨询与互动，也要实现用户与用户之间的交流与互动。以用户为中心，开放评价功能，加强学科馆员与用户之间的联系，方便收集学科用户意见和服务需求，增强用户参与度，深入挖掘用户需求和自身不足，及时改进，从多方面满足用户需求。

（四）保障用户需求在数据资源层的核心地位

数据资源层主要起到对数据信息、学科资源进行收集、整理、存储以及备查的作用，作为学科服务平台建设系统的基础层，它不仅包含各个图书馆内的数据库等资源，更包含用户需求的潜在信息。因此，在这一层面要以用户为核心，收集整理学科用户的各方需求，利用人工智能技术，对所收集到的信息进行分类，根据用户的使用频率来购买针对性较强、利用率较高的以及较为全面的数据库，为不同类别的学科用户提供全方位的知识服务。

第四章　新媒体环境下高校图书馆学科服务及提升策略

第一节　新媒体环境下高校图书馆学科服务概述

一、新媒体

随着数字技术和网络技术的飞速发展，"新媒体"一词在互联网领域被广泛地传播和运用，同时也是学术界关注的焦点之一，是继广播、杂志、报刊和电视这些传统媒体之后的"第五媒体"。然而，不同领域的外学者对新媒体的定义不尽相同。

一是从新媒体的"新"而言，它是一个相对概念，清华大学教授熊澄宇提出了自己的观点，他认为伴随着社会的不断发展，新媒体这个概念不是一成不变的，它是在不断变化的，每当有一个新媒体出现时，相对于以前的媒体就可以称之为新媒体。比如在很久以前，人们获取信息的方式只能通过报纸，但随着科技的进步，人们可以从广播电视获得新的消息，此时广播电视相对报纸就是一个新媒体；现在盛行网络电视和网络直播相对于之前的广播电视又是一种新媒体；明天说不定又会出现新的信息传播方式，而这种传播方式相对于现在的网络电视来说可能又是一个新的。所以新媒体这个概念只是在一段时间内是稳定的，但在历史的长河中它却是在不断更替的。熊澄宇教授认为每个时代都会出现具时代性的信息传播方式，就是说它的内涵也不是不可确定的内涵，应该有一个相对稳定的内涵。吴磊认为所谓的新媒体，是指相对于"传统媒体"而言，随着传播形式和内容的不断更新，也会不断有新兴的媒体不断产生。其次，从传播形式来界定新媒体概念，目前新媒体主要形态是基于广播、通信、计算机等新技术，为扩大传播范围，丰富传播内容及增强用户娱乐活动体验与互动，通过以互联网、计算机电视、移动设备等媒介为终端的一类媒体。中国人民大学教授匡文波认为，以计算机或具有计算机本质特征的数字设备为基础支撑进行信息传输的载体都是新媒体。再次，就科学技术手段方面而言，黄升民教授与匡文波教授同时将新媒体定义为数字媒体，它是依托于数字网络技术之下，借助计算机数字硬件设备传播信息与多个群体互动的一种具体的物质载体。

综上所述，对比新媒体与传统媒体，两者存在着本质的区别。从传播路径和传播特征来看，新媒体是在报刊、广播、电视等传统媒体基础上进而形成的超时空多元化的新型媒体形态，却又有别于传统媒体的互动媒体。根据目前高校图书使用新媒体实际情况出发，在此将新媒体定义为：是以新型网络技术为支撑，通过互联网、无线通信、有线网等多样化的传播渠道，其信息传播方式主要是融合图片、文字、视频等形式呈现，利用智能手机和平板、数字电视、电子阅读器等终端，应用于微博、微信、新闻客户端等信息传播平台来满足读者信息搜索需求的主流媒介。

二、新媒体环境下高校图书馆学科服务的特征

（一）服务内容丰富性

新媒体环境下高校图书馆所提供的学科服务内容具有丰富性的特点。以往传统的图书馆只能简单提供一些信息服务，而新媒体环境下高校图书馆却发生了巨大的改变，它在提供信息服务的同时，更加注重的是如何满足当下用户的个性化和多元化信息需求，在内容上更注重用户是否能参与其中。随着高校图书高数字资源的飞速发展，用户对学科服务的内容需求不再限于做一个单纯的信息消费者或被服务者，仅获取基本的服务和咨询，他们更希望自己能自主参与至学科服务之中，能依照自己所想选取符合自己要求的服务内容，积极与学科馆员保持交流沟通并及时给予反馈，学科馆员在收到用户的建议和需求时，可以通过新媒体平台，以图片或视频等方式向读者提供他们所需要的学科服务内容，借助新媒体来提供服务使学科服务的内容更具丰富性，同时满足用户多元化的信息需求。

（二）推送方式泛在性

基于新媒体技术日新月异与日趋成熟的移动信息环境的背景下，学科服务不再局限于传统形式的传播与推广，其推送方式具有泛在性。学科服务的信息资源载体能借助移动智能终端设备通过 QQ、WAP、微信等应用软件，利用新媒

体技术为用户实时在线提供互动服务，实现知识共享，实时满足用户需求的信息。这种新媒体技术可以逐渐使用户更加便捷有效地获得知识化、个性化的学科服务，无论用户处于工作实验场所或是其他地方，都可以使他们享受新媒体环境下学科服务所带来的"唾手可得"的服务，而不仅仅局限于图书馆。这进一步改善了学科服务的方式，也提高了学科用户的信息体验感。

（三）服务形式交互性

在新媒体环境下，随着学科服务的不断发展，先进的信息通信技术能为图书馆和用户之间搭建一座便捷的沟通平台，有利于用户和馆员之间的互动沟通。近年来，学科服务形式具有明显的交互性，其特征主要表现为用户与馆员之间沟通、磨合和协调的互动过程。学科服务形式的交互性使得学科馆员能跨越时空和地域与用户顺畅地交流，学科馆员可根据用户告知的个性化需求提供相应的服务。学科服务的互动方式也日益多样化，相继出现的学科服务平台、馆员博客等形式，同样也具有交互性的特点，用户也可以利用 QQ、微信、邮箱等提供反馈意见。

（四）服务成效公开性

图书馆的重点服务一直是围绕学科服务而展开，因此评估学科服务在日常工作中所取得的成效也是至关重要的。为了进一步开展学科服务，高校图书馆应构建学科服务反馈平台，例如设置调查问卷、意见反馈信箱以及服务效益交流会等方式，根据收集的信息，客观公正地结合图书馆学科服务的现状，对学科服务的绩效进行科学评价并公之于众，以调动学科服务主体的积极性，提升学科服务用户的满意度。

三、新媒体环境下高校图书馆学科服务的重要性与可行性

（一）新媒体环境下高校图书馆开展学科服务的重要性

首先，学科服务更贴近用户，满足用户多样化的信息需求。随着网络化和数字化的不断发展，新型信息环境下，用户对信息的需求不仅仅停留在简单的文献资源上，需求日益呈现出多样化，更希望图书馆能够提供满足个性化需求和更深层次的信息服务，学科服务的开展使高校图书馆更贴近用户的需求。学科馆员针对各类用户专业需求开展针对性的个性服务，而用户可以通过网络利用计算机和移动通讯设备随时随地享受图书馆所提供的服务，使学科服务不再受时间、空间、人员等限制，各用户信息需求的多样性也能够得以满足。

　　其次，为高校图书馆学科建设提供技术支撑。为了更好的建设高校图书馆的不同学科，更应该注重新媒体技术在学科服务中的嵌入方式。一方面，在科研支撑上，为进一步给科研与教学团队提供持续性的学科服务，图书馆通过建立学科服务团队，为高校图书馆学科建设提供充足的人才保障。另一方面，在馆藏资源建设上，通过嵌入新媒体技术，有针对性地分学科、课程、课题等类别建设图书馆资源，强有力的突破原有的传统文献工作流程，为高效建设图书馆学科资源提供有力的技术保障。

　　最后，学科服务是高校图书馆发展的必然选择，有利于促进高校图书馆的转型发展。随着用户获取信息途径越来越便捷、多样化以及自我服务能力提高，传统图书馆的服务模式已经不能满足用户的信息需求，学科服务恰恰能够解决这一问题。以用户为中心，提供具有针对性和深层次的服务，积极地将图书馆融入到用户的科研以及教学中去，从而有效地促进高校图书馆向更深层次、以知识服务为主的智慧图书馆转型。

（二）新媒体环境下高校图书馆开展学科服务的可行性

　　1. 结合新媒体的自身特点，高校图书馆开展学科服务工作能利用互联网等通信网络作为传输手段，便于用户获取个性化、专业化的学科资源，进而提升用户的使用体验。新媒体作为信息传播以及信息推送的媒介，为学科馆员和用户之间搭建了一个快捷实用的互动平台，可以充分满足用户和馆员之间的互动，学科馆员主动融入用户服务，通过用户分组信息推送以及与用户沟通交流所获得信息，全方位、深层次地实现学科服务的个性化。

　　2. 图书馆的学科服务伴随着互联网的高速发展，由高校图书馆的单向推荐行为转为双方共同传播和互相分享，而新媒体作为互联网等通信网络最为主要的传播手段，以数字化媒体为主要载体形式，为学科服务提供了技术上的支持。同时，图书馆利用互联网新技术拓宽了图书馆物理空间以及开放了虚拟空间，转变原有落后的管理制度和服务理念，实时为用户提供所需的图书馆资源。

　　3. 在移动互联网环境下，新媒体信息传播途径的多样性，为高校图书馆学科服务的开展提供了保障。一方面，高校图书高能借助新媒体现有的用户基础发展移动网络，减少前期的宣传推广压力。另一方面，新媒体平台都是基于免费前提下为用户提供在线信息服务，这就节约了图书馆的使用成本。此外，学科服务的推广离不开"互联网＋技术"建设，这使得图书馆学科服务工作能够更顺利地开展。

第二节　新媒体环境下高校图书馆学科服务存在的问题

一、服务内容单一、丰富程度不足

目前，大部分高校图书馆主要通过新媒体提供一些馆藏资源查询、活动讲座、放假通知、在线咨询等服务，仅仅局限于这些传统的服务方式，并没有在此基础上延伸出更多新的服务，所发布的内容也没有太多涉及学科服务。例如，在微信公众平台中，仅有五所高校将学科服务嵌入在微信平台中，分别是：上海交通大学、国防科技大学、复旦大吉林大学和郑州大学，虽然它们认识到微信辅助学科服务的重要性，主要是提供一些学科馆员信息查询、学科资源建设和学科动态跟踪等学科服务，用户可以通过微信链接进入学科服务平台。相对于微信来说，微博和 APP 客户端在辅助学科服务方面所发布的信息内容和丰富程度则更差，大多高校只是把微博和 APP 客户端作为学科服务的信息发布的补充渠道，对于信息的挖掘不够深入，提供的信息内容单一，不能满足用户的需求，用户无法通过平台切实地感受到其辅助学科服务的便捷性、交互性，其信息推送的形式大多是纯文本的形式，很少有以文字与图片或视频相结合的方式推送，这种推送形式过于单调，无法抓住用户的心理，因此可能造成对用户的吸引力不够。总的来说，很多高校在利用新媒体辅助学科服务时，并未对其提供的服务内容和方式进行整体规划，因此，其服务内容单一，缺乏丰富性，同时也不利于学科服务的开展。

二、宣传推广力度不够，用户使用面不广、参与度低

通过前面的调查我们可以发现，大部分"双一流"高校图书馆在新媒体平台上的宣传力度不够，导致用户的忠诚度较低，与读者的黏性不足。究其原因，是图书馆没有完全意识到新媒体自身的优势，并充分利用它来开展学科服务，同时没有足够注重新媒体的宣传和推广，并利用其优势来开展一些线上线下活动扩大影响力，创新意识和服务意识也不足。例如，在微博平台方面，有些高校只是在图书馆官方网页发布了开通微博的消息，并没有对用户进行大规模的宣传，导致许多学生并不知道学校图书馆拥有自己的官方微博，粉丝数量不足，

用户的使用面不广，从而在推广学科服务方面也相对滞后，很多用户无法在线即时交流，及时提出自己的需求和反馈意见，交互性不足，用户的参与感低。导致用户粉丝数量不足的第二个因素是很多高校图书馆微博官方平台更新频率低，甚至有些高校在开博后没有发布过任何信息，使得许多用户脱粉，更新频率低不能保证粉丝的黏度。第三个因素则是微博很难向用户提供所需资源，用户更倾向使用 WAP 网页或 APP。在微信方面，由于微信是使用人数最多的通信软件，微信相比微博的使用人数更广，但很多高校图书馆并未将学科服务嵌入到微信平台中，不重视学科服务的宣传，并没有利用微信用户黏度极强的优势来推广服务，大量地吸收新用户，导致了同样面临用户使用面不广和参与度低的问题。相比于上面两种新媒体，APP 客户端的交互性和媒体属性是其中最差的，由于网络宣传和线上线下宣传不到位，导致 APP 用户使用人数最少，与用户的互动不足，用户持续使用的意愿相对较差。总而言之，宣传力不够会导致新媒体与用户的黏性不足，缺乏与用户进行交流和沟通，长久下去很难持续地提升读者的关注度。

三、新媒体辅助学科服务平台缺乏统一的管理制度

多数高校图书馆都没有建立统一的平台管理制度来保证新媒体有效地辅助学科服务。尽管现在许多高校一直在新媒体学科服务平台积极实践，但在管理机制的运行和实施方面仍然有所欠缺。新媒体在日常的运营和维护中缺乏有效且明确的制度，导致新媒体在图书馆服务中不能充分地发挥其作用。例如微信、微博和 APP 客户端在推送消息频率太低，没有规律性地定期地向读者提供服务，有的图书馆在开通新媒体平台之后一个月更新一条信息，有的则几个月才更新一次，甚至还有一些平台在开通新媒体平台后，再没有发布任何消息。这是由于图书馆并没有组织专门的工作人员对新媒体进行日常地维护和管理，缺乏严格明确的规章管理制度，导致很多图书馆新媒体缺乏固定、持续的更新。在微信公众号中，有些公众平台的服务菜单虽然显示齐全，但有一些服务尚并不能使用，甚至有一些服务内容需要登录账号密码才能获取，给用户在使用的过程中来的极大的不便。除此之外，微博和微信在发文的原创性方面也存在很大的不足，大部分图书馆新媒体平台所发布的内容缺乏一定的创新性和原创性，对读者缺乏吸引力，推送后的浏览、评论、点赞和转发的数量也不尽如人意，这都是由于图书馆缺乏对新媒体运营的管理，使得运营和维护人员无

法真正了解到读者的需求。从目前的管理形式来看，大多是高校还处于摸索的阶段，团队建设所需要的规章制度还需要继续完善，在绩效考核和人员激励机制方面还有待提升，应当建立健全人员激励机制来改善工作人员懈怠和懒散的现象。

四、新媒体学科服务平台定位不明确

就目前我国高校图书馆新媒体应用的现状可以看到，大多数图书馆并没有根据不同新媒体功能差异和用户的需求对各自所提供的服务内容进行明确的分工和定位，所提供的服务内容也没有充分地发挥各新媒体平台的优势。高校图书馆往往通过微博提供的服务内容非常有限，主要是发布一些通知公告、讲座预告、活动开展、原创分享、咨询服务、资源分享等内容，很多高校图书馆都没有认识到微博即时性和交互性的功能。利用微博开展线上咨询，学科馆员不能够立马获得用户最直接的需求和建议，不能及时地解决用户的问题。在微信方面的主要服务内容包括馆藏检索、图书馆公告、借阅服务、个人中心、在线参考咨询、科技查新等，大多数高校图书馆微信公众号只利用到了它的强大宣传功能，而忽略了它的弹性服务和自主性。有些图书馆并未启用微信独特自动回复模式，即用户可以通过输入关键词获取他们所需要的服务内容，这一功能可以大大地延长服务的时间，同时还能减少一部分人力资源。在APP客户端方面，所提供的主要服务内容包括馆藏查询、借阅信息、咨询服务、文献传递、学科导航、在线阅读等。APP的优势是集中的海量的文献学术资源，可以支持用户在在线阅读和离线下载等，用户可以不受时间空间的限制，享受海量的学科信息资源，但其交互性较差，用户黏度不如前两个新媒体。大多数的高校图书馆在微信、微博和APP客户端中，所发布内容重复性都比较高，比如：新闻通知公告、讲座安排、放假通知等一些没有吸引力的服务内容，还有一些高校在使用这些新媒体时，内容发布比较混乱，也没有根据不同新媒体功能上的差异进行明确的分工和准确的定位，从而无法达到更好地为用户服务的效果。

第三节　新媒体环境下图书馆学科服务团队知识共享模式

一、图书馆学科服务团队知识共享模式的内涵

（一）新媒体环境下高校图书馆学科服务团队知识共享模式的涵义

"模式"即模型、模范，英文翻译为 model。意思是某种事物的标准样式或让人可以仿效学习的标准样式。模式是一种认识论意义上的确定思维方式，也就是解决某一类问题的方法，把解决某类问题的方法归纳到理论的高度，那就是模式。它是人们在生产和生活实践中积累经验的抽象和升华。

（二）知识共享模式

知识共享模式是指员工彼此之间相互交流的知识，使知识由个人的经验扩散到组织的层面。这样在组织内部，员工可以通过查询组织知识获得解决问题的方法和工具。反过来，员工好的方法和工具通过反馈系统可以扩散到组织知识里，让更多员工来使用，从而提高组织效率的可借鉴的方式。

随着新媒体技术的发展，社交媒体、即时通信等新媒体成为图书馆学科服务团队知识共享和传播的重要平台，给图书馆学科服务团队的交流模式带来了新的变革。新媒体环境下图书馆学科服务知识共享主体既可以是知识消费者，也可以是知识生产者，不同知识共享主体间交互形成知识的循环流动。知识在新媒体环境下呈现出多元化的表现形式，比如：视频、文本、音频、动画等。新媒体的交互性、移动性与情境性等特点改变了图书馆学科服务团队知识共享的环境。图书馆学科服务团队内部团队成员之间以及团队与学科服务用户之间通过新媒体平台不断地进行知识共享，形成特定的知识共享模式。新媒体环境下图书馆学科服务团队知识共享模式是对其学科服务知识共享活动特殊规律的抽象，是把图书馆学科服务团队知识共享方法总结形成一定的理论体系。对于图书馆学科服务团队知识转移模式的研究，有助于图书馆学科服务团队借助新媒体技术高效地完成工作任务，寻找新媒体环境下知识共享的最佳方法。

（三）图书馆学科服务团队知识共享的模式构建

1. 知识外化阶段：知识生产者通过一定的知识组织方式，如文字、视频、音频等，将自身所拥有的知识或者从其他渠道获取的知识最大限度地表达和

编码。

2. 知识共享阶段：知识生产者将经过外化的知识通过正式或者非正式的分享渠道，传递分享到知识消费者。

3. 转化应用阶段：知识消费者根据自身已经拥有的知识结构，加上自己理解，将接收到的知识内化吸收，形成属于自己的新知识，并将知识运用到工作中，实现知识的增值和应用。

4. 反馈阶段：知识消费者根据自身对知识的理解和应用程度，将知识共享效果反馈给知识生产者，两者之间实现互动沟通。从知识生态理论角度，新媒体环境下图书馆学科服务团队知识共享模式必然与知识生态系统的知识共享主体、知识、知识共享技术、知识共享环境等息息相关。结合图书馆学科服务团队本身以及新媒体环境下知识共享的特点，根据知识共享过程中知识共享主题发挥主观能动性的程度和知识共享双方的属性特点，可将图书馆学科服务团队知识共享的模式分为资源推送式、任务驱动式等类型，两种知识共享模式在图书馆学科服务团队知识共享的现实中同时存在，但适用范围和特点各有不同。

二、资源推送式知识共享模式
（一）资源推送式知识共享模式

资源推送式知识共享模式是指知识生产者主动提供知识进行知识分享的模式，其强调知识生产者的主动性，不需要具体针对知识消费者的需求，实现知识的泛在式、散发式的分享和传播，即一个知识生产者可以对应多个知识消费者的一对多的知识共享模式，知识消费者也能转换为知识生产者，实现知识的二次转发和分享，从而扩大知识共享的范围。知识共享主体在不同的时期可以充当不同的角色，知识共享主体的角色决定着知识共享的运行。资源推送式知识共享模式以低成本实现知识的传递和分享，能够实现知识的大范围传播和共享，并且能够实现知识的长久存贮和管理。新媒体环境下资源推送式知识共享模式的典型应用是微信公众平台，微信公众平台作为一种典型的一对多的媒体性行为活动，分为服务号和订阅号。当用户关注微信公众平台后，知识生产者可以将整理好的结构化知识，通过微信公众号或订阅号推送和发布，知识消费者利用新媒体平台接收到知识后，依据自己的认知和判断，做出思考，在知识转化的基础上，实现知识的二次转发和分享。

（二）案例分析

以上海交通大学图书馆为例，上海交通大学图书馆农业环境学科服务团队主要面向农业与生物学院、环境科学与工程学院提供学科服务和信息咨询服务，设立专职的学科馆员 3 名，采用专兼职的模式组建。当前开展主要以下几个方面的学科服务工作：搜集院系文献资源建设的征求意见；解答和处理学科咨询相关中的相关问题；开展资源检索利用和信息素养教育；推送文献资源服务工具；提供深层次文献分析服务。学科服务团队设立学科服务微信公众平台，名称为"农业环境学科服务"，作为学科服务知识共享的主要渠道，属于微信公众平台的订阅号类型，功能介绍为"上海交通大学图书馆农业环境学科服务团队为您推送：学科资源、数据库介绍、学科前沿、院系发文、专业新书、培训讲座等，助力于学科与科研"。该微信公众平台于 2016 年 3 月 15 号开始信息推送，目前持续更新中。比如：培训讲座通知、数据库快速使用指南等。

农业环境学科服务团队作为知识生产者，获取图书馆的数据库、书籍、期刊、互联网资源的显性知识或者学科馆员日常工作中积累的经验等隐性知识，进行知识组织，将知识表达成文本、视频、音频、图片、链接等形式，通过微信公众号发布。用户作为知识消费者通过微信公众平台获取知识，并将吸收到的知识结合自身认知转化成新知识，然后利用微信公众平台提供的转发分享功能，依靠微信平台的受众群体将知识再次转发和分享。农业环境学科服务团队充分利用微信公众平台的信息推送和传播能力，借助微信公众平台的功能，实现知识的共享、增值和创新，在这一过程中，用户有时需要从知识消费者向知识传递者和知识生产者的角色转变。

微信公众平台作为农业环境学科服务团队知识推送和发布的主要平台，其资源推送式的知识共享模式具有如下特点：

1. 知识共享主体的角色功能不断转换，知识生产者占据主动

资源推送式知识共享模式具有知识共享主体功能角色不断转换的特点。农业环境学科服务团队作为知识生产者在微信公众平台主动发布相关学科服务知识，关注微信公众平台的用户作为知识消费者，可以从新媒体平台获取所需知识，知识消费者可以根据自身的理解形成新知识，融合自身的知识，再次通过自己的微信朋友圈的转发分享功能，将知识转发到个人的微信上，实现知识在个人的关系圈内共享传播，学科服务用户的角色由知识消费者而转换为知识生产者和知识传递者。

2. 知识的权威性专业性较强，具有较高的可信度

农业环境学科服务团队通过官方的微信公众平台发布的知识，往往是通过总结、学习和归纳所形成的具有浓缩和碎片性的知识，或者相关的培训、通知公告、专业指导等专业性、权威性的知识。比如：Incites 数据库快速使用指南，由掌握相关知识的专业人士发布，内容较为详尽和完整，知识体系比较丰富。另外用户通过微信公众平台获取相关的知识，通过结合自身的知识结构进行知识加工、利用或转发，实现知识的整合和创新，知识具有较高的可信度。

3. 良好的知识共享文化环境氛围

微信公众平台为农业环境学科服务团队知识共享提供了良好的环境空间和平台，使得学科服务的知识共享呈现开放性、内容多样性等特点。农业环境学科服务团队在资源推送式的知识共享模式中要充分发挥积极主动性，打造无私奉献、积极主动的知识共享文化氛围，良好的学科服务团队知识共享环境有助于知识共享活动进行，能够增加知识传播的速度和影响力，增加用户和学科服务团队知识交流的信任度，有利于促进知识共享活动的进行。

4. 多元技术支撑与信息检索功能

微信公众平台辅助的图书馆学科服务团队资源推送式知识共享模式具有共享内容多样化，传播方式和途径多样化的特点，需要多种知识共享技术的支撑，包括新媒体技术、网络技术、多媒体技术、移动通信、信息检索等技术。在多元技术的支撑下，用户可以经由各种智能设备的微信客户端随时随地地发布和接收知识，比如：学科服务团队共享在微信公众平台的知识，用户可以通过转发分享到个人微博、QQ上。此外，微信公众平台的服务号上，学科服务团队也可以二次开发各种功能，用户可以使用下端的功能菜单快速实现信息即时检索，即时搜索可以达到传统搜索引擎所不能达到的时效功能，避免用户错过学科服务团队发布的知识。比如：点击讲座培训，屏幕上就会显示已发布的有关讲座培训的通知消息。

三、任务驱动式知识共享模式

（一）任务驱动式知识共享模式

任务驱动式知识共享模式是指知识消费者刺激知识生产者进行转移分享知识，受限于职责和义务，知识生产者在完成任务的过程中分享知识的模式，任务驱动式知识共享模式中强调知识消费者的知识需求刺激，分享的知识具有一

定的针对性。实现知识由知识生产者向知识消费者一对一的知识分享和转移，能够较好地满足知识消费者个性化的知识需求，实现精准式的知识传播和分享。任务驱动式的知识共享模式不具有实时性，有时知识生产者需要准备时间，存在一定的时间差。新媒体环境下高校图书馆学科服务团队任务驱动式知识共享模式是建立于用户知识需求驱动情景中，用户提出知识需求向学科服务团队寻求帮助，学科服务团队接受任务，并提供知识满足用户的知识需求。其中知识共享行为产生于学科服务团队接受任务、解决问题的过程中。新媒体环境下任务驱动式的知识共享模式的应用有很多种，比如微信、微博、QQ、BBS论坛、社交网络等都可以实现，笔者选取微博作为代表，微博是一种微博客形式，它允许任何人阅读或者只能由用户选择的群组阅读，阅读后可以进行评论留言，也可以发私信进行交流。知识消费者浏览知识生产者的微博，在微博上留言咨询，知识生产者在微博上看到知识消费者留言后，按照知识消费者的知识需求有针对性地提供知识，实现知识的转移和分享。另外，知识消费者接收到知识后，依据自己的认识和判断，做出思考，在知识内化和创新的基础上，也可以借助微博实现知识的二次转发和分享。

（二）案例分析

以内蒙古科技大学图书馆为例，内蒙古科技大学图书馆近年来非常重视学科服务工作，他们的学科服务团队是在原有参考咨询部的基础上组建的，由8名专职的学科馆员组成，学科服务工作内容包括文献检索和传递、学科信息咨询，主动深入对口院系，以个别访问、座谈会等形式征求意见建议及信息需求；参与对口学科资源建设工作，熟悉对口学科的文献资源分布，了解对口学科图书购置情况，试用、评价、搜集相关学科的学术资源；提供文献资源利用指导，及时发布与对口院系相关的数据库信息并提供使用帮助，进行数据库使用调查并做反馈记录；了解对口学科专业师生的科研情况，进行科研跟踪；根据需求为对口单位的科研团队提供学术文献层面的支持和帮助，开展基于资源层面的分析评价工作等。内蒙古科技大学图书馆学科服务部创建了新浪微博官方号，用于学科服务知识共享，名称为"内蒙古科技大学图书馆学科服务部"该官方微博创建于2013年3月18日，拥有粉丝近500人，自创建以来已发布微博信息数百条。

学科服务用户作为知识消费者，在日常的教学、科研工作中产生学科知识需求，他们将需求在内蒙古科技大学图书馆学科服务官方微博平台上进行评论留言或者发私信，向学科服务团队寻求帮助，学科馆员将相关问题的解决办法发布在微博账号上，用户可以通过检索和浏览微博平台上的以往知识分享查找相关的知识，以满足自身的知识需求，实现知识直接通过微博平台直接共享给用户。学科服务团队接受用户的知识需求任务并组织相关的人员解决问题，把知识组织成文本、视频、链接等格式通过微博平台向用户回复和互动交流，直到满足用户的学科知识需求。当学科服务团队完成任务以后，他们可以将问题和相关的解决方案进行组织和分解，上传分享到微博平台上，实现知识的共享。

新浪微博作为内蒙古科技大学图书馆学科服务部学科知识服务和咨询服务的主要平台，给予用户与学科馆员之间知识共享提供较多的便利，能够有效地提高知识共享的效率。

新媒体环境下以微博为代表的高校图书馆学科服务团队任务驱动式知识共享模式具有如下特点：

1. 知识消费者占据主动

知识消费者利用微博平台主动向学科服务团队提出学科知识需求，作为学科服务知识共享的起点，在知识需求的驱动下，学科服务团队与用户之间利用微博实现知识共享。知识消费者也可以通过自己检索微博平台上的知识库获得知识，自助式地满足自身的知识需求。学科馆员作为知识生产者在这种模式下比较被动，不能够较好地体现出图书馆学科服务主动性的特点。

2. 个性化知识短小精悍

知识消费者提出的知识需求是知识消费者在日常的教学、科研工作中遇到的问题，具有个性化的特点，不能够代表大众化的知识需求，因此，高校图书馆学科服务团队提供的知识服务针对性也比较强，仅仅满足用户当前的个性化知识需求。另外通过分析新浪微博的知识发现文本知识普遍比较短小，同时由于文字数量较少，也可能存在知识消费者的知识需求表达不清楚或者图书馆学科服务团队理解偏差，所分享的知识不能够较好地满足用户的知识需求。

3. 良好的知识共享氛围

内蒙古科技大学图书馆学科服务部的官方微博为图书馆学科服务部和用户之间搭建的良好的知识交流平台和互动社区，实现了知识的交流和互动，图书馆学科服务部积极地鼓励用户在微博平台上留言评论和发布知识需求，与学科服务团队之间交流互动。学科服务团队与用户之间不断地互动交流能够使双方更加信任，营造良好的知识共享氛围和文化，刺激知识消费者的知识需求，有助于推动任务驱动式知识共享模式的发展。

4. 功能交互和网络超链接技术应用较多

内蒙古科技大学图书馆学科服务官方微博发布的知识都比较短小，很多知识是通过网页链接发布，需要链接到别的网站或者数据库进行知识的查找，需要较强的网络超链接技术的支持。任务驱动式知识共享模式的典型应用是微博、虚拟社区、BBS 等，微博提供了功能交互功能，用户与学科服务团队之间可以通过便捷的留言发帖和回复进行交流沟通，提高了知识共享的效率和速度。

第四节　新媒体环境下高校图书馆学科服务提升策略

一、扩充学科服务团队，丰富学科服务内容

学科馆员是高校学科服务的核心力量，一支专业素质高且业务水平强的学科服务团队，对高校学科资源建设内容服务起到至关重要的作用。加强新媒体学科服务团队的建设，可以有效地使服务达到分工合作，有助于高品质高效地为用户提供服务。据调查，目前大部分高校没有专业的学科馆员对新媒体运营进行管理，新媒体所推送到服务内容也较为单一，缺乏系统性的规划，大多高校图书馆的新媒体平台只是发布一些通知、公告和讲座信息等，因此建立一支高水平的学科服务队伍，对学科服务内容的提升具有极大的促进作用。因此，图书馆应该当招聘一些图书馆专业人才扩充学科服务团队，来负责新媒体推送内容的排版、编辑和一些相关的技术方面的处理，从而提高新媒体运营者的编辑能力，推送更丰富的学科服务内容。高校图书馆应当建立完善的学科馆员专业培训和继续教育制度，重视学科馆员的继续教育，不断提升学科馆员的服务水平，学习当下优秀的新媒体学科服务技术，以绩效考核的方法来促进学科馆员专业素质的提高，从而更好地保障学科馆员的可持续发展，更好地为用户提供优质的服务。另外，学科馆员应当提升自身的服务意识，深入了解不同用户的多元需求，提供针对性的服务。提高自身的创新意识，为用户推送一些特色新颖的服务内容，以此来满足用户对图书馆多样化的服务需求。各馆员之间也应当划分明确的责任分工，使新媒体服务的岗位更加专业化，馆员和各部门也应当通力合作、齐心协力建立一支优质的学科服务团队，提高各自的业务技能，

更好地为用户服务。

学科馆员还应当时刻跟踪自己所负责的学科领域最新研究成果，查找理论的最新研究进展状况，以更好地为教师提供学科服务，提高科研工作者的科研效率。在丰富内容建设方面，应当减少枯燥无味的图书馆信息内容，充分利用新媒体的优势，多样化呈现所发布的内容，可以灵活地运用图片、视频、语音等形式来呈现服务内容，将学科知识通过图文和视频的形式来引起读者兴趣，使服务效果更新颖，在感官上更能够吸引到用户。在发布的内容方面，学科馆员可以通过利用醒目的标签使所发布的内容更加一目了然，主题更加清晰，给用户留下深刻的印象，同时也为用户对内容的检索带来便利。学科馆员应当多发布一些用户感兴趣的服务内容，推送一些与学科前沿相关的热点讯息，加强发布内容的原创性，以引发用户的讨论，促进馆员与用户之间的互动交流，使馆员更加了解用户的需求，提供更丰富且具有针对性的服务。

二、重视宣传，提升学科服务意识

尽管目前大多数高校图书馆都已经开通了新媒体平台，并且利用平台提供相关服务，但由于高校对新媒体平台的宣传较少，只是在图书馆 WAP 主页上进行了一些简单的宣传，导致很多用户并不知道该新媒体平台，这也是用户较少的重要原因之一，因此，高校图书馆应该加大力度宣传和推广平台，提升新媒体的知名度和用户关注度。高校图书馆在宣传方面可以以下几个方面入手：（一）通过线上宣传来推广新媒体平台，利用贴吧或者微博微信官方平台，通过图文推送的方式，对图书馆新媒体平台进行宣传和推广，在高校图书馆的官方网站上将新媒体的下载方式或者二维码放在首页最醒目的位置，吸引广大的用户对图书馆新媒体平台的关注。（二）通过线上宣传来推广新媒体平台，线下宣传中，高校图书馆可以通过张贴海报或者发放宣传单的方式来提高新媒体平台的知名度，扩大用户群体；还可以与协会或者学生会进行合作共同举办推广交流会等，来提升新媒体平台的知名度。（三）开设一些关于新媒体服务使用的课程，指导用户如何正确地使用新媒体服务，也可以在一些专家讲座的入口处，摆放新媒体平台的二维码，从而达到宣传的作用，增加用户群体。（四）新生入校可以安排入馆培训，加强新媒体服务的宣传，从而扩大其影响力。为了进一步提升新媒体辅助学科服务的水平，更好地为用户提供学科服务，高校图书馆还应该提升图书馆相关人员的整体服务意识，坚持"以用户为中心"的服务宗旨，促进学科服务的持续发展。

　　调查发现，尽管目前大多数高校新媒体的开通及运转情况良好，但是还存在一部分高校图书馆并未开通新媒体平台，有些高校虽然开通了新媒体，但长时间没有更新或与用户零互动，导致读者黏性不足。有鉴于此，高校图书馆可以从以下几个方面着手解决问题：（一）尚未开通新媒体平台的图书馆今早开通，已开通的图书馆持续提升信息推送和发布的频率，加强利用新媒体来辅助学科服务的意识。（二）牢记"以用户为中心"的服务宗旨，深入了解用户多样化的需求，积极与用户保持充分的交流与互动，及时回答每一位用户提出的问题，以用户需求为导向，不断优化服务增强服务意识。（三）通过微信、QQ 群等方式发放调查问卷来收集每一位用户的反馈意见，通过整理这些反馈意见来总结经验，为新媒体更好的辅助学科服务打下基础，同时也可以方便图书馆更有针对性地为用户提供有价值有意义的服务。

三、加强制度建设，发展特色学科服务栏目

　　目前，由于大部分高校对新媒体平台的运营缺乏专门的管理制度，部分高校图书馆新媒体平台所发布的学科服务内容较少，新颖性不足，在更新频率上，有的图书馆没有持续稳定地更新，一个月更新 1–2 次，或者几个月才更新，甚至有些高校图书馆在开通新媒体平台之后没有再提供过任何内容更新，只有极少数的图书馆保持了稳定更新的状态，还有部分图书馆在新媒体平台所发布的内容缺乏特色服务栏目，不利于新媒体有效辅助学科服务的发展，不能保持粉丝黏度。因此，为了确保用户的满意度，进一步提升新媒体辅助学科服务的内容，高校图书馆应该在新媒体的服务内容、推送频率、服务对象评价等都应加强制度方面的建设和管理，可以通过建立馆员负责制，将新媒体平台具体发布的内容交给专门的人员负责，例如微博、微信、APP 平台交由专门的馆员进行分工管理，但必须制定详尽的规范和制度，包括应该发布什么内容，什么时候发，怎么编辑排版更能引起读者的吸引力等，通过保持固定的更新频率来稳定现有的粉丝数量。在服务对象评价方面，图书馆应当建立绩效考评来监督新媒体维护人员及时有效地回复用户所提出来的各种问题，长期与用户保持互动关系，通过收集用户的各种问题和意见，确保与用户保持及时互动的联系，这样才能使新媒体辅助学科服务的内容更加全面更加针对性，从而提高新媒体辅助学科服务的质量。相关联络人员也应该和新媒体维护人员保持密切的联系和交流，

这样有利于保证制度的实施。

　　高校图书馆在保持内容稳定更新的状态下，还应当提升创新服务意识，发展特色学科服务栏目，挖掘潜在的粉丝，可以通过发展特色服务栏目来提升服务质量。就目前而言，当前大多数高校图书馆新媒体平台所发布的内容原创性不足，因此学科馆员应当深入了解用户，通过创新来满足他们多样化的需求。学科馆员可以利用微博热门话题来推送消息，增加所发信息的曝光度，同时吸引一批潜在的粉丝。在内容方面，学科馆员应当通过调研用户的需求偏好，开设一些具有特色的原创栏目，从用户的角度出发，结合自身的特点提供一些原创服务内容，这样不仅可以拉近与用户的距离，还可以提升平台的关注度，从而更好地提供学科服务。

第五章　慕课（MOOC）环境下高校图书馆信息服务

第一节　慕课（MOOC）环境下高校图书馆信息服务的变革

一、高校图书馆的内涵

2016 年 1 月，教育部印发新的《普通高等学校图书馆规程》明确指出："高等学校图书馆是学校的文献信息资源中心，图书馆的主要职能是教育职能和信息服务职能，应充分发挥在学校人才培养、科学研究、社会服务和文化传承创新中的作用。"从高校图书馆整体角度而言，教育和信息服务职能是图书馆主要职能，但具体而言，高校图书馆的职能主要表现在以下四个方面，即文献保存、信息服务、信息素质教育和社会服务职能。

文献资源保存职能。文献、图片、音频等是中华民族文化遗产的重要载体，在众多的文化遗产保存机构中，只有图书馆是人类文化典籍的聚集地。搜集和保存人类文化遗产是国家赋予每一座图书馆的历史使命，世界上那些历史悠久的大型图书馆都是每个民族历史文化遗产的宝库。搜集、整理、存储是图书馆最古老也是最基本的职能，图书馆传承着人类文明的火种，高校图书馆作为高校的教学辅助部门，肩负着高校文献资源保存的职责。书籍、影音资料、校友手迹、学位论文、教师科研成果等都是高校图书馆应该保存的文献资源。

随着时代变迁，高校图书馆保存的文献资料的内容也在发生变化，既要保存传统的文献资源，也要注意数字媒体资源的保存，独具特色的馆藏资源更值得关注。高校图书馆保存文献资料的形式也在逐步变化，数字化、网络化、协同化、智能化的智慧图书馆正逐渐建成。

信息服务职能。高校图书馆作为高校文献情报中心，在完成文献保存职能的基础上，有责任充分发掘馆藏文献价值，进一步开发利用馆藏文献资源，为全体师生提供更高层次的信息服务。高校图书馆信息服务工作主要包括专业化定题服务、文献信息中介或代理服务、学科网络学术资源导航服务、数字化参考咨询服务、社会化信息服务、市场化服务、复合型知识服务等。

新形势下，高校图书馆的信息服务职能拓展到以用户为中心，结合新技术能够提供高效、便捷、个性化的参考咨询服务。在文献传递服务方面，高校图书馆要在用户和所需文献之间起到中介作用，这不仅方便广大师生获取文献而且能够提升图书馆的服务水平。

信息素质教育职能。高校图书馆虽然不是独立的教学单位，但在实际运行过程中却承担着提升师生信息素养的任务。读者通过图书馆的专业馆藏资源，能够有效弥补课堂内容的不足，有效提升学习内容的深度和广度；另一方面，读者在查阅相关资料过程中，遇到问题可以及时向馆员请教咨询，通过馆员引导解决问题。读者通过自我独立尝试——问题反馈——馆员引导疏通——获取检索结果的过程，锻炼了自己分析问题、解决问题的能力。学科馆员通过联系特定学院，针对性开设文献检索、信息分析、文献管理软件使用等培训，提高师生的专业信息素养。

社会服务职能。社会服务职能是图书馆的使命之一，就是实现知识共享，因此高校图书馆的服务对象不仅仅局限于本校师生，有条件的高校图书馆应该尽可能向社会大众开放。随着高校图书馆向社会开放，原本只面向校内师生服务的文献传递、参考咨询、科技查新等服务，可以向社会大众提供，企业科研项目查新、课题论证、专利技术跟踪等业务也可以委托高校图书馆完成。面向社会公众开放，使得高校图书馆馆藏的大量专业文献资源流向普通大众，这将有效解决公共图书馆存在的数量有限、地域分布不均、专业馆藏资源不足等问题，对于促进社会信息公平、消除社会信息鸿沟有着重要意义。

二、MOOC 环境下高校图书馆服务变革的表现
（一）学习者学习方式的变革

学习方式是学习者在学习过程中为了完成学习目标而表现出的所有学习倾向和互动行为的总和。MOOC 环境下，知识的实践深化代替了传统课堂中客观信息的记忆与积累。与传统网络课程相比，MOOC 学习更加追求开放的学习环境，

课程元素之间互相关联，交流互动贯穿于整个学习过程。MOOC 环境下，学习者既要保持原有的学习方式，也要适应新的学习环境，实现传统学习方式和新学习方式的一种动态平衡。冯春英等认为 MOOC 环境下学习方式主要包括社会化学习、碎片化学习、需求多样化等，MOOC 环境下学习者的学习方式表现出交互性、自主性、探究性的特点。

1. 学习交互性增强

MOOC 环境下，学习者的首要目标是获取所需知识，为了实现这一目标，学习者会逐渐摒弃相互对抗的竞争性和相互独立的个体性行为，更加倾向于相互促进的合作式学习行为。学习者之间的一对一讨论、多对多讨论以及学习者与课程讲授者之间的讨论，都对完成学习目标产生积极的促进作用。

2. 学习自主性凸显

MOOC 平台中的学习对象已经面向更加广泛的社会泛在学习者，他们之所以学习课程是为了补充线下实体教学中无法获得的知识空缺，学习者表现出更多的自主性。在学习过程中，以学习者为主体的特点更加凸显，学习者不断选择、总结和修正自己的学习规划，力求寻找最完美的学习方式，达到最好的学习效果。教师不再是整个课程的主宰者，他们仅通过构建一定的学习环境来帮助和引导学习者达到学习目标。

3. 学习探索性强化

人类认知过程理论注重从知识的产生、发展角度去理解知识，不仅要求记住知识概念结论，更加强调理解过程中知识的关联。MOOC 学习过程中需要教师组织学习资源，学习者根据创设的问题情境去积极探索，进而完成学习目标。学习者学习方式的探索性表现在他们怀有的质疑和反思。中国大学 MOOC 平台中开辟的讨论区分为教师答疑区、课堂交流区和综合讨论区三个版块，每个版块侧重于不同的问题类型，学习者在此可以发起相关主题寻求答案，也可以回答授课者的提问，还可以针对其他学习者的话题发表自己的见解。

（二）图书馆服务范围的变革

MOOC 是一种共享的教育理念，也是一种开放的教育模式，MOOC 模式让传统的大学精英式教育走出象牙塔变为社会化的大众教育，MOOC 的服务场景从课堂延伸至社会，服务对象从教师延伸至更为广阔的互联网世界。MOOC 环境下高校图书馆的服务群体由本校师生辐射至外校师生甚至社会人群，高校图书馆的服务半径扩展到所有"求知者"，虚拟读者这一概念又被重新唤起。虚拟读者包括临时借阅者、馆际互借和原文传递读者、远程教育群体等，服务对象的拓展也体现了高校图书馆的社会服务功能。图书馆的传统服务内容包括文献传递、学科服务、定题服务、导航服务等，较少提供嵌入式服务，MOOC 环境下高校图书馆有了向读者提供精细化服务的机会，教师在视频制作过程中以及学习者在课程学习过程中均需要图书馆提供相应的辅助文献资源。

（三）图书馆服务模式的变革

传统教学模式下，高校图书馆提供的多为文献借阅、资源检索等课堂外服务，这些服务基于图书馆的现有资源，更多考虑普通读者的基础需求，服务方式较为盲目和被动，服务对象也较为狭窄，这也使得高校图书馆的资源利用率不高，很难满足部分读者的个性化需求，服务质量难以令人满意。MOOC 环境下的教学中心已由教师转变为学习者，学习者需要大量阅读才能完成学习任务，达到学习效果。大量的阅读需求为图书馆主动服务提供了契机，读者对文献的需求更加迫切，围绕课程学习的特定类型、特定内容，文献资料需求更加明确。在线学习对所需信息的及时性要求很高，借助搜索引擎等工具，学习者能轻松获得各种信息资源，完全可以不再依靠图书馆获取信息。MOOC 为高校图书馆提供主动嵌入式服务打开了一扇窗口，高校图书馆要避免被用户边缘化就必须与用户保持一定的关联。MOOC 被认为是撬动图书馆变革的支点，高校图书馆要想更好地发挥信息服务职能，就要由被动变为主动，努力寻找嵌入式服务途径，采取"走出去"策略积极主动为广大读者提供信息服务。此外，还需要拓展服务范围，努力将现有服务做得更精细更专业，向广度与深度拓展。

（四）图书馆管理机制的变革

（1）角色定位重构

高校图书馆传统的信息资源保存、文献借阅与传递、参考咨询、课题追踪查新的角色仍然发挥着重要作用，在 MOOC 环境下，高校图书馆除了承担原有的职能之外也在逐步改变在信息服务中的角色。MOOC 运动倡导者、课程资源共享者、学习空间提供者、课程技术支持者、版权纠纷清理者等也是学习者希望高校图书馆能承担的角色。所以高校图书馆要解放思想，结合本馆实际情况，积极定位自身角色，努力为 MOOC 时代的知识需求者服务。

（2）业务流程重构

我国高校图书馆的组织机构大致经历了两个发展阶段：基于文献处理的业务分工阶段和基于职能拓展的多元整合阶段。随着高等教育的发展，采编、流通、咨询、培训等部门不断整合化并强化功能，数字化业务也逐渐独立成一个部门。职能机构变革必然引起业务流程重构，高校图书馆要适应新的角色定位就需要设置相应的职能部门，在 MOOC 环境下高校图书馆如何重构现有业务流程是值得思考的问题。

（3）人才结构重构

MOOC 建设前期需要调研学习者课程需求，需要搜集各类型信息资源，需要处理各种版权纠纷问题，比如，课程运营过程中需要多媒体制作，需要组织协调相应的职能部门协作配合，需要学科馆员及时提供参考咨询；课程结束后需要处理各种数据，需要调整重组课程结构，需要开发完善新的课程资源。可见，MOOC 运营过程涉及方方面面的问题，因此，对图书馆员的知识和能力提出了更高的要求。工作人员除了具备基本的专业知识之外，还需要具备沟通交流能力、团队协作能力、数据处理能力、计算机软硬件技术、多学科知识储备等。当前我国高校图书馆馆员普遍信息技术欠缺，要很好地融入 MOOC 环境，就必须加强信息技术人才培养。此外，版权指导、教育和咨询服务一直是高校图书馆服务的软肋，一方面是因为图书馆较少重视，另一方面是因为图书馆馆员中较少有知识产权相关专业的人才，因此提供版权服务仍是图书馆服务的薄弱环节。

第二节 国内外高校图书馆慕课（MOOC）服务模式

一、斯坦福大学图书馆慕课（MOOC）服务实践

在全球在线教育发展浪潮中，斯坦福大学一直处于领先地位。2011 年，斯坦福大学就开始了免费在线课程的探索，随后教授们创办了 Udacity 和 Coursera 平台。他们之所以能发起和引领 MOOC 浪潮，离不开学校图书馆的支持，具体而言，斯坦福大学图书馆对该校 MOOC 的支持主要在以下方面：

（一）版权清理与教育

MOOC 学习引发了复杂的版权问题，联机计算机图书馆中心（OCLC）通过研究发现，每门 MOOC 课程的版权清理工作大约要花费 300 多个小时。斯坦福大学图书馆承担着该校版权宣传和教育中心的角色，积极授权图书馆用户通过访问图书馆网站获取信息资源。此外，斯坦福大学图书馆还通过与学校法律顾

问办公室合作，编制有关在线教育指南来开展校园版权教育。关于教材资料获取的版权问题，图书馆首先向每位老师宣传版权政策，鼓励教师将自身持有的研究成果和教材版权发布到 MOOC 平台，在遇到教师因版权问题无法获取教材时由学校出面解决。

（二）视频和媒体制作

课程视频是 MOOC 最主要的内容，在 MOOC 创建过程中，要花费大量的时间制作、剪辑视频。斯坦福大学图书馆发挥学术团队的优势，为师生提供视频服务。此外，图书馆员直接进驻相关院系，为教师开展科研项目提供技术支持，并鼓励专家学者为 MOOC 发展贡献力量。

（三）学习管理系统开发

斯坦福大学图书馆负责管理和维护该校最大的学习管理平台 Course Work。2012 年，Course Work 共支持 4200 余门课程，远超于校园内其他 4 个 MOOC 平台之和（总计支持 46 门课程）。2013 年，Course Work 共运行 1523 门课程，远超 Coursera 和 Venture Lab 的 19 门课程。虽然 Course Work 使用效果良好，深得广大师生青睐，但是 MOOC 平台的发展给其带来了一定的影响，斯坦福大学图书馆正在思考如何平衡二者之间的矛盾，寻求共同发展。

（四）馆员培训

MOOC 也被视为馆员继续教育、技能培训以及指导用户实践的有效工具。斯坦福大学图书馆组织馆员学习信息素养类课程，此举获得广泛认可，他们还在探索将这种模式应用到其他技能培训项目。

二、杜克大学图书馆慕课（MOOC）服务实践

2012 夏，杜克大学与 Coursera 建立合作关系。2012-2014 学年间，杜克大学先后为 Coursera 提供了 33 门课程；2014-2015 学年时，杜克大学为 Coursera 提供的课程达到 40 门之多，其中就包括广受用户欢迎的《教育工作者及图书馆版权问题》（Copyright for Educators and Libraries）。杜克大学图书馆联合校内其他部门为该校 MOOC 发展提供多方面支持，首先是提供 MOOC 课程。杜克大学图书馆积极参与教师的 MOOC 建设中，积极协助教师收集课程资料、制作视频，教学过程中为教师提供课程咨询服务，并利用自身优势帮助其他专业教师采用"翻转课堂"教学模式。杜克大学图书馆在版权服务方面的实践为全球高校图书馆树立了榜样，具体流程包括以下三个步骤：规划 MOOC 版权服务，成立版

权与学术交流办公室为教师提供版权指导，招聘知识产权专业实习生与版权所有者联系和谈判；制作 MOOC 版权指南，参照 Coursera 的相关规定并采取灵活的方式，杜克大学图书馆制定了全面详细的 MOOC 版权指南；实施版权服务，版权与学术交流办公室与图书馆教育技术中心的工作人员建立了常态化交流机制，彼此了解授课教师所需的信息资源类型、信息资源内容和资源获取过程中遇到的版权问题，积极主动向版权所有者提交授权申请以获取信息资源，当获取不力或获取成本较大时积极寻找其他替代资源。

三、深圳大学图书馆 MOOC 服务实践

2013 年 12 月，深圳大学举办全国地方高校 MOOC 发展研讨会，商议组建（University Open Online Courses，简称 UOOC）联盟。2014 年 5 月，全国地方高校 UOOC 联盟成立。2014 年 9 月 UOOC 联盟首批 MOOC 课程上线。UOOC 联盟是国内首个地方高校课程联盟，致力于为中西部偏远地区的学子提供免费课程。在 UOOC 创建过程中，深圳大学图书馆发挥了重要作用，主要表现在以下几个方面。图书馆成立了信息支撑平台，为 MOOC 课程制作提供资料来源；在课程推荐过程中，制作张贴海报，并且将课程资讯放置在图书馆主页上，最大程度地向全校师生宣传推广；在网站主页"活动"版块展示本校、本馆的 MOOC 活动，包括课程培训、讲座沙龙、读书活动等，在"资讯"版块开辟了"MOOC"专题，由图书馆员收集整理出国内外 MOOC 发展前沿信息。除此之外，收集一些热门文章会汇聚于图书馆主页网页右侧，方便读者查阅，各类型文献也会按照发布时间按月归类整理。这些信息全部由深圳大学图书馆安排专门的馆员搜集整理完成，每条信息除了抽取一定的关键词概括主要内容外，还会在标题后面加上人物、会议、管理等主题标签，方便读者查找归类。通过浏览网页信息可以发现，深圳大学图书馆不仅密切关注国内 MOOC 的发展情况，还积极报道国外最新 MOOC 发展态势；不仅剖析国内外的 MOOC 课程成功案例，也深入分析 MOOC 发展中存在的机遇与挑战，尤其在"图书馆与 MOOC"主题下汇聚世界各国专家学者对于图书馆与 MOOC 关系的认识，这些观点对我们有很深的启发意义。

四、国内外高校图书馆 MOOC 服务的特点

（一）重视版权问题

根据联机计算机图书馆中心（OCLC）的调查报告，每门 MOOC 课程要花费大量时间来清理其中涉及的版权问题，所以国外高校图书馆将 MOOC 运营过程中涉及的版权问题置于首要位置，这和他们对知识产权的保护与重视是分不开的。斯坦福大学图书馆和杜克大学在版权服务方面经验丰富。斯坦福大学图书馆设立 MOOC 在线学习副教育长的虚拟职务来进行全校范围内的版权管理工作，杜克大学图书馆将版权服务纳入工作长期规划，制定了详细的版权服务规划，还制作了版权服务指南用于指导教师获取教学资源，当教学资源获取受限时图书馆帮助寻找可替代的开放资源。宾夕法尼亚大学图书馆安排专门的课程资源专家负责 MOOC 版权问题，这在其他学校中较为少见。温莎大学图书馆则设置版权清算系统来协调 MOOC 制作教师与版权所有者之间的利益关系。此外，滑铁卢大学图书馆与学校多媒体发展、远程教育中心等部门合作，由图书馆负责协调解决高校教师在 MOOC 课程授课过程中所遇到的版权问题。

（二）开展信息素养教育

学习者信息素养水平的高低决定着 MOOC 教学效果，国外高校图书馆主动承担起本校师生信息素养教育的角色。华盛顿大学图书馆根据本馆网页的内容特点，针对性地制作在线教程，嵌入到学习管理系统中，引导学生访问本馆主页获取所需信息。瑞典卡罗林斯卡学院图书馆探索为 MOOC 学习者提供信息素养教育的训练方法，此团队也与其他图书馆进行合作，共同制定 MOOC 课程信息素养教育实践方案。

（三）积极参与开设 MOOC 课程

Coursera 和 Udacity 平台都是由斯坦福大学教授研发创办的，在这两个平台运营过程中，斯坦福大学图书馆提供了大量服务。在平台创建之时，该馆就制定了"斯坦福在线教育计划"，由图书馆牵头，协助教师搜集课程资料，为教师录制教学视频提供技术支持，创建 MOOC 课程。杜克大学图书馆积极配合学生下载与学习 MOOC 资源，同时还积极推动翻转课堂教学。维克森大学图书馆则主要由专门负责在线学习的图书馆馆员负责创建 MOOC 课程，虽然仅仅创建了一门 MOOC 课程，但是该课程取得了良好的社会效应，吸引众多学习者参与。宾夕法尼亚大学是较早加入 Coursera 平台的高校之一，2013 年 3 月，该校图书馆联合联机计算机图书馆中心（OCLC）研究部联合论坛召开"图书馆与

MOOC" 会议，讨论 MOOC 给传统图书馆带来的影响与挑战。随后该馆发布了"免费在线学习工具箱"帮助教师制作 MOOC 课程。

第三节　高校图书馆开展慕课（MOOC）服务的必要性和可行性

一、MOOC 对高校图书馆信息服务对象的影响

（一）确保在校用户获取信息方式的多样化

图书馆是高校的文献信息保障中心和知识集聚地，为教师教学科研和学生学习提供服务，满足师生文献信息需求，培养德、智、体、美、劳全面发展的人才。高校图书馆的建设与发展与高校自身的建设和发展相适应，其服务对象具有信息需求的稳定性、信息行为的可塑性、信息利用的广泛性。学生除了学习自己本专业的基础知识之外，往往会涉猎很多相关学科知识以及陶冶情操的文史类图书来丰富学识，增加阅历。课余时间，许多学生喜欢泡在图书馆翻阅自己喜欢的期刊和图书，学习感兴趣的课程，遇到问题通过咨询学科馆员或者通过网络寻找答案。

MOOC 平台提供教学的过程，学习者可以学到所需的课程，获得想要的信息，遇到不懂的地方可以通过讨论区发布问题，与来其他学习者一起进行互动，探讨并寻找答案，而不是像过去那样咨询图书馆员或者利用知识资源库来寻找答案。MOOC 平台的视频一般都短小精悍，方便学生自主安排时间掌握学习进度，视频包括教师讲解、阅读资料、课后习题等，生动有趣且印象深刻。学习者可以选择多种方式获取自己所需的知识，如学习短视频、参与互动与其他学习者一起在讨论中获得知识、通过寻找课程答案有目的性的学习等等，而不是单纯地去图书馆查找图书。对于教师来说，他们可以在 MOOC 平台里体验名校教授讲课的风格，学习他们独辟蹊径的思路，或者与其他教师一起探讨教学之道，相比较自己个人在教学路上的探索要效率会更高。

（二）提高图书馆非在校用户的数量

高校图书馆作为非营利性的事业性单位，其经费来源主要是财政拨款，由

于经费有限，很多高校图书馆为了保障师生的信息需求，一般设有门禁系统，只有持有本校学生证或者借阅证的读者才能进入图书馆，享受图书馆的信息资源和服务。MOOC 免费开放的特征有利于促进教育公平，其课程突破传统入学门槛与班级人数的限制，使得学习者不再拘泥于大学校园，规模空前扩大，这也吸引了众多社会人士前来学习，他们可以是从事任何工作的人，也可以是来自世界各地不同种族的人，高校图书馆的文献资源和 MOOC 课程吸引着他们来不断丰富自己的学识。通过 MOOC，非在校用户可以不再需要事先申请获取远程登录许可，不用担心物理空间限制，也不用担心使用权限限制，只要有学习需求，就能随时随地的学习。这样有利于提高高校图书馆的资源利用率、社会曝光率等，同时也会提高社会认可度。

二、提供新的数字化产品和流动性资源

（一）加强信息资源建设力度

高校图书馆作为学校教与学的资源支撑，服务宗旨是"一切为了读者"，其建设主要包括两个方面：即信息资源建设和信息服务建设。高校图书馆顺应时代潮流构建专业教学参考书库，为师生提供提纲挈领式的文献资料，推广国内外优秀的课程，以便本馆用户获得借鉴参考及启发；包括数字图书在内的与课程相关的嵌入式 MOOC 资源也是图书馆信息资源建设的重要部分，为读者搜集公开网络资源，整合成图书馆资源链接分享给师生，不仅能够扩充馆藏资源总量，也能满足不同用户的信息需求，提高图书馆对用户的吸引力。MOOC 基于高等教育资源制作，他促使高等教育资源向图书馆流动，解决了教育资源不足的劣势，图书馆在某种意义上转变成社会大学，开展社会活动和学术活动必将提高图书馆的学术研究能力，推动整个社会文化的发展。MOOC 是完全的数字化学习，根植于远程教育，学习资源完全依托数字化素材。为满足师生需求，图书馆应建立数字化平台，引进先进的软硬件设备，确保师生能突破时间和空间的限制，提高信息获取度和资源获取率；升级现有设备，为读者访问图书馆资源和学习 MOOC 课程提供强有力的软硬件支撑；开发新信息平台，把图书馆资源与教学过程高度融合，实现查资料、阅读、评测等过程的统一，对 MOOC 学员的学习兴趣、学习偏好、学习进度、学习效果进行系统分析整合存储，一方面便于追踪学生学习进程，另一方面便于图书馆员有针对性地及时对所提供的服务进行调整。

（二）优化拓展图书馆的信息服务

高校图书馆的信息服务包括两个方面，一方面是为师生提供充足的阅览讨论自习空间和相应配套设施，使得他们能够在一个舒适的环境中聚精会神地学习；另一方面是馆员提供的主要包括信息素养培训、文献信息检索、文献传递、参考咨询等在内的各种信息服务。高校图书馆充分利用现有设备或进行升级改造，为学生提供良好的设施和环境进行学习，同时图书馆可以把学生在MOOC学习中提交的课后作业进行整理存储，把那些创新性较强的答案存储在系统中，以便更多的学生来参考和学习。馆员需要不断提高自己的综合服务水平和业务素质，时刻关注图书馆的最近发展动态，为用户提供相关的课程指导服务，创造一个良好的学习氛围以吸引他们来提高图书馆资源的利用率。积极探索各种MOOC相关嵌入式服务，为读者查询资料提供指导，开展各种前瞻性研究，提供相关版权、内容许可方面的指导服务，以丰富的信息资源和全面周到的信息服务吸引用户使用图书馆资源。

三、MOOC对高校图书馆信息服务方式的影响

（一）完善推广传统服务方式

高校图书馆是文化过程化、整合化、中介化的机制，通过占有文献信息资源的方式对文献信息进行组织、加工、整理、存储并提供使用。传统的图书馆信息服务方式主要有对纸质资源进行加工典藏，通过馆内阅览、书刊外借、文献复印、新书推介、培训和参考咨询等方式提供服务，数字图书馆则能够满足24小时服务，MOOC突破了校园网的覆盖范围，缓解了因资源有限带来的压力，满足了读者对知识资源的需求。MOOC环境下，图书馆可通过馆藏剔旧、调整馆藏结构等来优质资源，同时对馆舍进行布局，新增自习空间和设备满足学生自修场所需求，方便读者学习MOOC课程，通过采购新书增强图书馆资源的时效性，举办各种学术讲座吸引读者到馆学习，提升图书馆的地位和形象。

（二）促进信息服务创新

随着MOOC服务的深入，传统的以推送馆藏信息资源为主的服务模式已不能满足用户的需求。伴随MOOC免费共享优质课程和用户对信息资源需求的提高，图书馆应把握契机，不断创新服务方式，做到以用户为中心，更好地为读者提供服务。图书馆可以在对本馆资源充分利用的基础上，提供泛在化信息服务，整合网络公共开放信息，为图书馆资源注入新鲜血液，同时注重信息时效性，

搜集最新的研究动态并不断推广。开展信息培训、检索等课程，充分利用线上社交和学习平台，做到服务方式智能化、多样化。克里斯托弗·迈内尔教授认为，MOOC 是对传统大学教育颠覆性的延伸而不是威胁。MOOC 不能取代现有的以校园为基础的教育模式，但它将创造一个传统大学在过去无法企及的、更大的市场，因为传统的大学校园受物理空间的限制。

第四节　我国高校图书馆 MOOC 服务存在的问题

一、资源共建共享存在障碍

（一）教学教参质量良莠不齐

随着开放教育资源和 MOOC 的发展，网络上的各种教育资源也速度增加，各种教育视频、教学课件、教材教参等得到极大的丰富。由于盲目建设，多数资源平台及文件格式不够规范，资源质量良莠不齐，用户检索不够便利，并且资源保存周期长短不一，用户很难快速找到有用信息。高校图书馆往往围绕学科建设来扩充馆藏，但由于种种原因，有些教材教参复本量大，内容重复率高，导致资源建设内容不丰富且存在资源浪费，也影响读者使用图书馆的热情。馆藏资源流动性不足，容易造成信息鸿沟，学生对教材教参的需求往往较大，图书馆因为经费、采购等原因无法满足读者的需求。

（二）版权问题、内容许可限制将形成信息壁垒

21 世纪是知识经济时代，网络传播的广泛性使得一些享有知识产权的文章、视频等被人篡改或恶意使用，导致著作权人的合法权益受到侵犯，随着人们的版权保护意识越来越强烈，权利人一般会采取相应的技术措施对产品的使用包括下载、复制等进行限制。在知识经济时代，版权的合理使用也受到越来越严格的限制。版权保护是专业性和技术性都很强的工作，我国的高校图书馆针对知识产权法开设的培训教育还较少，很多教师对版权的相关法律法规了解甚少，同时因为版权的专业性和资源的复杂多样，教师无法准确了解自己所需资料的版权具体情况，网络信息资源的版权合理使用界限也较难判断，那些必须应用到 MOOC 课程中却又没有被授权的版权资源受到限制，从而影响用户的学习效果。

（三）资源利用率低，"本土资源"缺乏

高校图书馆拥有大量的数字化资源，将这些资源充分利用到 MOOC 制作过程中，可以减少 MOOC 产品的制作成本，缩短 MOOC 产品的生产周期，同时也能提高图书馆的资源利用率。一项调查显示，学生的学习资源主要通过以下两种渠道获取：搜索引擎和网络互助平台（讨论区、QQ 群、图书馆等），其中图书馆的利用率最低，仅占 12.71%。一方面是馆藏资源的利用率低，另一方面是学生面临如此庞杂的资源，在不熟悉检索技巧的情况下，很难兼顾查全率和查准率。由于图书馆的专业人才配备较少，他们主要致力于图书馆的服务推广与创新，没有足够的精力来整合和制作图书馆自己的"本土资源"。

二、缺乏统一的构建机制和标准

（一）缺乏教学嵌入式平台，web3.0 技术有待推广

学生在学习过程中除了获取知识以外，还要具备辨认筛选关联性不强信息的能力。我国的高校图书馆服务系统基本上都是独立于学校教学系统之外的，图书馆服务系统和教学系统分属于不同的部门管理，图书馆资源与教学资源缺乏有效的对接，学生在利用图书馆资源的时候需要重新查询搜索，使用起来很不方便，不利于提高学生使用图书馆资源的积极性。

Web3.0 能够促进有用信息内容的自由整合和有效聚合，他采用糅合技术对用户需求的信息资源进行整合，使得信息的特征更加明显，便于检索，能够实现信息服务的普适性。图书馆 web3.0 具有高度的自主性，他可以根据用户的偏好设计个性化的信息服务平台，用户可以根据自己的爱好、信息需求和知识体系等组合单元来进行智能化、自动化的处理，聚合个性化的信息需求，这样用户就不需要花费太多的时间去筛选辨别，避免了信息量大造成的搜索疲劳。Web3.0 能够实现多终端的全面兼容，用户可以享受互联网的便捷，同时促进嵌入式设备在 web3.0 技术下发挥更大的作用。虽然 web3.0 技术能给我们的学习与生活带来便利，但是我国的高校图书馆目前还停留在 web2.0 的基础上，web3.0 的很多应用还没有在图书馆得以真正实施，有待进一步推广。

（二）课程制作标准不一，社会认可度不高

我国大学生虽然从小就开始学习英语或其他语言，但他们还是习惯于传统的中文资料和中文课程，国外 MOOC 平台中的课程大部分是英文，其课程制作主要致力于课程精品内容的推广，对于语言和文化障碍的关注力度不够，这就

增加了学生的学习难度。有时候图书馆引进、推荐给学生的与课程相关的配套教参教材等资源没有及时被翻译过来,也没有中文字幕,学生使用起来较为吃力,久而久之就丧失了学习兴趣。而图书馆根据教师教学需要制作的 MOOC 课程由于技术水平或者标准问题的影响,其制作水平未能和国际接轨,采用中文语言和资料,没有进行中英双语转译,同时自制 MOOC 所涉及的领域基本围绕学生教学教参领域,视野不够开阔,课程内容主要靠本馆现有资源来支撑,内容不够前沿,观点也不够新颖。MOOC 的教学模式与传统的教学存在一定程度的差异,有些学生虽然获得了 MOOC 课程证书,但是因为这个课程在我国兴起的时间并不长,很多单位、企业对他并不是特别了解,鉴于 MOOC 高退学率和 MOOC 课程的教学效果没有一个具体的评价机制,他们更愿意选择相信传统教学的教学质量和效果,从而导致课程的社会认可度不高。

三、个性化和创新性服务不足

(一)服务模式较为传统,服务观念有待转变

传统的教学模式是教师事先准备课程资料,在课堂上向学生讲授已经成型的知识,教师利用图书馆查找教学资源和学生利用图书馆巩固学习是完全脱节的两个过程。而那些跨学科、跨专业的课程往往都局限在本学院范围之内,很难实现课程的交融和学科的关联交叉,不利于多元化教学,也不利于学生发散思维的培养。每个教师的教学风格和思路都是不一样的,不同的逻辑思维、不同的思考视角会产生不同的教学组织方法和不同的课程体系。以核心知识为主线的课程设计中,不同学科的课程被编入统一课程体系,有时候同一学科的课程又出现在不同的体系当中,这样学科资源交叉,很多时候会成学生思维凌乱、思路不清晰。图书馆拥有大量的信息资源,他能满足教师不同角度的教学所需的参考资料,也能为教师的教学提供建设性的建议,然而很多时候,图书馆因为服务模式服务观念没有转变,未能主动嵌入课程教学,也没能积极参与教学指导,从而导致一些课程僵化死板,没有新意。

(二)服务内容单一,服务方式僵化

高校图书馆主要通过提供文献借阅、文献传递、信息推送、学科导航、参考咨询、技能培训等这些服务来满足读者的信息需求,主要依托馆藏资源和馆员来与读者进行对接,多数情况下都是读者到图书馆来获取图书馆的服务。图书馆虽然在平时也会开展一些读书月、新书推荐等活动,但是参与的学生比例

不高，效果也不是很明显。开展的用户满意度调查很多时候也是流于表面，对于读者提出的意见建议很长时间才能做出响应，用户服务体验的效果也不尽如人意。

（三）图书馆自身定位不清晰，不能客观看待 MOOC 服务

高校图书馆不断发展和前进的目标是为读者提供更全面更人性化的服务。然而部分高校图书馆在面对 MOOC 浪潮时，在冷眼旁观之后又盲目跟风，找不到自己的定位，一味地参与 MOOC 课程制作，向教师团体宣传，力图提高大学课程 MOOC 化比例，而忘了寻找最适合自己发展的道路，比如说，有条件的图书馆可以建立 MOOC 课程，条件不充足的图书馆不一定要盲目跟风，也可以通过和其他图书馆合作来推进 MOOC 以提高自身的服务水平。此外，大学图书馆在基础服务方面也是很有可为的，从最基本的如何注册、使用 MOOC，到如何选择适合自己的课程，如何对学生学习的效果进行科学评价等。然而很多时候，高校图书馆盲目应对社会对他们提出的新要求，却未能从自身出发，做到客观应对。

四、人才队伍建设不健全

（一）馆员素质不齐，服务能力有限

高校图书馆属于教学辅助机构，由于历史和现实的原因，部分高校图书馆在人才队伍建设时往往面临一定的困难，有时候成为教师家属的安置区，他们的素质参差不齐，对图书馆工作的特点和地位存在一定的误解，对图书馆工作的专业性缺乏认同感，因此往往会在工作中斤斤计较，得过且过，不利于图书馆专业技能的提升和各项信息服务的开展。他们往往不是图书情报类的专业人士，服务能力有限，也不能从专业的角度来看待、分析和解决问题，工作积极性和主动性不强，缺乏奉献意识、团队合作意识。

（二）观念落后，培训力度不足

对图书馆事业的认同决定着馆员在工作中的态度，馆员只有在真正了解自己所从事的事业之后，才能了解这项工作的实际价值。由于处在一个相对安逸的环境中，馆员缺乏竞争力，养尊处优，从而丧失了工作的主动性和创造性，缺乏主人翁意识，思想观念落后。另一方面，图书馆开展的培训力度不足，针对图书馆业务方面的培训远远赶不上用户对图书馆的需求，有时候开展的培训没有达到预计的效果，也没有进行后续的效果追踪，信息传递相对滞后。

（三）专业性人才缺乏，宣传不到位

由于市场经济的冲击、择业观念和价值取向的变化，图书情报专业对口的毕业生择业领域大大拓宽，他们往往是先尝试其他岗位，把图书馆作为最后的选择、而外语、计算机等专业的学生也很少将目标锁定在图书馆里。另一方面，图书馆人才流动性很大，高素质专项人才的缺失是大学图书馆参与 MOOC 的重大障碍。MOOC 作为一个新事物，很多师生还缺乏了解。伴随专业人才缺乏而来的是对 MOOC 的认识不到位，他们没有认识到 MOOC 对大学图书馆信息服务的提升作用，从而导致宣传不到位。

五、软硬件支撑体系建设有待加强

（一）缺乏先进的存储分析系统

大学生思维活跃，他们在学习过程中，有时候对于某些问题的创新性见解比较独特，他们的学习笔记、课程评价等能够直接反映他们对课程的掌握程度。其中有很多精彩的片段值得我们搜集整理出来做成文档存储起来方便以后再工作过程调用，但是图书馆缺少开发专门针对 MOOC 课程的分析和存储系统，不能及时把他们在学习中发现的问题反馈给老师，这样就造成了学生和老师之间的信息脱节、交流不畅，导致解决问题的周期延长，不利于教学方法的调整。

（二）隐私权没有保障，可能导致信息泄露

伴随互联网的发展和信息技术的日新月异，人们使用在线资源的频次越来越高，这样就不可避免地产生大量的隐私信息。学生在线学习的过程中同样也会留下大量的个人信息，如个人基本信息、参与课程数、课程进展、考试成绩等等，这些信息如果被非法窃取，将会给学生的日常学习和生活带来严重危害。学生在课程作业中提交的富有创意性的解答也有可能会因系统平台的安全系数不高而被窃取。此外，学生在学习时，有可能因为非法使用学习资源从而造成侵权。

六、监管评价机制不健全

（一）缺乏完善的效果评价机制

高校图书馆开展信息服务评价传统的方式主要是从到馆率、在馆时间、图书馆活动参与度、借阅量、借阅频率，资源下载量、读者满意度等方面来进行效果评价，在 MOOC 环境下，高校图书馆信息服务内容更加多样，包括提供

MOOC 课程，开展线下师生互动，举办 MOOC 学习交流等。虽然各大 MOOC 平台在积极的探索效果评价机制，但是尚未出现一个统一的完善的效果评价标准和检测机制。学生选择一门课程之后，必须等考试通过并拿到结课证书才算学习完整个课程，MOOC 对学生上课的要求是自主性的，学生中途辍学的概率很高。对于课后讨论，也没有具体量化的指标来评判其效果。

（二）缺乏有效的激励机制

MOOC 课程强调自主学习，他对学生的自控能力要求很高，虽然 MOOC 课程的参与人数很多，但是真正能够修完全部课程并且拿到课程学分的学生人数并不多。哈佛大学对 edX 平台推出的 17 门课程进行为期一年的数据跟踪调查，并发布了研究报告，报告显示，完成所有课程学习且获得证书的人仅占总人数的 7.2%。对于全部修完课程的学生来说，获得证书即是对他们系统学习课程的认可，有助于他们在求职中获得更多的机会。然而对于一些没有修完课程的同学应该如何做出对策，以及选择什么样的激励敦促机制促使学生进行学习，这是高校图书馆应该积极思考的问题。

第五节　MOOC 环境下高校图书馆优化信息服务的策略

随着网络技术和智能终端的发展，电子资源和在线资源正超越纸质资源，成为阅读的主流，特别是在青少年群体中。在 MOOC 环境下，高校图书馆也应该不断提升自己，优化服务，更好地发挥自己的优势，以信息服务为高校图书馆持续发展的生命线，重视并挖掘以往相对忽视和不够完善的服务职能，努力深化、细化高校图书馆的信息服务。

一、优化教学教参资源

（一）整合优质资源，提升资源质量

有调查显示，在校大学生在 MOOC 学员中占有一半的比例，他们对教材教参资源、学习场地、信息检索课程等方面的需求较高，这将推动高校图书馆参与教学教参资源的整合优化，为大学生提供更好更多的信息资源。作为专业的信息服务机构，图书馆拥有采访、搜索的丰富经验，能够快速便捷地从海量信

息中筛选出优质的教学教参资源，对这些优质资源加以整合优化，或保存在图书馆存储设备里方便学生查找，或制作图书馆本土 MOOC 利用推广机制向学生宣传，这样既方便读者对资源的利用，又能对资源实现加工整合。新英格兰大学图书馆使用 Lib Guides 资源协助 MOOC 参与者获取免费的在线资源，为读者提供了极大的便利。目前，我国高等教育文献保障系统 Calis 已经启动 MOOC 资源库建设项目。

（二）清除版权壁垒，实现内容许可

在开放的环境中，教学对版权资源的合理使用受到了更为严格的限制，高校图书馆长期致力于信息资源建设，对我国相关版权的法律较为熟悉，在工作过程中积累了很多处理版权问题的宝贵经验，并且有的图书馆有意识地培养有关知识产权方面的专业人才。这些优势使得高校图书馆能够充分利用自己的优势帮助教师选择合法的课内外信息资源，规避版权风险。首先，高校图书馆应积极推进版权知识培训，培养专业性人才，提高馆员的版权服务能力以及加强师生的版权保护意识。其次，图书馆应该加强相关版权资源合理使用的咨询服务和引导服务，帮助师生挑选出不涉及版权问题的信息资源，对教师选择的课程资料提供版权审查服务，规避版权风险，对那些未经许可的资源建议教师利用其他开放性资源来替代，如超链接、嵌入著作权来源等，同时帮助教师搜集、整理网络开放资源以便制作 MOOC 课程。再次，对于教师确需使用的版权资源，图书馆可以针对这些资源与权利人沟通协商。《中华人民共和国著作权法》规定能够合理使用文献资源的情形有：为学校课堂教学或者科学研究，翻译、改编、汇编、播放或者少量复制已经发表的作品，供教学或者科研人员使用，但不得出版发行。最后，妥善处理版权危机问题，一旦出现版权纠纷，图书馆应积极应对，尽量减少不必要的损失和负面影响。

（三）制作 MOOC 指南，提高学生利用效率

鉴于高校图书馆在文献检索、数据库开发、知识产权和情报分析数据管理等方面的优势，可以成立专门小组推出自己的 MOOC 课程，发挥自身所长服务学校与社会。这不仅有利于提高图书馆的社会知名度，更好地揭示盘活馆藏资源，提高资源利用率，还有助于提高图书馆特色服务的曝光度。

此外，我国高校图书馆里，非图情专业出身的人员较多，他们分布在图书馆的各个岗位上，最能直接了解学生的需求，MOOC 便捷的学习方式和灵活的教学模式为非图情专业出身的工作人员学习图情专业知识提供了一条快捷有效的途径，有助于图书馆人才队伍建设，让他们与图书馆专业人士一起参与制作 MOOC 课程，获得最直接的用户体验，在他们参与课程开发和建设过程中，能够提出更加中肯的建议，制作出来的 MOOC 课程也更符合学生的实际情况，从而降低获取资源的时间，提高学生的学习效率和馆藏资源的利用率。

二、建立统一的构建机制与标准

（一）开发嵌入系统，推广新技术理念

MOOC 的发展冲击了高校图书馆在高校体系中的地位，在 MOOC 课程中，教师、学生和课程资源直接对接，图书馆如不主动在课程体系中发出自己的声音，就会在时代中迷失自己，找不到准确的定位。所以，图书馆应该有危机意识，主动跟踪教学课程，寻找机会，提供信息嵌入服务。图书馆应主动与学校教学部门合作，共同开发能够嵌入图书馆超级链接的教学系统，争取更多的机会增加自己的曝光率，比如在课程讨论区发出自己的声音或者提供馆内资源的链接，或者指导学生信息获取的方式和方法等。为了迎接 MOOC 平台带来的挑战，斯坦福大学图书馆启动了新的项目，旨在升级 CourseWork 管理系统。

在技术周期不断缩短的今天，高校图书馆若要紧跟时代的步伐，满足用户不断增长的个性化需求，就需要不断的应用新技术，推广新技术理念。伴随着流媒体、数字图书馆、云计算、RFID、移动图书馆、web3.0 的应用，高校图书馆在不断提升自身的资源建设和服务能力。Web3.0 时代的到来，促使图书馆不断升级原有设备，引进新的技术理念，同时推广到教师和馆员群体，强调用户的体验和参与，注重个性化服务。

（二）建立制作标准、提高社会认可度

国外高校图书馆成功参与 MOOC、应用 MOOC 为师生服务的案例很多，有些经验值得我们参考借鉴和选择性学习。由于语言环境、技术水平、教育体制、网络环境的不同，我们不能直接把国外先进模式照搬过来，必须根据自己的实际情况来加强大学图书馆参与 MOOC 的理论研究，建立 MOOC 课程的标准。需要把 MOOC 的运行规律、特点结合我国大学的独特环境、用户的信息需求、高校图书馆参与 MOOC 服务的流程和措施以及其他机构参与的可能性进行深入研究，推出一个全国统一的标准，避免出现各个大学或者各个地区各自为政的现象。制定统一规范普适性强的标准有助于构建统一的指标体系，实现社会资源的流动，降低信息孤岛存在的可能性，促进信息资源的共建共享。中国地方高

校 UOOC 联盟在建立之初，就首先确定了课程的平台规范化建设、课程制作标准，这样有利于实现资源的跨区域流动，增强社会流动性。高校图书馆可以开展各类型的学术讲座，宣传 MOOC 课程的课程效果。通过对 MOOC 课程学习者的未来发展进行一个跟踪报道，提高 MOOC 课程的社会认可度。比如印度 17 岁男孩阿莫尔·巴韦在 Edx 平台上选修电路与电子学这门课程，以考试成绩排名在 3% 而幸运地被 MIT 录取。美国教育委员会已经认证并认可了 Coursera 平台下的 5 门课程的学分，这一举措无意加大了 MOOC 课程的含金量。我国的高校图书馆也可以借鉴国外的这个模式和方法，通过对 MOOC 用户的学习效果和学习质量进行检测，形成标准报告向社会发布；也可以积极参与和高校、企业单位的洽谈，争取他们关注与认可 MOOC 课程，只有获得社会的认可和检验，MOOC 课程才能在高校和学生心目中扎根。UOOC 平台允许其学员通过地址办法对学生信息进行个人认证，即要求用户通过大学主页链接的方式来确认学生的身份信息，课程考核采用线上考试线下考核相结合的办法来确保教学质量。只有保证教育的高质量，才能广泛获取社会的认可度，提高 MOOC 在社会中的地位。

三、立足自身，开展个性化服务

（一）提供课程指导，参与教学互动

高校图书馆应不断创新服务模式，突破传统思维，积极参与课程教学指导，在课程组织方式上充分利用自身的空间优势为教学提供便利，把教师的"教"和学生的"学"重新进行时间安排，为教学提供讨论和查询资料的场地；在课程内容上充分利用自身的资源优势对学科领域专家上传的教学资料进行筛选或按照特定逻辑关系进行资源重组并反馈给教师和学生。高校图书馆还可以与教师合作，每学期开展几次别开生面的大课堂，让学生在图书馆对某个观点进行资料搜集和整合，然后和老师同学一起参与讨论教学，这样不仅能提升学生的学习兴趣，还能更好地培养学生实际动手操作能力和学习自律性。

大学生的主要任务是学习，他们的学习时间比较规律，学习地点比较集中，且求知欲较强，把他们集中起来更容易形成学习团体，从而方便为他们提供学习建议，高校图书馆还可以为学生搜集与本专业相关的参考书目供学生学习，不断提高学生的专业素养。

（二）开展资源导航服务进行信息素养培训

《普通高等学校图书馆规程》对高校图书馆文献信息资源建设提出了相关

要求，即积极参与学校的文献保障体系建设，努力促进和推动教育资源的共建共享，促进图书馆事业的整体协调和优化发展。

图书馆作为文献信息中心，应该也有条件为广大师生提供资源导航服务。不仅要对馆藏纸质资源和网络资源进行调配，也要对学校内部各个院系之间的资源流通和信息传递进行指导。图书馆在充分调动、盘活本馆文献资源的同时，也要不断关注互联网上的可公开获取的信息资源，通过对他们进行版权清理以及资源整合，引入优质资源，扩大资源利用量。这些新颖的公共获取资源还可以利用到 MOOC 课程建设中来，给课程内容注入新鲜血液，实现课程发展的与时俱进。同时开展资源导航服务为教师学生获取资源搭建"便捷车道"，开展推送服务把这些优质资源推送给师生，着眼于更大范围，实现图书馆的价值与使命。MOOC 教学过程要求更高的参与度，由于其以网络平台为基础，学习氛围达不到传统课堂的效果，加之课程本身不像传统课程那样有考核和学分的压力，所以 MOOC 学习更加强调学生的自主性，他对学生的综合素养、个人修为提出了更高的要求。如何在浩如烟海的信息中以最快的方式查询最适合自己的资料可能就成为学生很现实的难题。

MOOC 的大规模、对象面的扩大、平台的网络化与以往的服务背景不同，这种新环境为图书馆扩大信息素养教育的影响力和受惠面提供了前所未见的机遇，信息素养教育成为图书馆在 MOOC 课程中的重要服务内容。《2050 年高校图书馆尸检报告》提出：传统图书馆馆藏已经过时，信息素养教育成为普通教育、大众教育的一部分。有能力的高校图书馆可以直接建设信息检索 MOOC 课程，也可以和其他 MOOC 课程合作，在视频、课后作业等环节嵌入信息检索模块，尽可能多地创造条件促使学生学习，还可以借鉴其他图书馆已有的信息教育板块，把信息教育和具体的问题结合起来实现理论与实践相结合，在解决学生问题的同时深化信息教育的意义，将终身学习理念深深扎根在学生心中，从而实现信息教育的泛在化。美国赫尔基摩社区学院图书馆馆长开设了职业成功的线上课程，旨在帮助学生线上身份识别和加强数字素养，从而在工作中规避一些职业风险。

四、完善人才结构

（一）加强思想教育，开展馆员继续教育

随着终身教育理念的深入发展，图书馆应该加强对工作人员的思想教育，

不断提升他们的综合素质和信息素养。图书馆学五定律提出节省读者的时间，遵循这一定律，就要为读者提供更好更优的服务，那么就要从思想上对馆员加强教育，强化他们一切为了读者的服务理念，树立他们的主人翁意识，这样才能促使他们从细小处着眼，不断改进服务。同时采取激励措施，通过鼓励那些表现突出的工作人员，带动整个图书馆的氛围，团结一致共同为读者提供优质的服务。

对馆员进行培训，不断提高他们的业务素质。没有参与 MOOC 课程的馆员不能对 MOOC 的本质进行很好的诠释，图书馆应该积极开展培训，促进、鼓励馆员特别是学科馆员选择几门自己研究领域的课程，感受 MOOC 给我们带来的全新体验，这样在推广 MOOC 的时候能够将自己的切身体会告诉学生，开展业务工作时也更能够游刃有余。

（二）加大宣传力度，推广教育新理念

MOOC 虽然有助于促进教育公平，但是了解和学习的用户在整个大学生中的比例仍然有待提升，高校图书馆有条件充分利用自身的平台优势来宣传MOOC，推广教育新理念。图书馆可以在自己的网站首页上提供相关 MOOC 资讯和有关网站的链接；可以把 MOOC 的发展历程及其优势以及图书馆提供的MOOC 服务做成主题模块形式利用微信、微博等社交软件定期推送给学生；可以举办学术讲座、经验交流会向全体师生介绍 MOOC；也可以邀请部分学生学习 MOOC 课程，把他们的学习过程、学习成果以及心得体会采用举办 MOOC 展览会、MOOC 经验分享会的形式向全校师生展示，以带动更多的学生投入 MOOC课程的学习中来，这样不仅能够扩大 MOOC 的影响力，而且有利于形成良好的学习氛围。吉林大学图书馆便是把 MOOC 嵌入到资源链接，极大地方便学生学习。

五、加强软硬件支撑体系优化升级，提供学习空间

（一）开发数据分析系统，及时反馈信息

高等教育的发展是一项系统工程，这项工程能否正常运转，主要取决于系统内部之间能否保持信息畅通和及时的信息交换。教师的教学就是在不断对学生的学习进行跟踪反馈的基础上不断完善优化。高校图书馆可以通过系统来实现学生数据的搜集和全校信息资源的整合，为 MOOC 课程不断改进提供客观的数据支撑，也为高校图书馆参与整合课程资源奠定基础。在 MOOC 环境中，学生学习 MOOC 课程会产生大量的有效数据和有用信息，如学生的学习偏好、学

习过程、学习行为、参与课程讨论度等等。高校图书馆可以开发相应的数据分析和存储系统，利用大数据处理技术通过对学生的学习情况进行记录和分析，从而制定出针对某一层次、某一领域的学习方法进程，总结出特定专业背景下学生的学习规律。同时教师和图书馆工作人员也能根据这些数据反映的现象总结学生学习的规律。工作人员可以将学生的学习情况反馈给教师，如通过视频快进快退的频率、数量和位置来判断哪些地方是疑难点；通过课后习题的正确率、讨论区抛出的问题来确定学生在学习中存在的问题以及学习效率；通过学生学习的直接反馈和教师的互动以及学生中途退学的情况来判定教学过程中不受学生喜爱的内容。把这些重要信息集合起来反馈给教师，帮助他们优化教学内容，完善课程内容的表达形式，反复标引课程的难点和重点，从而实现课程资源的优化，进而提升课程的教学质量。

（二）营造良好的学习氛围，提供学习空间

MOOC 创造的线上线下翻转课堂应该得到积极的响应，在线学习不能完全代替面对面的课堂教学，学生对线下讨论巩固的相关需求也很高。因此，在应对 MOOC 之余，高校图书馆应该不断地发挥场所优势为学生提供信息服务。

鉴于学生学习的稳定性和聚集性特征，图书馆不仅可以把学生组织起来，对学习相同课程的学生进行分组，成立一个个线下学习小组，根据在学习中发现的问题定点定时地进行讨论、复习以及参与测评；同时图书馆工作人员也应不断关注最新的资源动态，及时把最新的信息推送给学生，营造一个以信息服务为载体的"泛在化"学习环境氛围；在"作为场所的图书馆"理念影响下，图书馆的建设环境越来越友好，共享设施越来越先进，图书馆还应该为 MOOC 学生提供学习空间，划出专门的区域来方便学生交流心得体会，如利用电子阅览室、多媒体教室等，设立 MOOC 教室为学生集中学习 MOOC 课程提供方便，同时随堂配备 MOOC 助教、学科馆员来指导学生学习，发散他们的思维。这样既可以提高高校图书馆的空间利用率，还能成为大学校园文化的展示窗口，提升大学在城市之中的独特魅力。

六、引进完善的效果评价机制，建立多重考核

高校图书馆可以利用自身信息优势，通过对国外的 MOOC 评价方法进行研究，结合我国高校图书馆的具体情况，引进并建立合理的评价机制。如通过对课程参与度、讨论区活跃度、课后作业的完成度、与教师的互动程度、课程考

试情况等进行统计，运用相关分析软件来对这些信息进行统计分析，制定出具体的指标来评价学生的学习效果。也可以通过考试来检测学生的学习效果，如通过线上教学、线下考试或者线上线下双重考核来评判。

七、建立激励机制，严格落实奖惩制度

高校图书馆应该建立相应的激励机制，引导鼓励学生根据自己的需求爱好选择 MOOC 课程，同时努力完成学习，获取证书。对于获得学分的学生可以给他们提供适当的奖励，如提供一定数量的免费复印或减免超期图书罚款等，或者允许他们获得的学分与教学课程的选修学分相抵，来激发他们学习的积极性。对于未完成课程的学生也可以采取相应的措施鼓励他们学习，如规定学生必须把完成课程数与参与课程数之比控制在一个比例之内，超出这个比例就要相应地做出惩罚，通过不断的鼓励学习，及时将结果反馈给授课教师，不断改善修正教学策略，保持学生学习积极性的持续提升。

第六章 高校智慧图书馆服务

第一节 高校智慧图书馆概述

一、智慧图书馆的概念

物联网技术为智慧图书馆的出现奠定了基础。2003 年，芬兰奥卢大学图书馆首次提出了"智慧图书馆"（Smart Library）概念，认为智慧图书馆服务是一种位置感知移动图书馆服务，用户使用移动设备不仅可以获得图书馆的在线资源，还可以对其进行定位，帮助用户查找书籍和其他资料，从而实现从用户位置到书籍的动态导航，自此开始把互联网融入图书馆建设中，电子图书、自助服务等成了图书馆服务的亮点。2005 年 11 月，在突尼斯举办的信息社会世界峰会上，发布了《ITU 互联网报告 2005：物联网》，该报告正式提出了"物联网"概念，互联网把世界各地的企业、人群等连接起来，人们通过互联网可以交换各种物品，例如跨境电商、线上教学和智慧图书馆等。

随着"互联网 +"时代的到来，国内学者开始关注智慧图书馆发展，进一步探讨智慧图书馆的内涵。当前，图书馆界对智慧图书馆的概念主要包括智能说、模式说、要素说、人文说和感知说等。李显志认为智慧图书馆是一个有机整体，是包括馆员、读者、服务、空间、数字资源和纸质图书等于一体的智能化系统，需要每一个参与者都互相配合。李凯旋认为智慧图书馆是由智能化设备、大数据、图书馆员、云计算、数字资源和智能建筑等组成，每一个部分都缺一不可，高校在建设智慧图书馆过程中要重视信息化建设，一方面要采购智能化设备，另一方面则要运用大数据、云计算等技术来分类、整理数字资源和纸质书籍。陈进等认为智慧图书馆包括了五大维度，分别是用户、服务、技术、馆员和信息资源，图书馆要把互联网技术融入每一个工作环节。严栋认为智慧化服务是智慧图书馆建设的第一步，馆员要掌握大数据和云计算技术，运用互联网技术实现读者和图书资源之间的转化，运用物联网技术和其他图书馆建立合作关系，促进优质信息资源的共享。智慧图书馆无论是外界建筑，还是内在资源都离不开智慧服务，图书馆利用智能化设备为读者提供智慧服务，利用创客空间为读者提供实践机会。王世伟认为智慧图书馆是一个广泛相连的大系统，各地图书馆网络相连、公立图书馆和高校图书馆资源库相连、读者和图书馆网络相连。严栋认为全方位开放、综合性学术资源、智能化设施和移动信息服务是智慧图书馆的特征，读者可以运用互联网查询各种文献。邵波认为智慧图书馆建设核心是提升读者体验感，无论是高校图书馆还是公共图书馆都要以服务读者为目标，根据读者需求来制定图书馆发展规划。综合上述观点，智慧图书馆应包括以下几大要素：大数据、云计算和 REFID 等技术。

综上所述，智慧图书馆是指把智能技术运用到图书馆建设中而形成的一种智能化建筑，是智能建筑与高度自动化管理的数字图书馆的有机结合和创新。其核心在于以人为本，以用户需求为中心，为他们提供海量、优质、个性化的信息资源共享服务，运用互联网技术把读者和图书馆紧密结合起来，让读者随时随地查询数字资源，摆脱时间和空间的限制。

二、高校智慧图书馆的特征

智慧图书馆的出现打破了传统图书馆的藩篱，图书馆不再局限于实体和数字图书馆，还包括了无形的数字资源，打破了人们对图书馆的传统认知。此外，智慧图书馆还打破了图书馆和读者之间的壁垒，读者可以通过互联网随时随地访问图书馆资源，下载文献。对于读者来说，智慧图书馆提供的资源更加丰富，电子图书、期刊和论文等，比其他网络资源更有权威，更容易获得读者青睐。其主要特征如下。

（一）智慧建筑

为了满足大数据、智能化设备的使用需求，高校需要建设智慧型图书馆，以实现图书馆智慧化管理。图书馆可以利用互联网对馆内设施进行监控和管理，监测各项设备运行情况，例如智能化控制馆内灯光、空调和消防设备，在馆内各个位置安装传感器装置，利用物联网技术打造图书馆建筑智能系统，对整个图书馆实施智慧筑管理，以此实现建筑主体之间的连通。

（二）智慧感知

为了提升用户在图书馆的体验，图书馆要完善相应的智慧工程，利用物联网技术深层感知、挖掘用户需求，利用传感器抓取和捕捉用户需求，安装红外线感应器、射频智能机和二维码识别装置等，保障图书馆智慧服务质量。此外，图书馆还要打破区域和时间的限制，把图书馆资源和用户终端设备相连，实现智慧图书馆的职能服务。

（三）智慧管理

智慧管理是智慧图书馆的一大特色，利用大数据、监控等约束图书馆馆员工作行为，把每一个工作细节量化，根据大数据汇总的用户需求制定馆员工作计划，把工作计划通过工作群或系统传送给馆员。图书馆可以利用大数据、微信公众号等搜集虚拟和实物信息，调整纸质图书、电子文献等采购计划，对图书馆各项智能化设施进行维护，保护读者和馆员的个人信息，对图书馆各项设施进行智慧管理。

（四）智慧服务

智慧服务体现在服务内容和服务方式上，能把人性化服务渗透在每一个环节，让每一位进入图书馆的读者都可以有宾至如归的感觉，为读者提供更加专业、个性化的阅读服务。图书馆可以根据读者群体特点来制定智慧服务计划，把大数据、红外线扫描等智能设施运用在图书馆服务中，一方面要优化查询系统，满足不同读者查询、下载需求，另一方面则要建立单独的事务处理系统，接纳读者建议和投诉，对图书馆事务进行决策和梳理，把图书馆现实和虚拟服务结合起来。

（五）智慧沟通

智慧图书馆可以实现与用户良好的交互，例如共享图书馆文献，满足不同读者在线阅读和下载需求，摆脱时间和地点的限制，方便读者随时查阅信息，还可以利用移动设备、传感器等打造物联网智慧沟通系统，减轻工作人员负担。

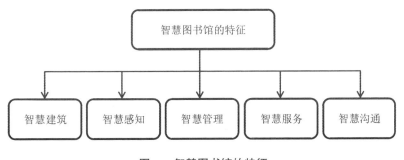

图一 智慧图书馆的特征

三、高校智慧图书馆服务的特点

高校智慧图书馆除了建筑和各种文献，还包括各种智能化设备设施以及社交网站、移动信息服务平台、阅读氛围和创客空间等。智慧图书馆的根本目的在于为用户提供更加智能化的服务，以满足用户的个性化需求。

智慧图书馆是"互联网+"时代的产物，人工智能、大数据、云计算、物联网和 VR 技术等是高校图智慧图书馆的技术基础，这些技术可以帮助读者打破空间、时间和学校之间的壁垒，在虚拟现实和空间阅读场景中进行沉浸式阅读，在视听说一体化氛围中体会阅读新乐趣。高校智慧图书馆包括了智慧网络、智慧资源、智慧用户、智慧馆员、智慧治理、智慧服务等多个维度，目的在于满足不同读者需求，打造特色馆藏体系。

智慧图书馆以服务用户为工作核心，利用"互联网+"、移动计算、云计算等技术处理用户各项数据，利用移动客户端、无线网络把信息推送到学校每一个角落，让用户能够实时掌握图书馆信息，把图书馆服务覆盖全校。例如，学生在教室就可以登录电子图书馆，在线阅读、下载资源，这也体现了高校智慧图书馆跨时间、空间和便捷化的特点。图书馆可以优化 OPAC 图书检索系统，利用系统窗口搜集读者输入、查询的信息，利用大数据对这些信息进行分析和过滤，更精准地为用户推送贴合搜索词的文献，减少搜索时间。用户也可以通过 VPN 服务平台使用图书馆资源，在手机、电脑上都可以进行操作，不再受图书馆开放时间和物理空间的限制。

网络门户系统是高校智慧图书馆的核心技术，我国很多高校图书馆不仅有网站门户，还开设了微信公众号、微博等门户，门户系统越来越社交化，受到了许多用户的喜爱。这些新门户用户数量大、开放性强、共享性更强，是未来高校智慧图书馆发展的趋势，因此，许多高校图书馆都在加快推进微信 APP 服务，把其打造为智慧图书馆移动客户端新门户。此外，有些高校还研发了图书馆 APP，用户在自己的移动设备上下载学校图书馆 APP 客户端，登录自己借阅证账号和密码，就可以随时随地浏览各类文献资源。

四、智慧图书馆的功能定位

在高校图书馆传统借阅方式中，用户需要前往图书馆借书，阅读完后还要如期归还，否则需要承担超期罚金，这种借阅方式效率较低，影响了用户阅读积极性。例如，多数高校图书馆只允许在其 IP 地址范围内才能登录图书馆系统，只有本校师生才可以查阅文献资料或借阅图书，在其 IP 地址范围以外的区域无法登录图书馆，自然也就无法享受相应服务。高校图书馆资源具有一定的局限性，一旦没有用户需要的文献资源，用户只能自行通过其他渠道查找，即使是馆内已有资源，用户借阅也有一定限制，例如纸质图书数量有限、特色馆藏资源不对学生开放、开放时间限制等，都会影响用户阅读和服务体验。智慧图书馆能够有效解决这些问题，图书馆可以打造全新的电子服务门户，摆脱时间、空间等因素制约，用户可以自助借阅纸质图书、下载电子文献等，可以利用自己的手机或笔记本等移动设备来登录学校图书馆资源库，可以随时随地在线阅读和下载资源，真正实现图书馆 24 小时实时服务。

智慧图书馆可以利用大数据挖掘门户隐藏数据，通过科学的分析，剖析出用户需求，以便制定新一轮文献采购计划，制定人性化服务方案。目前，我国高校智慧图书馆还处在起步阶段，很多技术尚不太成熟，需要高校尽快突破技术难点，为师生提供科学、专业化智慧服务。高校智慧图书馆可以研发推荐系统，根据用户近期搜索词汇来推荐相关文献，满足不同用户需求，体现人性化、智能化服务的优势，智慧推荐可以更加精准分析出用户需求，引导用户主动查询、阅读，按照用户借阅记录、搜索记录等来构建模型，为每一个用户进行智能推荐，帮助用户快速查找出相关文献，激发用户阅读积极性，让每一个用户都感受到智慧图书馆带来的便捷和人性化服务。

五、智慧图书馆服务建设的目标和意义

（一）智慧图书馆服务建设的目标

随着"互联网 +"时代的到来，智慧生活逐渐被人们熟知，智能家居、扫地机器人和 AI 智能等逐渐渗透到我们的生活、学习和工作中，在这种理念影响下，智慧图书馆建设逐渐得到高校重视，逐步尝试向社会开放资源，以此来推动国民素质提升。目前，国内关于智慧图书馆的研究集中在技术层面，重点研究云计算、大数据、人工智能和 RFID 技术等，针对智慧服务的研究较少。近年来国内部分学者加强了对智慧图书馆服务模式的研究，对智慧图书馆建设核心、服务模式的研究逐渐明朗化，逐渐把"以人为本"理念融入智慧图书馆研究中，部分高校图书馆已经开始尝试利用微信、微博等移动终端来开展智慧服务。

（二）智慧图书馆服务建设的意义

党的十九大报告提出建设"智慧社会"和"智慧校园"，智慧图书馆作为智慧校园的重要组成部分，也是社会文化服务体系的重要内容，理应得到高校和政府的重视，加大图书馆资金投入，购买智能化设备，研发智慧图书馆系统，加快传统图书馆转型步伐，提升图书馆自身信息和服务水平。

智慧图书馆可以提升自身服务质量，满足用户多元需求，服务学科建设，充分展现高校图书馆育人价值。高校智慧图书馆馆藏资源要远远高于传统图书馆，通过实施集成化管理方式，适应时代需求，以满足用户个性化、多样化的阅读需求。图书馆还可以利用大数据、云计算等技术整合图书、期刊和视频等资源，更好地服务学校科研教学工作，打造特色馆藏资源，为提升高校教育教学水平奠定基础。

智慧图书馆服务建设可以构建立体互联式的新型图书馆，可以为学校大数据工作提供原始数据支撑，为用户提供个性化信息推送服务，丰富图书馆资源量，为用户提供更加便捷、优质的资源。信息技术和空间资源是智慧图书馆服务建设的基础，例如利用虚拟仿真技术为读者匹配场景信息和个性化服务，提升馆内导航服务质量。

第二节　传统高校图书馆与智慧图书馆的差异

一、差异的表现

（一）纸质资源与虚拟数字资源之间的差异

传统图书馆的馆藏资源主要以纸质书刊文献资源为主，智慧图书馆馆藏资源除了这些资源以外，还包括虚拟书刊资源，虚拟书刊资源可以在图书馆 APP 或微信客户端查看，方便用户通过手机、电脑等搜索和阅读，随时随地获取。智慧图书馆馆藏资源更加多元化，种类也越来越丰富，可以覆盖高校所有学科专业，能够满足学科建设和读者阅读需求。在智慧图书馆建设的推动下，衡量高校图书馆馆藏资源质量的标准已不再局限于纸质书刊收藏数量，还延伸到虚拟书刊资源数量、类型等。

（二）纯劳动力与自助化设备之间的差异

对于传统图书馆来说，需要大量工作人员来完成引导、借阅和登记等工作，人力资源成本较高，智慧图书馆最为显著的优势在于利用计算机、互联网技术代替人工，不仅可以提升图书馆服务效率，还可以降低人力资源成本。从文献采访与编目、图书借还和参考咨询等角度能够清晰地对比出传统图书馆和智慧图书馆在人工与智能设备之间的差距。传统图书馆的文献采访工作一般利用书报圈点、人工登记的方式来了解读者需求，登记下读者感兴趣的书刊信息，再把图书信息整理为调查问卷，下发到各个院系，要求各个院校师生填写调查问卷。这种采访方式不仅工作量大，馆员在统计调查问卷时很容易出错，整个过程需要花费很长时间。智慧图书馆的文献采访工作则是利用集成系统或移动客户端来进行，图书馆可以利用互联网小程序设计调查问卷，省去中间的院系沟通环节，读者可以在图书馆相关程序中选择自己想要阅读的书籍、也可以在学校图书馆系统中直接填写采购信息，由图书馆负责集体采购。

传统文献编目工作也完全依赖手工操作，需要馆员手工抄写文献款目、编号、油印卡片和编排目录，馆员工作量比较大，而且容易出错。智慧图书馆则是利用智能化编目系统来对图书进行编目，馆员在计算机系统录入相关信息，或者是利用条形码扫描录入图书相关信息，大大提升了文献编目工作效率，提升编目工作准确性。传统图书馆的图书借还主要是由馆员完成接待、续借和超期罚款等工作，烦琐且效率低下。智慧图书馆则是利用自助系统来完成借还工作，读者可以通过自动扫描系统借还图书，一旦借书超期，系统会自动提醒，并告知读者需要缴纳的费用，读者可以在自助仪器上进行缴费，整个环节实现了无人化服务，节省了读者等待时间，有利于及时更新图书信息，促进图书资源的有效循环，还可以提升读者满意度，目前，部分图书馆在图书上架、库存盘点等方面也实现了智能服务。传统图书馆参考咨询服务工作由馆员接待读者咨询，馆员处在一个被动服务状态，只有读者向馆员进行询问的时候，馆员才能了解读者需求，并且咨询服务一般局限在介绍馆内设施、图书摆放位置等，帮助读者找到想要查阅、借阅的图书馆。智慧图书馆条件下，可以利用计算机和互联网进行参考咨询服务，馆员可以利用系统搜集读者的查询和借书信息，主动为读者提供服务，更换图书馆引导语，帮助读者快速了解图书馆功能分区，图书摆放位置等，也可以引导读者登录图书馆系统，帮助读者快速查找纸质和电子文献，提升读者满意度。

（三）空间建设功能与审美之间的差异

传统图书馆的空间建设更注重文献收藏量和空间利用，在图书馆内配置更多图书和书架，留给读者的空间非常小，遵从专房专用的原则来设计空间。而智慧图书馆在空间设计上更加人性化，把更多空间留给读者，藏书空间位置是流动的，穿插在读者阅读区的各个空间内，专业图书则是采用集中收藏的方式，设定不同的图书区域，方便读者快速找到想要的图书。非专业图书收藏和摆放比较灵活，会设计不同功能的阅读区，智慧图书馆还会进行明确的功能分区，例如创客空间、阅读空间、休闲空间等。

（四）馆员素养之间的差异

馆员是图书馆的服务者和管理者，馆员素质高低直接影响图书馆的服务质量。传统图书馆服务内容比较单一，馆员主要负责书刊管理和流通工作，对馆员文化素养、信息素养和服务意识的要求不高。智慧图书馆对馆员综合素养要求比较高，馆员不仅要熟悉馆内信息化系统、智能化设施操作，还要对学校各专业学科建设有一定的了解，能够为读者介绍了学校优势专业相关图书、文献的信息，并对馆内空间布局、图书位置有一个清晰的认知，以便为读者提供个性化服务，更好地为读者推送相关信息。智慧图书馆馆员需要具备良好的信息意识、服务意识，熟悉各种智能化设备操作，能够快速、精准处理图书馆系统各项信息。

（五）被动与主动服务之间的差异

传统图书馆服务方式比较被动，馆员的工作重点主要放在馆藏图书的整理和维护上，工作比较烦琐，在读者服务上花费的精力有限，很难满足不同读者的个性化需求。智慧图书馆则是把读者需求作为服务重点，图书整理和维护工作主要是利用计算机和自动设施来完成，使馆员能够把时间和精力放在提升服务质量上。高校图书馆在转型过程中要辨析读者与服务之间的关系，整体上把握智慧图书馆发展方向，立足学校学科建设、师生阅读需求和育人目标等来制定智慧图书馆发展方案，加快图书馆转型步伐。

二、传统图书馆向智慧图书馆转型

（一）业务流程转变

高校图书馆在转型过程中，首先要优化服务流程，把智慧服务作为图书馆转型重点工作，把人力管理模式转化为自助服务模式，既可以减轻馆员工作压力，又可以方便读者服务需求。智慧图书馆以智能化管理为主，利用互联网搭建智能化管理平台来开展工作，提升图书馆工作效率。传统图书馆业务主要围绕图书借阅和管理展开，主要是依靠馆员手工操作来完成，智慧图书馆改变了这一业务流程，利用智能扫描设备、线上办理等智慧技术来开展图书借阅和管理工作，可以同时满足多个读者服务需求，缩短读者等待时间。

（二）信息展示方式转变

信息展示方式也是高校传统图书馆转型过程中需要克服的难题，智慧图书馆要打造多元化展示模式，全方位展示馆藏资源和功能分区等信息。高校在智慧图书馆建设过程中要以现代信息技术为基础，把人工智能、大数据、移动客户端等都纳入图书馆建设中，进一步完善图书馆信息展示设备。传统图书馆主要是通过馆员手写板报、电子滚动屏等来进行展示，需要馆员先搜集读者相关数据，再来进行信息公示，有一定的时间差。智慧图书馆则是利用信息技术来进行信息展示，例如在图书馆网站、移动客户端等进行信息推送，介绍最新的馆藏资源和各专业新书等信息。智慧图书馆馆员要积极学习信息系统操作、智能化设施操作，熟悉信息化公示流程，保障信息展示工作顺利开展。

（三）管理方式转变

高校智慧图书馆建设要注重管理方式转变，对传统管理方式、流程等进行变革，针对图书馆存在的问题制定转型方案，保障转型工作的顺利开展。传统图书馆采用人为监督的方式进行管理，一方面是馆员监督读者在馆内的借阅及学习情况，防止读者损坏偷盗图书、破坏公物等，另一方面是设立读者服务箱，接受读者监督，这也给智慧图书馆建设提供了参考借鉴。智慧图书馆可以依托互联网、云计算等新技术开展动态化监督，通过监测图书馆网站系统和移动客户端数据，了解各类图书借阅、下载、损坏情况，及时解决各类问题。此外，图书馆还可以利用信息技术对馆员进行信息化管理，例如建立馆员信息档案，分配馆员工作区域，并根据读者评价对馆员进行考评，激发馆员的工作积极性，提升工作效率。

（四）借阅方式转变

借阅方式转变是高校图书馆转型过程中需要重点解决的问题。例如读者可以在线向图书馆提出借阅申请，馆员可以汇总每天的读者申请，提前为预约读者预留书刊，并把他们的预约信息登记在管理日志上，方便其他馆员查询。信息系统比较便捷，省去了大量人工登记时间，读者凭借阅证账户就可以进行线上申请，系统可以根据借阅证件信息来自动审核，一旦图书有库存就可以接受申请，自动记录下该读者的借阅信息，系统内还会显示各类图书借阅量、剩余数量，还会提醒读者借阅到期时间，有效提升图书馆管理工作效率。

第三节 高校智慧图书馆服务建设中存在的问题

一、高校智慧图书馆服务的深度和广度有待提高

（一）智慧借阅服务尚未全面开展

智慧借阅服务的本质是数据服务，数据本身并不产生价值，图书馆在对读者借阅数据进行搜集、分析和整合的过程中产生了价值，并把价值应用在阅读服务场景中，为读者和馆员带来增值服务。虽然大多数高校图书馆开通了自助借还功能，主要利用高频或超高频 RFID 标签技术来处理读者借阅信息，由于每个高校图书馆的 RFID 标签类型不同，导致 RFID 技术运用范围比较小，服务范围有一定局限性，影响了跨馆数据共享，跨馆增值服务无法开展。

（二）智慧学科服务层次仍需提升

高校图书馆学科服务分为课程指南、引文管理、研究数据管理等模块，方便用户快速查到学科相关图书，也可以提升学科服务质量。图书馆汇聚了学校的各种资源，应该积极参与助研、助管、学科建设和校园文化建设等工作，立足高校自身发展需求，丰富馆藏资源，实现数据资源公平化和均等化。虽然很多高校图书馆开通了科技查新、学科索引和论文查重等功能，但是覆盖的专业、学科还比较少，普及率比较低，信息化、数字化服务覆盖面比较窄。

（三）个性化推荐服务开发程度较低

多数高校已经意识到建设智慧图书馆的重要性，但在图书馆智慧应用等方面还存在不足，主要体现在图书馆现有基础设施达不到智慧图书馆的要求，无法满足用户个性化服务需求。例如部分高校缺少智能化扫描设备、信息化管理系统，移动客户端发展滞后，信息推送不太及时，无法满足用户日益增长的数据需求。智慧应用开发的程度低主要表现在：

1. 图书馆对用户信息搜集、分析不太到位。高校图书馆数据系统不能对用户数据进行全面采集和分析，例如对用户基本信息搜集不全面，对读者年龄、

专业和性别等信息不重视，对办理借阅卡的用户也只是简单登记姓名和身份证号码等信息。很多图书馆还没有采集用户指纹、人脸等信息，无法进行 AI 智能识别，对用户借阅记录、服务评价搜集不到位，无法开展精准服务。

2. 对用户数据挖掘不够深入。大多数高校图书馆准入设备可以核实用户身份，但是无法对用户进入图书馆后的数据进行追踪和记录。图书馆没有安装定位设备，无法统计用户在馆内阅读时间、服务满意度等，也无法统计出用户高频借阅的图书、浏览记录和阅读喜好等，由于缺乏用户数据，图书馆无法预测用户阅读喜好和服务倾向，无法为用户精准推送信息。

3. 无法为用户提供精准服务。后期推送服务比较滞后，对用户在馆内活动数据记录不完整，无法对客户行为进行分析，影响后续服务质量。高校在建设智慧图书馆中要建立大数据系统，例如搜集女性用户喜爱的小说，为女性读者推送热门小说，针对中老年教师浏览数据，推送养生类书籍，根据读者在馆内数据来制定精准化服务方案，增加用户黏性，为新用户提供入馆引导，帮助他们快速熟悉图书馆空间、图书位置等基本信息。

二、服务资源有待丰富

（一）资源发现形式不够丰富

多数用户对高校图书馆资源表现形式并不太满意，虽然图书馆在不断采购各类图书丰富馆藏，但是图书馆在资源建设过程中，仍然存在"买多建少"、重复性采购和空间划分不合理等问题。新时期高校智慧图书馆不仅可以为师生提供丰富纸质图书，还可以提供海量电子资源，图书类型和数量都在飞速增长，随着手机和平板的普及，读者阅读纸质图书的积极性明显下降。图书馆要积极引进智慧技术手段，提供更多电子数据、电子文献等资源，迎合当下读者需求，丰富图书资源表现形式。

（二）资源的时效性和热点连接性需要加强

随着互联网技术飞速发展，人们获取信息的渠道越来越多元化，可以实时掌握各种信息，用户不再单纯依赖图书馆来获取信息，这也给智慧图书馆发展提供了新活力。高校图书馆要积极运用互联网、大数据等技术搜集读者数据，保证图书馆资源的时效性和连接性，满足读者求新、求快的阅读需求，从而吸引更多读者使用图书馆。此外，图书馆还可以利用网络搜集有价值的信息，整合各类资源，例如社会热点、时事新闻、国际新闻等，及时向读者进行推送，让他们可以随时随地了解热点资讯。

三、信息交流服务、智慧服务设施提供不到位

（一）用户间信息交流服务提供不到位

高校图书馆对用户交流重视程度不够，信息服务中忽略了用户之间的交流，在智慧图书馆转型背景下，高校图书馆要优化信息服务方式，增进用户之间的信息共享和交流。高校图书馆信息服务集中在文献和读者个人信息记录等方面，没有为用户提供交流渠道，只有部分特殊用户可以通过账号和馆员、其他用户进行交流，普通用户难以向图书馆反馈个人意见，用户之间缺乏沟通和共享渠道，一定程度上影响了图书馆的资源利用率。

（二）智慧服务设施普及程度不高

虽然很多高校图书馆配备了多媒体、打印机和扫描仪等设备，但是就智慧服务而言，这些设备远远满足不了智慧服务的要求。很多高校开始尝试在图书馆投放 3D 打印机，为读者提供立体化打印服务，有的还开展了图书馆 3D 导航、网上展厅以及全景 VR 等服务，如北京大学和清华大学图书馆。智能化设施是智慧图书馆的重要组成部分，但是在国内高校图书馆中普及率相对较低，为了加快高校智慧图书馆建设步伐，学校和教育部门应加大智慧服务设施采购和信息化建设。

四、智慧馆员队伍亟须加强

（一）咨询馆员队伍待加强

随着智慧图书馆理念逐步成熟，对图书馆参考咨询馆员综合素养要求也越来越高，馆员不仅要熟悉各种智能设备，还要具备良好的数据挖掘、分析和应用能力，只有这样才能满足读者日益增长的服务需求。目前我国高校参考咨询馆员队伍建设比较滞后，很多馆员不熟悉智能设备操作，服务意识不强，提升参考咨询馆员的综合素养已经迫在眉睫。

（二）智慧图书馆以人为本的服务意识较淡薄

传统的图书馆主要以储存纸质图书为主，馆员只需要按照图书种类、采购时间等顺序上架排列，读者根据图书编目信息在书架上查找，整个过程比较烦琐，消耗时间比较多。智慧图书馆模式下，读者可以在电脑上查询、浏览图书信息，可以根据自身需求来查找图书，属于主动获取信息资源。此外，读者还可以使

用馆内的智能机器人、VR 等技术来进行沉浸式阅读，提升个人阅读体验。

目前高校图书馆"以人为本"的服务意识淡薄主要表现在服务理念的践行不到位，与读者之间缺少良性互动。首先，图书馆忽略了读者参与度，虽然多数建立了信息化管理系统，但是读者只是查找个人感兴趣的图书资源，无法与其他读者、馆员之间进行交流，读者之间也无法分享资源，不能充分发挥互联网优势，影响了读者的阅读体验。其次，智慧图书馆缺乏专业化馆员，很多馆员还只是整理和加工图书，忽略了提升服务质量，没有主动学习智能化设备操作，无法适应智慧图书馆工作，这也是高校图书馆转型过程中需要解决的问题。

第四节　高校图书馆智慧转型中的管理问题及成因分析

一、高校图书馆智慧转型中的管理问题

（一）管理机制较僵化

智慧图书馆理念对高校图书馆管理注入了新活力，虽然很多高校积极建设智慧图书馆，但是管理机制仍不太完善，这也给智慧图书馆日常管理带来了很多不便。随着大数据、新媒体等技术的发展，传统图书馆面临着新的挑战，僵化的管理机制已经影响了图书馆的发展，例如图书馆管理信息化程度比较低，智能化服务不到位，馆员培训不及时等问题，这些管理机制影响了智慧图书馆发展。

1. 组织结构设置不合理

我国大多数高校图书馆采用的都是直线型组织架构，以图书馆基本业务为核心，各个部门职责划分比较明确，稳定性比较好。这种管理模式下，图书馆决策权由领导层掌握，例如馆长负责统筹、安排各项工作，各个部门负责人处在按部就班工作中，管理能力和创新能力比较弱，各部门工作人员工作积极性不高，往往只是机械地完成上级安排的任务。这种组织架构无法满足智慧图书馆转型要求，例如馆长对大数据、云计算等技术了解较少，各个部门负责人缺乏合作意识，馆员对智慧图书馆工作了解较少，部门与部门之间配合度不高。这种模式消磨了馆员工作热情和创造力，很多图书馆工作人员没有参与到智慧

图书馆建设中去。

2. 人员结构不合理

国内外高校图书馆普遍存在着人员结构配置不合理的问题，主要表现在部门员工数量分配不均匀、事业编与非事业编分配不合理，缺少年轻馆员等问题。馆员虽然属于服务性岗位，但智慧图书馆对馆员信息化素养和创新能力要求比较高，编制内的老馆员难以胜任这些工作，这给年轻馆员晋升、入编提供了新的机遇。高校图书馆非事业编馆员更有进取心和创新力，但是目前图书馆对他们的工作分配不太合理，没有根据事业编和非事业编馆员特点来划分工作职责。

智慧图书馆对馆员学历、文化素养的要求比较高，但是大部分馆员所学专业和图书馆管理关联性不强，图书情报管理等相关专业毕业的对口人才非常少，难以满足智慧图书馆转型时期的人才需求。未来智慧图书馆需要大量创新型、信息化管理人才，要求馆员能够熟练操作智能化设备，例如人脸扫描、RFID 无线射频技术和大数据平台等，还要对智慧图书馆电子文献和信息化设备等进行维护。但是目前很多高校图书馆都缺乏信息化人才，很多馆员只是完成纸质图书整理、借阅服务等基础服务，无法胜任智慧服务。智慧图书馆设备造价比较高，一旦损坏会影响读者阅读和图书馆服务质量，但是很多馆员无法对信息化设备进行维护和开发，导致智能设备无法发挥出效果，影响了智慧图书馆建设步伐。

（二）技术力量发展滞后

智能设备是影响传统高校图书馆向智慧图书馆转型的关键要素，但是目前高校图书馆智能化设备采购和使用还存在很多问题，如果不能解决智能设备的服务和维修问题，那么势必会影响高校图书馆转型步伐，影响智慧图书馆建设进度。

部分用户对高校图书馆网络服务不太满意，主要体现在以下几个方面：1.寒暑假期间，图书馆网络维护不及时，导致网速卡顿，无法满足读者上网需求。2.网络不太稳定，尤其是在考试周，由于大量读者在图书馆复习，导致网络经常掉线。3.虽然图书馆安装了无线网络，但是依然存在信号死角，图书馆有些位置还是无法连接无线网络，影响了读者上网体验。有些读者对图书馆自助服务设施也诉病较多，主要体现在以下几个方面：1.自助查询机和自助选座机老旧，维护不及时，经常无法进行自助选座。2.自助打印机使用流程烦琐，打印时间比较长，影响了读者使用打印机的积极性。3.自助选座机规则和操作流程比较烦琐，很多读者不了解选座规则，盲目进行线上选座，很容易造成违规占座。此外，很多读者对图书馆网站也不太满意，比如网页功能分类不太明显，资讯比较混乱，页面不够简洁，读者很难在第一时间找到相关信息，特色馆藏资源、重要文献版块的位置不明显，不利于读者查找，很多图书馆没有设立 3D 立体导视图，导致第一次进入图书馆的读者难以快速找到自己需要的图书。

这些问题都是影响读者对图书馆满意度的重要因素，究其根本原因主要是图书馆管理层顶层设计没有做好，对智能设备采购、维护和开发工作不够重视，智慧图书馆资金不足，导致很多智能设备和软件无法及时进行更新换代。其次，高校图书馆和技术部门没有建立良好的合作关系，学校计算机专业教师、技术部门没有参与到图书馆建设中，很多智慧图书馆建设任务无法完成，影响了传统图书馆转型速度。此外，高校图书馆和读者之间的距离比较疏远，读者不了解智能设备操作，对智慧服务不太满意，却无法向图书馆反馈，图书馆对读者阅读与服务需求不太清楚，影响了图书馆转型升级的速度和质量。

二、高校图书馆智慧转型中管理问题的成因分析

（一）服务意识淡化

1. 欠缺主动服务的意识

主动服务意识的欠缺往往是由馆员素质、工作氛围和管理不善导致的，它会导致读者对图书馆的满意度降低。比如，很多读者认为图书馆开放时间太短，尤其是考试周，多数学生十点后仍然有学习需求，但是图书馆却已经闭馆。有的认为馆藏资源更新比较慢，跟不上专业课改革步伐，缺少科研类文献，无法满足专业学习需求，还有部分教师认为图书馆缺少教学和学术研究方面的图书等。图书馆在图书采购环节应该要走进各个院系进行调研，了解一线教师和学生对图书馆图书的需求，根据他们的需求来制订采购计划，但是很多高校图书馆却没有做到这一点。很多读者对图书馆智慧服务并不太了解，个别学生只有在考试季才会来图书馆学习，很少主动了解图书馆智能设备和电子馆藏资源，再加上图书馆忽略了智慧服务宣传，影响读者对智慧图书馆的了解。

2. 服务手段落后

传统高校图书馆服务主要依赖人工开展，读者需要在服务台或自助还书系统来借阅书籍，针对部分无法识别的图书只能等待馆员服务，图书馆主要以讲座方式进行宣传，向师生介绍自助选座、在线查询和智能设备使用流程，服务方式比较被动，和读者缺乏良好互动。随着微博、微信等新媒体的推广，读者了解信息的方式越来越多元化，很多读者开始利用碎片时间在手机或平板上浏

览信息，便捷式信息服务已是大势所趋，但是部分高校图书馆对新媒体的运用比较少，没有利用新媒体宣传馆藏资源和阅读活动，也没有利用新媒体向读者推送阅读信息，无法营造良好的校园阅读氛围。

（二）馆员培训和管理制度不完善

馆员是高校建设智慧图书馆的生力军，肩负着服务读者、文献管理的重担。我国高校图书馆普遍存在重物轻人的现象，一方面体现在管理层忽略了馆员的主体地位，没有及时组织馆员培训，缺乏人性化的薪酬和晋升机制。馆长统筹图书馆各项事务，各个部门负责人负责执行馆长工作计划，普通馆员很少参与到管理工作中来，无法把一线图书馆服务理念转达给管理层，无法激发馆员工作积极性。对于非事业编制的年轻馆员来说，承担了大部分服务工作，但是薪资待遇和晋升却远远比不上在编馆员，晋升机制不科学，也影响了年轻馆员工作积极性，无法全身心投入图书馆服务工作中。近年来，国内很多高校开始进行新老馆员交替，这给年轻馆员考取编制提供了机会，但是新老交替需要时间，很难在短期内见效。如果这种状况得不到改善，年轻馆员很容易产生职业倦怠，甚至激化新老馆员之间的矛盾，不利于图书馆转型工作。

第五节　优化高校智慧图书馆服务的策略

一、推进智慧服务提质增效

2016 年，教育部发布了"教育信息化'十三五'规划"，指出力争在 2020 年基本实现高校智慧校园全覆盖，推动着高校图书馆向智慧图书馆转型，为高校教育教学提供支持，为师生提供更为优质的服务体验。智慧图书馆整合了资源、技术、馆员、服务和用户五大要素，以智慧服务为主线，打破传统图书馆人工服务模式，利用大数据、云计算等新技术搜集和分析读者需求，为他们进行智能推送，满足不同类型读者阅读需求。为了满足智慧图书馆信息集成系统和精准推送等智能化服务，我们需要搭建不同平台来开展智慧服务，把智慧图书馆理念落到实处，拉近图书馆和读者之间的距离。

（一）优化服务设计

智慧图书馆建设的初心是为全校师生提供更加优质的阅读服务，满足日常教育教学、专业建设、科研和文化建设需求。由于近几年互联网技术的飞速发展，互联网和移动技术成为图书馆信息化建设的重点，可以实现 24 小时为师生提供更加人性化的服务。随着智能手机、平板电脑等移动设备的普及，智能终端设备成为高校大学生学习的主要工具，他们更倾向使用电脑、平板、手机以及电子阅读设备来阅读、社交和学习，摆脱时间和空间的限制，随时随地获取国内外、各个专业信息。基于智能化移动终端设备的发展，高校图书馆要积极构建专属 APP、网站或小程序，方便用户在移动终端上查询图书馆相关信息和阅读，打造全新的移动图书馆和人性化的智慧图书馆。

　　随时随地为读者提供服务是智慧图书馆的一大优点，也就是我们熟悉的泛在服务，为了提升这一服务，图书馆需要安装智能移动终端设备，把馆内专业图书、特色馆藏资源等同步更新到图书馆 APP、网站或小程序上，方便读者随时随地查阅信息，并根据读者在 APP 上的查询和阅读进行精准推送，不断拓展智慧图书馆的服务范围和服务方式。智慧图书馆利用物联网、大数据等技术进行纸质图书和电子图书的转化，为读者提供智能化双重智慧服务，读者可以现在 APP 上查询信息，再来选择借阅的图书类型，提升泛在服务质量，由此可见研发高校智慧 APP 是未来智慧图书馆发展必然趋势，如图二所示。

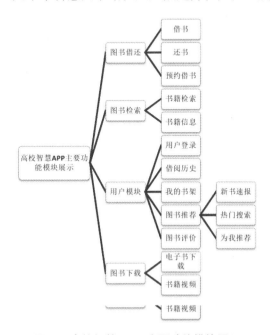

图二　高校智慧 APP 主要功能模块展示

（二）建立健全智慧推荐服务系统

高校研发智慧服务 APP 的目的在于提升用户体验，智能化个性化推荐服务可以更加科学、有效地搜集用户信息，结合用户搜索、阅读和借阅信息来进行精准推荐，为他们提供多样化服务。图书馆可以配置 VR 设备、红外检测仪器、人脸识别及 RFID 等设备，进一步发展智慧服务。图书馆要进一步发展人工智能技术，发挥大数据和云计算等信息技术的优势，遵循科学分析、精准推送等原则来研发智慧服务系统，打造以数据驱动为特色的个性化推荐服务系统，满足不同用户的个性化需求。高校智慧图书馆建设是一项"持久战"，高校管理层要加大智慧图书馆建设资金投入，组织图书馆管理人员和馆员学习智慧图书馆理念，推进高校图书馆转型升级步伐。

（1）构建智慧推荐服务系统。智慧推荐是高校智慧图书馆服务的关键环节，也是吸引读者走进图书馆的主要动力，但是目前高校图书馆智慧推荐服务还存在不足。高校师生阅读需求各不相同，如果图书馆只是推送新书或热门借阅书籍排行榜，很容易让读者眼花缭乱，难以从众多推荐信息中筛选出自己需要的图书信息。由此可见，高校图书馆要进一步提升智慧推荐服务，应结合学校专业设置、师生阅读需求来研发智慧推荐系统，利用云计算和大数据等互联网技术构建用户核心模型，科学分析出读者阅读偏好，实现精准化智慧推荐。

（2）积极发展多元化、新颖的智慧推荐服务。目前，大多数高校图书馆推荐服务系统只是为读者推荐浏览或借阅过的相似信息，忽略了推荐多样化和新颖的文献信息。文献资源具有其特殊性，如果系统为读者推荐的论文属于同一个作者，那说明系统推荐准确度比较高，但是文献类型可能比较单一，无法满足读者需求。智慧推荐系统可以解决这一困扰，不仅提供精准推荐，还可以结合读者兴趣、借阅记录等进行拓展性推荐，例如相同主题下不同作者的文献，引导读者进行拓展性阅读。智慧推荐不仅可以提升文献推荐精准度，还可以拓宽读者的信息视野，让读者更加了解图书馆丰富馆藏资源。

（3）高校图书馆要积极提升自身研发水平，与学校技术部门进行合作，打造专业化智慧图书馆系统，提供不同类型的信息资源，深度挖掘用户阅读需求，满足学科建设、教师教学和学生学习需求，为师生们带来不一样的阅读体验，构建完善的高校智慧图书馆服务模式。

为了顺利实现以上几个发展目标，高校图书馆要积极构建信息化平台，搜集和整理读者数据，例如读者在图书馆电脑上浏览数据、电子图书馆阅读信息、借阅信息等，对读者下载、阅读和查询等数据进行分析，不断提升图书馆大数据管理水平。图书馆还可以利用语义 Web 工具对各项数据进行分析，获得读者行动模式、阅读喜好等数据，利用云计算构建模型，分析出读者专业、学历、阅读喜好等数据，精准把握读者行为特征和阅读喜好，真正实现智慧阅读推荐。此外，读者各项数据处在不断变化发展中，图书馆要采取不同措施来和读者进行互动，吸引更多读者走进图书馆或登录学校电子图书馆，以便为图书馆提供海量数据，获取更加全面准确和价值密度更高的数据。因此，高校图书馆要积极研发智能化、个性化推荐服务系统，尊重不同读者群体阅读需求，提升用户核心数据使用效率，及时搜集、分析和更新数据资源。图书馆要利用智能化系统制定发展规划，结合借阅量、文献下载数量和读者建议等数据，制定科学、安全的图书馆大数据发展规划，提升智能推荐服务系统推送服务的准确性，还要注重读者隐私权保护，加强对读者浏览、阅读和下载等数据的保密，避免数据泄露，确保读者信息安全。

二、优化资源服务

（一）重视联盟合作，构建特色资源

随着"互联网+"时代的到来，大学生对信息资源的需求越来越大，如果高校图书馆依然"单打独斗"，将无法满足师生对信息资源的需求，也会影响学校学科建设、教师教学和校园文化建设的质量。很多高校图书馆存在资源重复性建设的问题，主要体现在重复购买内容相似的图书，把有限的资金花费在设备维修和日常管理上，花在智能设备研发、创新资源引进上的资金非常少，很难全面完善馆内信息资源。互联网环境下，高校可以进行跨馆合作，打造智慧图书馆联盟，整合各学校图书馆优质馆藏资源、图书资源和专业人才，共建图书馆信息资源库，打造信息服务联盟，满足不同读者信息需求。

我国很多高校图书馆在转型过程中都遇到了瓶颈，把转型重点放在了整体资源建设上，忽略了打造特色资源，这在一定程度上降低了图书馆对读者的吸引力。随着互联网、新媒体的普及，图书馆不再是大学生获取信息的唯一渠道，读者对信息资源质量的要求也越来越高，如果图书馆还是墨守成规提供单一化资源，很难吸引读者走进图书馆，这就要求高校图书馆要打造自己的特色馆藏资源，树立以服务为导向的特色资源服务理念，立足图书馆长远发展，挖掘当地特色文化资源，遵循学校专业设置、学科建设、学生就业和考研等需求来构

建特色资源体系，根据师生反馈来完善图书馆资源体系。

（二）打造基于用户需求驱动的微媒体服务平台

高校图书馆智慧服务核心目标是满足用户需求，智慧图书馆不仅要为用户提供全文阅读、文献下载等基础服务，还可以根据用户个性化需求提供荐购服务，提升精准服务质量。用户荐购服务对很多高校图书馆来说是一个全新的尝试，高校可以根据自身实际情况来推广这一服务，可以先进行小范围试用推广，搜集广大师生的使用体验，再逐步推广到全校，分阶段、分层次实施，针对师生反馈调整服务方案。高校图书馆要以读者需求为核心目标，不断改进服务模式，及时开通数字图书馆在线阅读和线上咨询等功能，例如图书馆要积极采购电子书资源，方便学生在图书馆网站上试读和阅读电子书，把电子书打造为智慧图书馆文献出版和阅读的重要形式。

目前，部分高校图书馆对用户荐购服务还不太重视，服务方式比较单一，没有把阅读推广和荐购服务结合起来，一定程度上影响了图书馆转型步伐。高校图书馆要积极升级荐购服务，优化馆内智能化设施，在网站、APP上设立明确的功能模块，对读者阅读数据进行分析，针对阅读、借阅等数据进行文献购买推送，加强热门文献、专业图书和时政新闻等智能推荐，激发读者阅读兴趣。高校图书馆可以利用新媒体来发布信息，开辟微博和微信进行推广和推荐，把图书馆特色馆藏资源和阅读活动等推送给读者，不断丰富图书馆阅读和服务内容。

随着微媒体时代的到来，高校图书馆服务范围、服务对象和服务方式都在悄然发生变化。可以利用微信平台搜集不同读者群需求，利用移动终端开展服务，进一步扩大服务范围，衔接好校内和校外阅读服务。在寒暑假或图书馆闭馆后，通过微信平台向读者推送信息、提供线上阅读、线上咨询等服务。微信服务可以帮助图书馆实现24小时服务，满足校内师生阅读需求，通过数字图书馆向社会大众提供在线阅读服务，履行高校图书馆社会文化服务职能，读者通过申请高校图书馆账号登录微信平台或数字图书馆，真正落实智慧服务理念。

三、针对用户服务的优化策略

（一）推广微信服务平台，开发新功能

微信公众平台不仅可以丰富高校图书馆信息资源，还可以拓宽服务渠道，增进图书馆和读者之间的沟通，是高校图书馆第二大信息化服务平台。相对于

微博、数字图书馆等其他平台，微信公众号服务针对性更强，可以为读者提供一对一服务，读者可以通过移动客户端访问图书馆微信公众号，方便读者利用碎片时间来阅读，读者群稳定性比较高。微信平台还可以搜集用户在线查询和阅读信息，根据这些信息来设置阅读讨论区，为有相同阅读爱好的用户提供交流机会。另一方面，图书馆可以在微信群推送阅读活动、图书采购和讲座等相关信息，把馆内资源进行详细分类，针对不同读者群进行推荐，为读者提供智能化差异服务，打造人性化、智能化服务模式，提升读者满意度。智慧图书馆微信服务需要依靠 RSS 技术来开展，为读者提供 RSS 定制服务，定期向微信用户推送特色馆藏资源、讲座和学术期刊等信息，让读者可以快速找到自己需要的资源。此外，微信服务还要完善基础服务功能，解决图书借阅查询、检索和下载服务难题，还要针对不同用户需求来进行差别化推荐，根据专业特点来设定模块化推荐，例如文学艺术、生物制药和航空航天等不同领域，为相关专业师生进行精准推荐。图书馆还可以设置微信留言、群组讨论和智慧咨询等服务，方便用户在微信公众号查询图书信息，解决图书馆闭馆后的服务难题，满足不同用户阅读和服务需求，促进图书馆和读者之间的有效沟通，更广泛地搜集读者建议，不断优化高校图书馆管理制度和服务模式。图书馆可以鼓励读者分享优质图书资源，例如分享电子图书资源、交换图书信息等，让用户在教室、宿舍或家中也可以阅读图书馆优质资源。利用微信群来进行阅读推广，让更多用户使用图书馆，扩大图书馆服务范围。根据学校专业设置、就业信息和创新创业教育需求，不断开发微信平台新功能，扩大微信线上服务范围，真正解决读者的多元阅读需求，发挥图书馆文化育人功能。

（二）增加资金投入

在智慧图书馆建设的资金投入方面，一方面要积极采购智能化设备设施，另一方面则要持续采购纸质文献和电子文献，协调好二者之间的关系。学校要保证图书馆经费的投入，重视图书馆建设。我们可以借鉴发达国家高校图书馆发展模式，积极寻求社会企业、公益组织和爱心人士等加入高校智慧图书馆建设中，政府也要发挥统筹作用，促成企业、公益组织和图书馆的合作，寻求多方资金，让图书馆有充足的资金来采购智能化设施、开发信息化服务系统，完成智慧图书馆转型。

四、建立馆员智慧服务平台

(一) 提升馆员智慧服务能力

图书馆馆员信息化素养和智慧服务能力是影响智慧图书馆建设的关键因素，英国学者伊恩·约翰逊提出了"智慧馆员"概念，他认为智慧馆员既可以胜任图书馆基础性服务工作，例如借阅登记、引导和图书修复等工作，又可以熟练操作馆内智能化设备，熟悉图书馆网站、数字图书馆和移动终端系统操作。智慧馆员可以利用信息技术搜集用户数据，并对这些数据进行分类、整理，运用大数据和云计算分析用户需求，进行精准推送和服务，为读者提供智能化、个性化知识增值服务。

1. 提升馆员学历水平。图书馆要注重馆员学历提升，制定智慧馆员考核机制，激励更多馆员主动提升学历，积极学习智能技术、微信平台和微博服务平台操作，提升馆员综合技能。培养一支信息化素养高、服务意识强的专业化智慧馆员团队，为高校智慧图书馆建设提供人力支撑。

2. 定期开展馆员培训工作。馆员培训是我国很多高校图书馆发展中的短板，图书馆要积极组织智慧图书馆讲座和培训，为馆员讲解大数据、微信服务和图书情报等职业技能，培养馆员主动服务意识。

3. 优化内部组织管理结构设置，打造图书馆学习型组织。图书馆管理者要自上而下地进行改革，采用分层管理新模式，明确每个馆员的工作职责，根据馆员工作能力划分星级，为培养智慧馆员做好准备。随着大数据、人工智能和新媒体的广泛运用，图书馆用户更追求深层次、个性化服务。高校图书馆要积极研发和采用新技术，利用互联网搭建和用户的实时沟通，获取用户在图书馆内、图书馆线上服务平台的数据，以便制定针对性管理措施，为用户提供更加优质的服务。图书馆智慧服务体现在管理方式、馆员服务等方面，对内要优化用户资源获取、图书管理、用户服务等服务，构建一体化信息管理系统，集合电子资源管理、链接解析器、云端存储等技术，实现纸质和电子资源协同发展，提升馆员工作效率，完善高校图书馆内部架构和管理模式。

(二) 打造基于智慧检索的内容维度的服务平台

"以人为本"是智慧图书馆的核心服务理念，这一理念需要依靠智慧检索来完成，因此，图高校图书馆要不断优化检索系统，为读者提供更加便捷、智能化的检索服务。图书馆要积极研发智慧检索系统，搜集用户在系统上的搜索信息，获取他们的阅读偏好，针对读者热门检索词汇进行分类，在检索系统首页进行推荐，预测读者有借阅需求的图书，缩短读者搜索时间。智慧检索系统围绕读者开展服务，能够智能化分析搜索词汇，并快速推荐相关信息，方便读者进行筛选，对馆藏资源进行精准筛选，提供更为优质的检索服务。

用户通过图书馆智慧检索系统可以获取感兴趣的图书资源，自动过滤掉一部分关联度较低的资源，为用户提供热门、好评率高的优质图书和文献，缩短他们的搜索时间。智慧检索具有指向性强、针对性强和方便快捷的优势，用户直接点击搜索结果就可以跳转到最终的检索界面，自动过滤掉广告、插件等干扰，避免用户在网站内漫无目的的搜索，节约用户搜索时间，提升图书馆检索系统的精准度和工作效率。用户在图书馆内的所有信息、行为都存在价值，智慧检索系统能够充分挖掘、分析和保存用户各项数据，尤其是读者的检索、借阅和评价数据，通过后台软件对这些数据进行分析与处理，预测出用户喜好，以便在用户下一次登录时可以为其精准推送，并记录下用户检索和阅读数据，方便用户直接跳转到上次阅读的章节，让用户快速找到自己上次浏览、下载的信息。对于智慧图书馆而言，检索系统要着眼于服务全部用户，而不是局限在某一类用户或某一个个体，智慧检索系统可以自动记录用户检索数据和行为，对这些数据进行分类，作为图书馆资源建设的参考标准，以便为用户提供更全面的资源、更优质的服务。

我国大多数高校图书馆大都是采用 OPAC 联机公共检索目录，用户根据自己的需求来查找资源，有目的进行浏览和下载，OPAC 检索系统对用户行为影响深远，因此，高校图书馆要不断优化检索系统功能，利用 OPAC 来推动智慧图书馆建设。

五、加强智能化技术设备的引进和应用
（一）高校智慧图书馆服务体系的架构

智慧图书馆服务体系是在信息平台的基础上发展而来，在构建服务框架时，一方面要综合考虑读者阅读需求，另一方面则要把信息技术融入信息化平台建设中，例如大数据技术、VR、云计算等互联网技术，明确高校图书馆智慧服务体系模式。

智慧图书馆的基本体系由应用层、物联层、技术支撑、云计算、用户等构成。物联层是整个服务体系的技术支持，包括了自主借阅机、RFID、微媒体等组成，馆员利用这些智能化设备进行新书上架、图书指引等工作，提升服务质量，如图三所示。

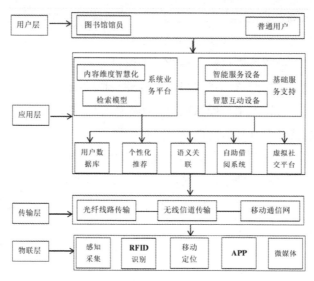

图三　智慧图书馆服务框架

云计算层是智慧图书馆整个服务体系中的核心技术，不仅可以搜集用户、馆员和管理者在系统内的各项数据，还可以对搜集物联层搜集的用户数据进行储存和分析，定期对这些数据进行备份和整理，保证整个服务体系的顺利运行。此外，云计算层还可以接收用户检索数据、用户交互数据等，把这些数据进行统一化管理，分析出近期用户检索、借阅、下载量较高的文献资料，在图书馆网站或移动终端首页推送这些信息，方便用户快速找到自己想要的信息。高校智慧图书馆云计算层可以进行数据分析、计算和建模，首先，可以根据图书馆馆藏资源、用户基本信息等进行初步精准化查询。其次，通过物联层回传的用户信息来构建大数据库，针对用户数据来分析他们的喜好，做好精准化推荐工作。再次，安装 RFID 和移动定位等设置，自动感知图书位置，优化自助借阅工作。此外，用户还可以在平台上传或分享自己的图书和期刊等资源，促进用户之间的知识共享；根据用户检索或浏览数据来进行推荐，为他们推荐趣味相投的读者圈，展现智慧图书馆服务人性化的一面。

应用层搭建起图书馆和用户之间的沟通桥梁，提供交互式服务。通过物联层、云计算层搜集到的用户数据，组建图书馆用户数据库，利用图书馆内部管理系统更新图书，定期上架新书，减轻馆员工作负担。

个性化推荐系统则是在用户检索、浏览和下载数据的基础上发展而来，立足云计算数据预测用户阅读喜好，向用户推荐目标资源，优化检索系统语言，根据用户输入的关键词来进行搜索，提供最贴合用户需求的资源。

自助借阅系统不仅可以节约用户时间，还可以减轻馆员工作量，让他们把精力放在智慧服务和学习上。图书馆可以设定管理权限，简化管理流程，方便馆员即时处理用户咨询、借阅服务等，做好用户隐私信息保护工作。与此同时，图书馆要做好用户数据分析，构建虚拟化交流空间，为用户提供更为精准的信息推荐服务，构建微信服务平台，满足用户在线分享和交流信息，促进图书资源共享。

（二）内容维度的智慧图书馆服务

随着"互联网+"时代的到来，高校智慧图书馆建设取得了不俗的成果，图书种类越来越丰富，特色馆藏资源质量不断提升，电子图书建设开展得如火如荼，但是在用户服务上还存在很大提升空间。越来越多的大学生不满足于阅读纸质图书和电子图书，更喜欢利用新媒体、裸眼3D以及全息投影技术来进行阅读，更注重阅读氛围和阅读体验，这给高校图书馆转型提供了新的思路，要进一步拓展智慧服务，不断丰富图书馆服务内容。首先，利用互联网、新媒体进行阅读推广，吸引更多用户走进图书馆，利用馆内信息系统搜集用户检索、阅读数据，为用户推送符合其需求的资料，还可以在图书馆首页设置用户信息管理模块，用户可以填写自己的专业、年龄等，划分不同用户群体，为他们提供个性化服务。其次，管理者要明确智慧服务框架，熟悉各个服务模块功能，例如科研服务、文学艺术和电子图书等不同模块，针对不同模块组织宣传活动，让更多用户了解智慧图书馆理念，提升智慧图书馆知名度。此外，图书馆还可以开辟微信、微博和抖音等宣传渠道，丰富图书馆信息化资源，吸引更多用户参与智慧图书馆建设，利用虚拟仿真技术营造沉浸式阅读氛围，提升用户阅读体验。

（三）智能化技术的引进应用

打造智慧图书馆服务，应以技术为支撑、智慧服务为目标。高校智慧图书馆要符合当下互联网时代主潮流，立足本校专业课设置、育人特色等来制定智慧图书馆发展规划，把智慧图书馆和高校育人衔接起来。此外，高校要鼓励各个专业骨干教师、计算机教师参与智慧图书馆建设，比如，计算机教师可以帮助图书馆研发和维护电子图书馆和移动服务客户端，保障智慧服务的顺利开展，并及时更新、维护图书馆内各项智能设备，让用户在更加舒适的氛围中阅读。同时，高校还要借鉴国外高校智慧图书馆建设经验，把人工智能、企业和学术期刊等融入智慧图书馆建设中，拓宽图书馆服务空间。

第七章　高校图书馆微信服务

第一节　高校图书馆微信服务概述

自从微信面世以来,用户数量逐年攀升,逐渐成为大学生最主要的社交工具,这也给高校图书馆提升服务质量提供了新契机。高校图书馆要积极开展微信服务,打造微信图书馆平台,方便用户和图书馆交流,提升文献利用率,真正实现 24 小时服务。微信小程序操作简单,学生在手机上就可以操作,可以线上查询文献信息,预约图书馆座位,查询考试相关信息等,丰富了图书馆服务内容。

一、高校图书馆微信服务的特点

（一）融合、创新高校图书馆传统服务项目,增加交互式服务内容。根据图书馆的实际情况和用户需求,图书馆微信公众号主界面可以分为个性化菜单和后台回复功能,把图书馆资源划分为不同类别,方便师生查询,还可以提供微信人工和自动回复服务。个性化菜单主要以信息服务为主,包括特色馆藏资源、文献介绍、考试辅导用书等资源版块,方便用户查询信息,可直接提高图书馆服务的满意度、图书资源利用率,是微信服务的建设重点,后台回复功能则是以用户与图书馆微信的互动为主,方便用户在图书馆闭馆期间和馆员进行交流,解决他们在检索、阅读和下载过程中遇到的问题,提升图书馆咨询服务质量。此外,微信服务还可以提升馆员服务意识,摆脱了时间、空间等对图书馆服务的影响,让馆员在手机、电脑上就可以开展服务工作,但是馆员需要时刻关注微信公众号,一旦用户咨询量较大,馆员的工作量也会增大,需要专业化服务团队。

（二）官方认证提高公众号的可信度和专业度。互联网是一个开放环境,信息质量良莠不齐,一些不法分子可能还会申请山寨号,很容易造成用户数据泄露或上当受骗。高校图书馆申请官方微信公众号，并进行官方认证，由微信官方团队审核有效证件，例如、办学资质、组织机构代码等，确保官方公众号的权威性和真实性。高校图书馆微信公众号还会影响粉丝量、点赞量和文章点击率，因此，高校图书馆要积极进行微信公众号官方认证。

（三）微信平台自身限制性。微信公众号在信息推送方面有一定的限制性，不同类型公众号群发信息数量有一定的限制，服务号每个自然月可以推送 4 条群消息，这就需要图书馆提炼信息内容，撰写高质量的推送信息；订阅号每个自然天可以群发 1 条消息。微信公众号开放权限也各不相同，官方认证服务号可以使用高级接口和微信支付功能，仅有部分订阅号支持微信支付功能。在信息显示方面，服务号可以在用户微信好友列表中，订阅号信息则是由专门文件夹。综上所述，高校要立足微信平台实际，结合智慧图书馆需求，选择符合本校图书馆发展的微信公众号类型，为后续微信智慧服务奠定坚实基础。

（四）提供实时、个性化、共享服务。图书馆微信可以为用户随时随地提供信息在线咨询和下载服务，也可以根据用户在微信客户端的浏览记录来进行推送，真正实现 24 小时线上信息服务，解决用户在假期和图书馆闭馆期的阅读需求。同时，微信公众号还支持分组功能，根据微信图书馆不同模块、读者检索记录等推送相关文献信息，让读者摆脱时间、空间的限制，提升图书资源共享质量，避免资源浪费。

二、高校图书馆微信服务的功能

（一）信息推送功能，这是微信公众号最基本的功能。师生只要关注图书馆微信，就可以接收到图书馆发送的推送信息，例如图书馆上架新书、文献服务、阅读讲座等活动，方便师生及时了解图书馆各项活动。

（二）借阅证的绑定与解绑。学生可以使用自己借阅证账号和密码登录图书馆微信，查看自己所借图书是否超期及借阅记录等，管理自己的图书馆数据。

（三）检索和预约功能。高校图书馆微信账号可以查询馆藏资源，读者可以通过检索书名、作者、ISBN 等方式查询图书相关信息，还可以在微信上查看图书简介、目录、馆藏地点和库存量等信息，免去了到馆查询或咨询馆员的麻烦。一旦发现图书全部借出，读者还可以在微信上进行预约，一旦有人归还，可以优先借阅，缓解热门图书借阅难的问题。

（四）借阅提醒功能。如果读者绑定了图书馆微信公众号，一旦其所借图书即将到期需要尽快归还时，微信系统可以提前发送推送信息，提醒读者尽快归还，读者可以根据自己需求在微信上进行续借操作，避免因为借阅超期而产生费用。如果读者还预约了热门图书借阅，一旦有人还书或新书上架，系统会为读者发送提示，提醒读者及时借阅。

（五）提供数字资源服务。读者在微信平台上查找和学习学校图书馆纸质和电子文献，例如电子期刊、电子图书和公开课视频等优质学习资源。

（六）活动预告与签到。为了推广图书馆微信公众号，图书馆可以在公众号设置一些小活动，例如爱心图书捐赠、读者荐购、志愿者招募等信息，吸引更多读者走进图书馆，读者还可以在图书馆微信公众号签到、评价或分享资源，获取相应积分，用积分兑换阅读服务。

（七）与用户交互。传统图书馆管理模式下，读者只能通过电话、QQ 或邮箱来和馆员交流，这些交流方式过程较为烦琐。图书馆微信为读者与馆员沟通提供了新渠道，读者通过微信留言板和馆员交流，反馈自己在借阅、下载过程中遇到的问题，馆员可以在微信平台回复读者，解决读者后顾之忧，拉近读者与图书馆之间的距离。

（八）小程序。图书馆可以在微信公众号中添加一些小程序，例如朗诵、预约占座等活动，提升微信公众号实用价值，还可以开发一些小功能，例如推送本校图书馆特色馆藏资源，方便读者在微信公众号查询文献资料，丰富图书馆功能。

（九）后台统计功能。根据此功能，馆员可定期汇总图书馆微信公众号后台信息，统计出各类图书借阅数量、借阅频率等，重点分析读者反馈的建议，筛选出读者检索最多、借阅次数较多的图书，向读者提供精准推送。

三、高校图书馆应用微信开展服务的优势

（一）庞大的用户基数有利于各项服务的提升

当代大学生几乎每人一部智能手机，微信也成为他们必备的社交软件，这给高校图书馆开展微信服务奠定了良好基础。随着微信的普及，高校图书馆逐渐开始创办微信公众号，缓解图书馆官网服务压力，让用户在图书馆 IP 范围以外也可以使用图书馆资源，微信加快了高校图书馆智慧服务转型步伐。

（二）公众号类型多样可供选择

上文中提到了微信公众号的基本类型，高校图书馆主要使用服务号、订阅

号和小程序开展服务，服务号和订阅号研发成本和技术难度都比较低，开展比较顺利，小程序开发过程比较烦琐，需要专业维护人员，使用率还不是很高。由于各大高校图书馆建设资金、馆藏资源和服务理念各不相同，因此他们的图书馆信息服务方式也存在差异，各个高校选择不同方式开展微信服务。例如部分高校着重与读者之间的服务交互，更倾向选择服务号，提升推送信息质量，部分高校想要向读者推送更多消息，更倾向选择群发消息数量更多的订阅号。少部分学校投入资金开发了图书馆微信小程序，为读者提供微信馆藏图书查询、借阅状态、座位预约、图书预约等服务，个别资金雄厚的学校还会选择两种以上的类型来打造图书馆微信公众号，这为高校图书馆微信服务提供了更多选择。

（三）满足不同读者需要

微信服务可以满足用户群体的多元化需求。随着微信功能逐步发展，高校图书馆微信服务也要与时俱进，利用微信公众号搜集用户对图书馆的意见和建议，如对馆藏资源、阅读推广活动、馆员服务意识、电子文献和智慧服务等的评价，提升图书馆服务质量。图书馆微信公众号比图书馆官网、数字图书馆稳定性更强，只要读者手机或平板可以连接网络，就可以享受图书馆微信服务，而不用前往图书馆，在微信上就可以查找馆藏资源、检索数据等。高校图书馆微信平台使用第三方接口，可以自动筛选信号更强、更稳定的网络资源，例如电子期刊、图书和报纸等，凸显本校特色馆藏资源。同时，读者还可以利用碎片时间来阅读，在手机或平板上浏览电子书、特色文献等资源，省去了搜索资源、筛选资源的时间，可以根据微信精准推荐在线浏览书籍，获取更有价值的资源。图书馆馆员要精挑细选微信群发消息，围绕阶段性阅读推广活动来筛选信息，根据各专业课教学、大学生就业、社会新闻等调整微信推送消息，最大限度满足读者海量信息需求，方便读者在微信平台找到自己想要获取的资源。此外，高校图书馆可以利用微信平台参与学科建设、科研服务，方便本校教师查找资料，提升教育教学水平。

（四）开发成本低且用户可持续性强

微信小程序开发、智能设备维修与采购都离不开资金支撑，对于一些资金不足的高校图书馆来说，成本低廉的微信公众号成了图书馆的首选，图书馆可以降低资金支出，把资金运用在智能化设备更新换代、移动终端研发上。微信公众号比软件开发、移动客户端开发更加经济实用，不仅可以节省大量研发成本，还可以兼容不同类型图书资源，稳定性更强，更受广大用户青睐。图书馆可以利用微信订阅号、服务号或小程序推出的新功能开展服务，围绕读者微信平台留言来完善服务规划，运用微信来推广图书馆微信服务，提升读者黏性。高校图书馆微信公众号主要是为本校师生服务，每一届学生都会关注母校图书馆微信公众号，很多学生即使毕业后也依然会关注学校图书馆发展，这说明了师生对微信服务的认可度非常高。图书馆要不断优化微信服务，优化微信公众号推送信息内容，紧跟时代发展，弘扬时代主旋律，培养学生良好的阅读习惯和信息素养。

（五）缩短了用户和用户、图书馆之间的距离

微信的交互功能让用户与用户之间、用户与图书馆之间的距离不断缩小。之前，图书馆大都是通过张贴通知、讲座、培训等方式进行宣传，宣传范围比较小。新媒体迅速崛起后，图书馆可以通过微信发布信息，并把信息第一时间推送给读者，即使是平时不爱去图书馆的用户，也可以在足不出户的情况下，通过图书馆微信公众号了解阅读活动、讲座和新书上架情况，和图书馆保持实时联动。图书馆微信还可以发布一些时政新闻或社会热点，引起全校师生热烈讨论，馆员可以在微信平台和学生积极互动，吸引更多师生参与到互动讨论中，同时还可以增进师生交流，推进和谐校园建设，创新图书馆服务方式。

四、高校图书馆微信公众号信息服务的内容

随着教育信息化 2.0 行动计划的实施，高校无线网络逐渐覆盖校园，师生对图书馆服务有了新要求，这也是高校图书馆开展微信服务的重要动力。根据相关数据显示，微信在大学生的使用率高达 95%，而高校图书馆主要服务对象就是大学生，因此更应该积极开发微信服务平台，为用户提供移动信息服务。目前，我国高校图书馆利用微信公众平台进行移动信息服务的内容主要包括以下几个方面：

（1）图书馆功能信息。包括图书馆的各项服务介绍、馆藏布局、开闭馆时间、借阅证信息，新书上架等。

（2）用户账号注册。用户可以在微信手机客户端关注高校图书馆微信公众号，根据借阅证信息登录图书馆，修改个人信息，查看借阅书籍归还时间，还可以续借图书。

（3）图书查询和预约。用户可以在微信公众平台输入图书名称或作者姓名，在线查询该图书相关信息，例如图书馆该图书剩余量、图书简介等信息，如果

该图书全部借出，可以进行预约，一旦其他读者归还之后可以优先借阅。

（4）信息订阅提醒。读者可以在图书馆微信平台订阅提醒服务，当所借图书即将到期、预约图书上架后，微信系统可以发送提醒信息，还可以让读者及时掌握借阅信息。微信平台可以提供多种信息订阅服务，根据用户设置的订阅信息来推送相关信息。

（5）借阅证挂失。用户可以通过微信公众平台，登录自己的账户，对已丢失的借阅证进行挂失，客户端会挂失信息传到图书馆终端，自动将此账户进行冻结，防止因时间延误或其他人冒用造成的损失。

（6）咨询和反馈。传统的高校图书馆咨询服务主要通过现场咨询、邮件、电话来开展，图书馆微信公众平台可以进行实时信息推送，读者可以在微信公众号内进行查询、预约等操作，微信客户端可以把读者的咨询请求发送给图书馆终端，馆员可以在线回复读者，实现馆员和读者的在线实时沟通。

（7）活动预约与图书推荐。用户关注图书馆微信公众号后可以及时收到推送消息，以免错过图书馆新书上架、阅读讲座等活动，根据自己的需求申请参与图书馆活动，还可以把自己想要推荐的书单分享在公众号，方便图书馆及时掌握用户阅读需求。

（8）信息实时推送。微信公众号可以优化高校图书馆馆员咨询模式，让用户足不出户就可以向馆员咨询，在微信公众号上查询新书上架时间、图书归还时间等信息。此外，图书馆还可以向用户推送考试时间、校园艺术活动和阅读讲座等活动，方便读者掌握学校、图书馆各项信息。

五、高校图书馆微信公众号信息服务的特征

微信公众号为高校图书馆馆藏资源建设提供了新媒介，图书馆可以利用网络、微信公众平台进行阅读推广、读者服务，打破时间、空间的限制，随时随地为用户提供移动信息服务。高校图书馆要积极申请微信公众号，优化群发消息、线上咨询检索与预约、电子文献管理等服务，方便用户利用碎片时间来阅读，打造移动图书馆。相对于传统图书馆信息服务，微信公众号信息服务具有以下特征：

（一）实时性

高校图书馆可以通过官方微信向用户提供海量信息资源，方便用户随时随地检索、查询，通过微信公众号用户可以查询馆藏图书信息、新书上架等信息，

实时了解自己的借阅信息，用户也可以在微信平台和其他用户、馆员进行交流，提升图书资源利用效率。

（二）交互性

基于移动网络和微信的实时性，读者和馆员的交流越来越便捷，可以在微信平台进行留言咨询，不仅可以节约读者时间，还可以提升馆员服务的效率和质量。

（三）主动性

高校图书馆移动信息服务改变了读者借阅、阅读方式，读者在教室、宿舍等场所就可以访问图书馆，真正实现足不出户就可以使用图书馆资源。微信公众号可以结合用户设置的订阅信息来进行信息推送，做好阅读推广工作，用户可以在微信公众号查看预约信息、还书日期，下载文献等资源，凸显了高校图书馆微信公众号主动服务属性。

（四）个性化

用户可以根据自己的需求自行搜索所所需的信息或知识，同时也可以借助于微信公众平台，进行阅读、检索、资源下载等服务，基于微信公众平台的高校图书馆，用户也更加主动地使用其移动服务。

（五）共享性

用户关注高校图书馆微信公众号后，可以获得图书馆的各种资源，通过微信社交圈进行推广，进一步扩大读者群，还可以促进图书馆资源的共享。用户通过关注图书馆公众号、填写个人信息就可以享受高校图书馆提供的移动信息服务，平等对待每一个用户，提升馆内资源利用效率。

六、高校图书馆微信公众号的功能

（一）自动回复功能

大多数高校图书馆微信自动回复功能比较单一，针对首次关注图书馆的用户，欢迎语大都为"您好，欢迎关注 XX 图书馆"等，还有部分图书馆还会添加导航信息，例如"回复 XX 点击 XX，即可进入查看"等形式，部分学校还会显示地址和联系方式等。有些高校图书馆导航服务功能还不够完善，仍然需要用户自己输入关键词来进行检索，具有一定的局限性。

微信回复功能是高校图书馆微信服务的核心，分为自动回复和人工回复。自动回复又分为预设代码回复和关键词回复，技术人员可以结合用户常见咨询问题来设计代码，当用户在对话框输入预设好的代码时，系统会自动回复代码所对应的内容，例如北京大学图书馆微信中输入"11"代表图书馆概况、"12"代表开馆时间与馆藏分布等。关键词回复指的是用户在微信对话框中输入想要咨询的关键词，自动回复后台设置好的对应内容，例如发送"馆藏"，得到一个馆藏地图的消息回复。人工回复则是由图书馆馆员来回复用户问题，但是人工回复有一定的时间限制，非工作时间段，回复往往比较滞后。

（二）自定义菜单功能

近年来，高校图书馆微信公众号的推广率越来越高，用户可以在微信公众号聊天框输入需要检索的书名、作者姓名等关键字，就可以获得相关资源，再根据自己的需求来进行浏览和下载即可。图书馆微信公众号自定义菜单包括了移动服务功能，主要向用户推送馆内活动、新书推荐、用户服务和图书服务等信息，但是部分高校立足自身办学特色，推出了个性化自定义菜单服务。例如清华大学图书馆的"移动应用下载"功能，通过菜单里面的链接，即可下载移动图书馆的客户端。

四川大学图书馆的微信公众平台则是设置了微社区服务功能，用户可以在该模块和其他用户进行互动，分享各自的阅读心得、对社会热点事件的评论等，吸引更多学生参与到图书馆互动活动中，提升了图书馆微信平台粘度。西安大学图书馆微信公众号菜单服务则是设立了"最新新闻"和"当地天气"栏目，为读者推送当地热点新闻和天气，提升图书馆微信公众号实用性，吸引更多用户关注图书馆微信公众号。南京航空航天大学图书馆微信公众号的自定义菜单有"情报学硕士点"功能，推送相关考研信息和资源，方便想要报考该专业的读者查询学习资料，该公众号还会向学生推送天气、快递、公交路线等信息，为师生出行提供便利。

（三）群发信息的内容

很多已经开通微信公众号的图书馆，都会不定期发布馆内活动公告、阅读活动和特色馆藏资源介绍等信息，并在微信公众号推送馆内信息资源。例如部分高校图书馆会推送最新上架的专业图书、电子文献、征文启事等活动，吸引更多师生参与图书馆各项活动中，一些高校图书馆还会推送名人导读和讲座等活动，配合学校文化建设工作，有的高校图书馆还会推送一些毕业动态、就业信息和考试信息等，更好地服务于学生。

（四）其他特色功能

各大高校还会根据自身需求，在微信公众号设置其他信息服务，为用户提供人性化服务，例如部分高校图书馆微信公众号开通了失物认领、天气、快件查询和考试信息等，部分图书馆还会在微信公众号设定二维码扫描功能，读者可以通过扫描图书条形码来了解图书信息，提前预约借阅书籍。例如华中科技大学图书馆的微信公众号"微信帮助"一栏，读者可以在公众号查询图书馆活动、星座和考研等相关信息，重庆大学图书馆微信公众号设立了"社会服务"一栏，读者可以预订机票、火车票和查询校车时间表等，提供人性化服务。但是依然有很多高校图书馆微信公众号没有开通特色移动服务功能，微信服务内容比较单一，用户关注度和满意度也不高，因此，高校图书馆要积极完善微信公众号服务功能，开设特色栏目，满足不同用户群体的需求。

七、高校图书馆微信公众号的个性化服务

（一）学科服务

图书馆作为信息沟通的桥梁，不仅要提升馆内文献等资源管理质量，还要为高校各个院校学科发展提供信息资源支持。目前几乎所有的高校图书馆都建立了官网，但是微信平台上明确学科服务功能的高校并不多，没有发挥出应用的学科服务功能。部分高校图书馆微信平台会提供馆员接班信息、专业课讲座预约服务、新上架图书预约和阅读活动等信息，方便用户第一时间获取图书馆最新资源和服务动态，为用户提供更为专业的学科服务，部分图书馆开发了"科技查新"功能，展示相关领域最新学术期刊文献、实验视频等资料。但是我国大多数高校图书馆微信平台尚未提供学科服务，少部分开通这一服务的学校也只是提供资料推荐、培训讲座和预约借书等基础服务，无法满足用户科研需求。

（二）阅读推广

随着新媒体和互联网的出现，人们阅读方式越来越碎片化，图书馆为了吸引更多用户，要积极开通新媒体宣传和服务渠道，围绕学校专业课教学、图书馆阅读活动、馆藏资源等进行资源整合，为用户推送高质量的优质信息，利用微信后台自带的留言、评论功能来和用户进行互动、增进用户与馆员之间的交流，让图书馆服务更加人性化。图书馆还可以结合线下阅读活动开展微信公众号建设，了解读者对图书馆馆藏资源、馆员服务的评价，挖掘读者深层次阅读需求，督促读者养成良好阅读习惯。高校图书馆微信公众号可以进行以下几种

推广活动：一是推送图书馆讲座、培新信息、新上架好书；二是结合传统节日、毕业季和读书日等特殊日子开展线上线下活动，营造良好的校园阅读氛围；三是在微信平台组织朗读、阅读打卡、阅读推荐等新颖的活动，从而吸引更多读者关注图书馆微信公众号。例如中山大学图书馆微信公众号设立了"图书导读"栏目，采用上下翻页阅读模式，添加了柔美的背景音乐，为用户推荐精选图书；福州大学图书馆和福建师范大学图书馆微信公众号都开设了"读者专栏"活动，一方面是响应了"全民阅读"的号召，激励更多师生参与到阅读中，另一方面是利用微信平台扩大图书馆影响力。此外，馆员还可以利用微信平台统计出最受读者喜爱的图书，推荐不同的排行榜，方便读者在微信公众号查找。

（三）图书荐购

以往高校图书馆大都是调查问卷的方式搜集读者推荐的信息，征求读者对馆藏资源的意见和建议，调查问卷具有一定的时效性，很多读者因为时间过于久远而遗忘了自己所需的书目名称，影响调查问卷准确性。随着微信平台的出现，高校图书馆图书荐购工作有了新渠道，利用微信公众号搜集读者对馆藏资源的意见和建议，方便读者及时填写问卷，降低了漏荐的概率。另一方面，馆员可以通过微信平台搜集问卷调查信息，对读者荐购信息进行筛选和整理，汇总出读者对馆藏资源的反馈。例如，浙江大学图书馆微信的"服务导航"功能，征集全校师生喜欢的图书、阅读活动等，让读者参与到图书馆馆藏资源建设中来。

第二节　高校图书馆微信公众平台信息服务的用户满意度

随着互联网技术的蓬勃发展，Web2.0等新兴技术逐渐成熟，"微博""微信"成为当下人们主要的社交手段，人们对信息资源的渴求越来越旺盛。高校图书馆作为信息素养教育的主要参与者，应紧跟互联网技术的发展，把握机遇，打造图书馆微信公众平台，利用自媒体平台获取、整合信息资源，不断提升读者对图书馆服务满意度。高校图书馆微信服务要立足不同读者群体需求，把提升读者满意度作为衡量图书馆服务质量的重要指标，不断提高高校图书馆微信服务水平。

一、高校图书馆微信服务的内涵

高校图书馆微信服务立足于网络信息技术发展，运用微信、微博等微媒体工具开展信息服务。学术界对高校图书馆微信服务尚无明确的定义。本书认为，所谓的高校图书馆微信服务是指在互联网与新媒体基础上发展而来，高校图书馆为满足广大师生信息资源需求，以用户需求为核心，以微信 APP 为平台，利用网络信息技术、微媒体信息技术开展的移动信息服务。

我国高校图书馆微信服务主要包括了五大维度：基础服务类、通知公告类、参考咨询类、信息资源共享类和社交互动类。基础服务主要包括了信息资源检索、图书馆座位预约和图书到期提醒和续借服务；通知公告类主要是为读者推送图书馆新闻动态，例如阅读推广活动、展览活动和考试期间开闭关时间和就业政策等；参考咨询类包括读者对不同文献、图书资源的需求，主动向图书馆进行咨询，在微信公众号解决读者疑惑，并和读者进行交流；信息资源共享类包括广大读者在微信群分享、传播信息资源，例如好书美文推荐、考试资料分享等；社交互动类主要包括图书馆与用户之间、用户与用户之间的互动，例如读者讨论区对某本名著、诗歌等的看法，社会新闻的讨论等。

二、高校图书馆微信服务的特征

相较于传统高校图书馆服务，高校图书馆微信服务最显著的特征就是用户群体利用互联网、微信来获得数字化信息服务，它是信息化时代的产物，涵盖了更多信息资源，可以充分发挥图书馆育人作用，高校图书馆微信服务具有以下特征：

（一）服务用户便利化

"互联网+"时代下高校图书馆服务用户的形式发生了变化，图书馆微信服务依托于互联网技术，借助智能手机、IPAD 等移动设备工具来实现"自助式"数据信息服务，读者通过在手机、IPAD 等移动设备上登录图书馆来自助查询，打造"人＋网＋设备"的图书馆微信服务模式。用户可以随时随地访问图书馆微信公众号，根据自身需求来检索、浏览和下载信息资源，享受和实体图书馆一样的信息资源服务，由此可见，高校图书馆微信服务不仅可以为广大读者提供更加便利的服务，更有利于落实"以用户为核心"的服务宗旨，增进图书馆和用户之间的交流，加快智慧图书馆建设、提升图书馆微信服务质量。

（二）服务内容多样化

高校图书馆微信服务内容和传统服务内容相比，发生了很大变化，微信服务不仅可以对传统的检索、预约等服务进行拓展，方便读者在图书馆闭馆后也可以进行书目检索、续借等操作，还可以为读者提供更多个性化服务，满足高校师生科研、学习的需求。高校图书馆微信服务不再局限于校内师生和周边用户，有的图书馆已经开始尝试利用微信公众号开发社会用户，参与社会文化建设，只要用户具备一定条件、关注高校图书馆微信，就可以随时随地获取图书信息资源。

（三）服务方式多元化

互联网环境下，高校图书馆微服务摆脱全人工模式，为读者提供多样化信息资源。首先，高校图书馆微信服务平台可以为读者提供主题检索、目录检索、关键词检索等不同检索方式，方便读者快速查找到自己需要的信息，方便微信后台搜集读者检索数据。其次，微信平台还可以提升资源利用率，为读者提供在线阅读、上传、下载和收藏等服务，促进图书馆资源的共享。再次，图书馆可以利用微信进行问卷调查、留言互动和网页推送等个性化服务，为读者搭建交流新平台。

（四）信息资源共享化

一方面，微时代下读者对信息资源的需求量逐渐增大，传统的纸质图书、期刊和报纸难以满足他们的知识需求，为了提升资源利用率，图书馆可以利用微信共享功能来开展服务，把优质文献资源分享给更多读者，读者之间也可以分享文献。另一方面，微服务可以促进高校图书馆之间的合作，方便读者在微信公众号与馆员进行沟通咨询，及时解决读者疑惑，读者之间也可以通过微信公众号进行互动、讨论，或成立读者互动圈。

三、高校图书馆微信服务的用户满意度评价

20 世纪 90 年代，我国学者开始把顾客满意度理论引入图书馆学研究中，针对图书馆服务对象、服务属性、育人目标等进行分析，逐步丰富了顾客满意度理论内涵。如何衡量高校图书馆微信公众平台用户满意度，我们可以从主体、客体和衡量指标三个方面进行分析。首先明确了评价对象就是读者，包括高校图书馆微信公众号现有用户和潜在用户。其次，明确了满意度评价客体主要是高校图书馆微信公众平台提供的各项服务、信息资源，还包括了一些图书馆阅

读推广、宣传和讲座通知等。再次，衡量指标指的是图书馆微信公众号满意度影响因素，参照用户在图书馆微信公众号预期值和使用平台后的真实体验，如果差距值以 0 为界限，大于 0 是非常满意，等于 0 是满意，小于 0 是不满意，差距值决定了用户对高校图书馆微信服务质量满意度高低。

对于高校图书馆微信服务来说，用户满意度指的是读者对图书馆微信公众号各项服务项目的满意度，体现了用户对图书馆服务的评定标准，具有很强的主观性，体现在用户预期、感知质量、感知价值、平台建设以及用户忠诚等五格方面。用户对图书馆的期望值是影响用户满意度和微信公众号服务质量的关键因素，我们可以通过"用户满意度 = 用户感知质量 / 用户预期"来进行表示，用户感知质量则是表现出用户在体验图书馆微信服务之后对图书馆微信服务质量的真实感受。用户预期指的是用户在使用图书馆微信公众号之前对微信服务的期待值和憧憬。当用户感知质量与用户预期之比大于 1，那么表示用户对高校图书馆微服务综合评价较为满意，如果用户感知质量与用户预期之比小于 1，那么则代表用户对高校图书馆微服务综合评价不满意，甚至产生抱怨情绪。

四、高校图书馆微信公众平台信息服务的用户满意度特点

高校图书馆是高校的文献资源中心，不仅承担着阅读服务工作，还肩负着辅助教学、文化育人的重任。高校图书馆服务对象主要是高校师生，师生对图书馆信息资源和服务质量的期待值比较高，因此高校图书馆微信公众平台信息服务的用户满意度除了具有市场领域的用户满意度的一些特性之外，也具有一些自己独有的特点。

（一）主观性

满意是一种心理状态，是用户对某项产品或服务的期望与感知的对比感受。高校图书馆微信服务用户满意度是用户对微信服务质量的一种主观评价，具有很强的主观色彩。例如很多用户会受自身学历、专业知识和个人需求等因素的影响，即使是同一本图书，不同用户也会有不同的解读，图书馆要尊重用户的主观评价。

（二）客观性

高校图书馆微信服务的用户满意度是客观存在的，且不以用户及图书馆的意志为转移。一旦用户关注了高校图书馆微信公众号，无论用户是否对公众号信息资源、服务质量进行评价，用户满意度都是客观存在的。

（三）全面性

用户满意度是高校图书馆微信公众号用户对该项服务的综合性评价，会受到多方因素的影响，例如微信公众号基础服务、参考咨询、社交互动和图书资源共享等，还会受图书馆阅读氛围、馆员服务质量等外在因素的影响。因此，高校图书馆微信公众号维护工作中要全面调研不同用户群体的需求，对图书馆个性服务指标进行综合评价。

（四）功能性

用户满意度是各行各业发展的动力，也是衡量产品、服务和用户体验的重要指标，对于高校图书馆来说，读者对图书馆、馆员、文献等的评价也会影响其他读者。高校图书馆属于非营利性、公益性学术机构，为了更好地服务学科建设、辅助教师教学，图书馆要注重师生满意度提升工作，针对各专业教学、学生就业和馆藏资源等制定微信公众号工作方案，提升读者满意度。

（五）变化性

在互联网信息技术的飞速发展环境下，高校图书馆微信服务也在不断地发展变化。高校师生信息化素养要远远高于其他群体，信息资源需求也比较大，图书馆要明确这一服务目标，积极开发、完善微信公众号服务内容和方式，满足读者对高校图书馆期望值。

（六）隐含性

用户满意度是用户对高校图书馆微信服务所产生的主观心理感受，是一种心理状态，一般隐含在用户的意识形态中，很容易被读者和馆员忽略。

五、高校图书馆微信公众平台信息服务用户满意度的影响因素

高校图书馆微信公众平台主要服务对象是微信用户，微信公众号要为这些用户提供优质、贴合专业发展的优质资源和微信智能服务，以此来提升用户满意度。用户可以在微信公众号进行留言，对馆员服务、馆藏资源和数据下载等服务进行评价，图书馆通过分析评论和留言，检验用户对图书馆微信公众号信息资源和服务质量的满意度。用户满意度关系着高校图书馆微信平台信息化建设质量，图书馆要根据不同用户对微信公众号需求来分析用户满意度，获得更加准确、科学的数据。

（一）用户期望

用户需求期望指的是用户在消费产品或者享受服务之前的一个预先期望。

高校图书馆微信公众号信息需求期望有很强的主观性和动态性，首先，用户的需求层次和服务认知是图书馆开展信息服务需求期望值分析的前提条件，要根据用户需求、微信公众号发言等数据进行满意度分析。其次，用户在实体图书馆和图书馆微信服务体验感也是影响高校图书馆微信服务满意度的关键因素，图书馆要结合文献类型和用户阅读体验等来进行满意度分析，把握好高校图书馆发展定位。不同用户知识诉求、专业素养和道德素养决定了他们的阅读态度和习惯，对高校图书馆微信公众平台所提供的信息资源种类、业务功能和服务内容等产生不同层次的需求预期。例如图书馆可以根据用户社交圈、借阅记录等对用户进行分析，在微信后台程序中筛选出用户最喜欢的图书，进行精准化推送，还可以宣传馆内阅读推广活动，扩大高校图书馆微信公众号服务内容和方式，最大限度满足作者预期需求。

（二）用户感知

用户感知主要是指用户使用产品或者享受服务的实际心理感知和评价。高校图书馆微信服务用户感知指的是用户在使用微信公众号过程中对资源和服务工作的总体感知，是反映读者的满意度的指标之一。高校图书馆要重视用户感知，结合微信公众号检索和咨询工作是否便捷到位，微信公众号功能是否完善等，把用户感知界定为高校图书馆微信公众平台信息服务用户满意度重要影响因素。

（三）用户情感

用户情感在影响顾客满意度的程度上处于次一级的位置，直到二十世纪八十年代，随着社会认知学、心理学等学科的发展，越来越多的研究证明，用户情感的加工不仅是激励人类进步的动力，而且是行为决策的重要影响因素，所以说"用户情感"在顾客满意度研究中所占的位置日益凸显。

第三节　高校图书馆微信服务存在的问题

一、服务定位不够清晰

明确服务定位是高校图书馆开展微信服务的第一步，高校图书馆在微信平台建设初期应明确自身的服务定位，针对高校学科建设、学生专业课学习和校园文化建设等来制定微信服务方案，明确图书馆微信服务建设重点。但是目前高校图书馆微信服务建设定位还存在一些问题，主要体现在高校对图书馆微信服务认识不到位、微信平台建设资金有限，学校管理层不太重视微信服务平台建设等问题。部分高校盲目跟风，没有立足自身实际和服务需求，照搬其他高校微信图书馆微信平台模式，微信服务架构不太合理，对公众号类型选择、功能划分、检索目录和人工服务等缺乏系统性规划，影响了高校图书馆微信服务后续运营，具体表现在以下几点：

第一，高校图书馆微信公众号内容与馆内特色不统一，难以体现出图书馆特色馆藏资源，导致微信公众号无特色，很难吸引用户关注。

第二，既开通服务号也开通订阅号易分散用户的关注度。很多高校图书馆对微信服务号和订阅号的功能界定比较模糊，导致微信公众平台功能重复，影响了用户体验感。对于用户来说，微信订阅号与服务号显示位置不容，服务号信息虽然会显示在聊天列表中，但是由于用户每天微信消息比较多，图书馆信息很容易被覆盖，订阅号消息也会出现在列表中，用户难以第一时间发现。此外，很多大学生不止关注了图书馆一个部门，还会关注本学院微信公众号、社团、就业、宿舍和创业等微信，部分学校还会把图书馆和其他部门微信进行绑定，很容易引起学生反感。对于运营者来说，微信服务号和订阅号每天发布的群信息条数不同，二者在显示位置、消息条数上都存在限制性，用户很难第一时间阅读信息。对于开发者来说，服务号与订阅号拥有更多接口权限，开发的自由选择度更高，服务号支持微信支付，但是订阅号不支持微信支付，综上所述，高校图书馆开通微信双号的服务效果并不理想，反而增加了后台工作人员工作量，增加了微信公众号后续维护费用。

二、功能设定不够完善

微信是交互性较强的新型社交软件，强大的功能、飞速的传播率给高校图书馆服务工作提供了很多便利，但是微信公众号需要技术手段进行维护，目前高校图书馆微信服务后续维护还存在一些问题。高校图书馆微信公众号功能设定还不太完善，很多功能无法开展，影响了微信与图书馆服务的结合。此外，微信公众号运营需要技术人员来完成，仅仅依靠图书馆馆员很难完成微信功能开发、后续运营维护工作，图书馆无法把经费投入在技术人员或软件引进上，因此，目前大多数高校图书馆的微信只能做到实现基础功能，具体表现如下：

第一，当前高校图书馆对微信公众号功能的利用水平还处在初级阶段，虽然可以为读者提供检索、续借和咨询等服务，但是读者在使用微信下载或在线浏览文献时，仍然会遇到一些技术问题。例如图书馆微信公众号文本界面不够美观，无法自动记录生成书签，读者每次都需要重新打开文献，找到上次阅读的位置。大多数高校图书馆微信公众号依赖信息编辑和发布功能，对图书馆信息资源对接、读者数据挖掘技术还处在空白状态，影响了微信公众号运营。此外，由于高校图书馆缺乏技术人员，难以开展数据挖掘和技术开发工作，在微信公众号功能完善和界面设计上缺少创意，影响了信息服务的传播效果。

第二，自定义菜单有待进一步科学设计。高校图书馆微信公众号的初衷就是为师生提供更优质的服务，但是目前高校图书馆微信平台服务功能千篇一律，缺少个性，用户关注度和满意度都不太理想，这主要是由于图书馆微信平台自定义菜单功能比较单一，分类不明确，图书馆没有利用微信平台提供多个自定义菜单接口，菜单功能重复，设计不够精美，没有体现图书馆特色馆藏资源，虽然图书馆把热门活动设定为自定义菜单，但是很多图书馆会变动自定义菜单，降低了用户关注度。

第三，设置了过高的访问权限。有些高校图书馆微信公众号不提供校外访问机制，导致师生离开校园网络后无法正常使用图书馆微信公众号，很多文献浏览和下载功能无法使用。寒暑假期间师生无法使用校园网络，图书馆微信公众号难以提供服务，影响了师生对图书馆服务的满意度。

第四，回复功能效能低下，导致用户参与度低。由于各种原因限制，高校图书馆微信公众号自动回复功能只能回复一些简单问题，一些较为复杂的问题只能馆员来进行人工回复，一旦咨询量过大，人工回复就会比较滞后，用户等待时间过长，无法第一时间解决用户反映的问题。

三、宣传推广不够主动

很多学生都喜欢在图书馆内自习，却很少关注图书检索功能，部分学生习惯查询纸质文献，对电子文献关注度明显不够，更倾向于向馆员咨询问题，对图书馆微信公众号了解甚少。这充分反映出高校图书馆微信服务平台推广力度不够，一方面体现在学校图书馆对微信公众号功能不太了解，没有把微信打造为图书馆重要的服务窗口，另一方面则体现在图书馆微信公众号功能单一，缺少特色，宣传力度不够。

第一，高校图书馆没有把微信二维码作为主要推广工具，很多用户仍然需要通过搜索高校图书馆微信公众号名称来进行查找，过程比较烦琐，影响了用户搜索积极性，这说明图书馆微信公众号推广力度还不高。例如图书馆在学校官网上投放二维码，强调图书馆二维码的唯一性，吸引用户注意力。

第二，针对图书馆微信公众号的推广活动比较少，很多用户对微信公众号的关注度不够，导致很多用户对图书馆微信公众号服务、功能等了解不够，对图书馆微信公众号的便捷、智能服务了解甚少。

四、推文效果不够显著

信息服务是图书馆微信服务的重要内容，高校图书馆微信平台不同于普通自媒体，以服务师生和学科建设为主，具有很强的社会公信力和文化底蕴，但是高校图书馆推文工作开展效果不太理想。例如高校图书馆推送的通知、文献、活动等都会影响推广效果，部分图书馆只是单纯在微信公众号发布活动通知、新书上架时间表等，以纯文字为主，推文类型比较单一。另一方面图书馆馆员对微信公众号功能、服务模式、运营方式还比较陌生，无法熟练操作微信公众号，无法为用户提供优质服务，推文效果不够显著，主要表现在：

第一，推文频率不符合用户使用习惯。如果微信公众号推文频率过高且吸引力不够，会让用户产生感官疲劳，扰乱用户微信正常使用，甚至会导致用户退订。如果推文频率过低，难以推广图书馆特色馆藏资源和服务，影响微信公众号阅读量和点赞数，影响公众号宣传。很多高校图书馆微信公众号的推文频率都是不固定的，甚至是只有图书馆有活动时，才会进行推送，很难吸引用户关注。

第二，传播效果参差不齐。很多高校图书馆微信公众号都是分为动态、资源及服务三大板块，内容上大同小异，主要向用户推送图书馆开闭馆时间、新书上架、图书借阅规定等，固定化的内容难以满足用户需求，对用户缺少吸引力。结合国内图书馆微信公众号数据来看，排名比较靠前的高校图书馆微信公众号，发文量、WCI 指数、阅读量、点赞数均是靠前的，对用户吸引力比较高，都保持在月均 30 条以上的发文量，但是阅读量和点赞量不太理想。

第三，图书馆发布的消息容易被海量信息淹没。大部分高校图书馆都以文字、图片的方式来发布推文，很少推送视频和语音资源，推文方式比较单一，没有凸显图书馆文化特色，很难吸引读者。部分高校图书馆盲目转发社会热点新闻或话题，虽然在短时内可以激发用户阅读兴趣，增加用户关注度，但是从长期来看，会让用户产生审美疲劳。有些高校图书馆消息没有设置栏目名称，设计的标题缺乏吸引力，很多用户认为图书馆推送的消息比较混乱，无法激发用户点击兴趣，缺少原创性推文。

五、服务创新力度不足

各高校图书馆的微信平台在借阅证绑定、馆藏资源检索和新书上架等基础服务上已经比较成熟，在服务创新方面仍然存在不足。

第一，未体现特色，缺乏竞争力。各大高校图书馆在微信公众号服务内容上大同小异，很多高校只是盲目跟风，没有结合本校图书馆特色来构建微信公众号服务模块，信息资源等缺乏特色，影响了图书馆服务创新。图书馆是高校重要组成部分，不仅是学校的信息服务中心，还是基础服务部门，但是图书馆微信公众号和学校其他微信平台之间缺少合作。

第二，未形成定期的用户反馈机制。图书馆微信公众号把自认为质量高、热门的信息资源以群发的形式推送给用户，很少主动搜集用户需求，推送的很多信息难以满足用户需求，影响了用户对微信平台的认可度。

第三，用户交互有待开发。管理者对图书馆微信公众号整体运营不够重视，仅把图书馆微信平台作为发布各项通知的平台，花费在图书馆微信公众号开发和运营上的资金有限，影响了微信公众号服务质量。图书馆缺乏用户研究意识，只是盲目推送社会热点、馆内各项活动和新书活动，忽略了用户个人需求，用户对图书馆推送的众多信息兴趣度并不高，很少参与到微信公众号互动、分享和评价活动中。此外，高校图书馆微信公众号用户主要是在校师生，他们对科研、学科建设、学术文献等需求比较大，这就要求图书馆微信平台提供复合型信息，但是目前很多高校图书馆忽略了学科服务和科研服务，影响了用户对图书馆微信公众号的满意度和关注度。

第四，大多数馆员还习惯于传统的图书馆服务模式，对微信公众号服务、智能设备操作等还不太熟悉，影响了图书馆微信公众号服务质量。部分馆员只是机械性地群发信息，例如馆内近期阅读活动、文学名著推送等，服务意识还停留在信息传播层面，并没有开发新的微信服务功能，缺乏微信服务主动意识。此外部分馆员对微信公众号运营模式不太了解，人工回复工作效率比较低，编辑的推文缺少创新，影响了高校图书馆微信公众平台的推广。

第四节 微信服务的优化

一、重视规范建设，明确服务职能

高校图书馆微信公众号首页要明确功能模块，在展示头像、微信名称、功能介绍、原创与关注数据、自定义菜单、最新消息、小程序等方面凸显图书馆特色，让用户打开公众号后可以迅速了解各个模块，吸引更多用户关注图书馆微信公众号。

第一，统一和规范外部特征，便于用户识别。图书馆微信公众高要选用校徽、馆徽等带有学校或图书馆特色的图片作为微信头像，凸显官方微信公众号的权威性。微信名称是用户搜索高校图书馆的重要途径，高校在设计图书馆微信公众号名称时，要与其他高校区分开来，采用"学校全称＋图书馆"的形式，微信号可以采用统一名称的拼音缩写或英文缩写，简单易记，便于用户搜索。图书馆要不断完善自定义菜单，在功能介绍模块进行介绍，掌握好推送频率，研发实用性小程序，还要积极进行官方认证，让图书馆微信公众号在搜索列表中的排名更加靠前，做好年审工作，提升用户体验感。

第二，明确自身定位，选择合适的账号类型。微信公众平台功能强大，使用成本相对比较低，图书馆要根据发展目标、馆藏特色、未来规划等来完善图书馆微信公众号，根据自身实际发展情况来选择官方微信账号。

二、整合菜单模块，拓展微信功能

功能定位是高校图书馆微信服务的基石，图书馆要进一步明确各个功能模块，做好自定义菜单工作。一般情况下，一个微信公众号最多可以创建 3 个一级菜单，每个一级菜单最多可创建 5 个二级子菜单。只有利用好这 15 个功能接口，高校图书馆微信平台运行才能更加顺利，这 15 个接口不仅要涵盖基础性服务，还要结合本校文化特色、学科建设和馆藏资源等设计个性化菜单，提升图书馆微信公众号专业化、个性化水平。

第一，充分利用微信公众平台已提供的功能。一方面，高校图书馆可以利用分组功能进行针对性地信息推送，微信公众号后台服务人员可以对关注用户进行分组管理，例如针对用户专业、身份等信息进行分类，为每一个用户推送不同信息，满足他们的信息资源需求，落实人性化微信服务理念，让用户享受私人订制服务。另一方面，高校要积极投入资金、聘请技术人员研发图书馆微信公众号小程序，提升微信公众号趣味性，方便用户检索、浏览和下载信息资源。根据微信官方数据显示，目前人均使用小程序超过 20 款，用户已养成使用小程序的习惯，因此，高校图书馆微信公众号要积极开发小程序，凸显图书馆特色，提供定制化小程序体验。图书馆可以自主研发小程序，或关联第三方小程序，但是二者的核心都是要抓住用户需求，对自定义菜单进行拓展。例如座位预约用户需求在微信公众列表是最靠前的，很多图书馆开始利用小程序功能开发"不占座 +"小程序，成了替代座位预约的新功能，用户通过小程序获取图书馆门禁、自助借还、图书逾期罚款等。

第二，整合馆内外资源，充分利用微信公众平台支持的第三方接口技术。高校图书馆可以对 15 个二级子菜单进行分类，把用户需求量最大的类别作为菜单选项，除了提供基本的图书馆信息资源，还要为师生交流、专业课学习提供新平台。例如图书馆可以提供各个专业考试时间表、成绩查询、招聘会等信息，还可以提供生活类服务，例如公交线路查询、火车票与机票预订、天气查询等选项。微信公众号的服务功能要尽可能涵盖学习、生活和工作的方方面面，满足用户需求，这样可以提升微信公众号黏性。高校图书馆还可以把热门活动作为菜单选项，但是要控制好信息数量，筛选时政新闻热点、就业新闻等，提升用户关注度，还可以把不同的活动组合在一起，简化微信小程序。例如图书馆可以设置"活动签到"菜单，用户点击后可以查看近期图书馆所有活动、热点新闻等，当微信菜单内容更新后，公众号会为用户发布提醒信息，提醒用户及时查看新开展的活动，避免错过。图书馆还可以开设当下热门的听书、名家名作和外国文学鉴赏等菜单，由馆员和校外技术公司负责小程序运营。

第三，回复功能是微信服务个性化必不可少的一项功能。自动回复虽然较为便捷，但是需要后台工作人员提前设定好答案，技术人员搜集图书馆微信公众号用户检索或咨询频率最高的问题来更新数据库，给出用户精准的答案。自动回复可以减轻后台工作人员的工作量，如果用户咨询问题过于复杂或在问题库中无法找到对应答案，可以转入人工回复。例如用户在问题前加"ZX"转人工回复，这样可以对问题进行有效区分，尽快转入人工服务，图书馆要安排馆员值班，及时解决用户咨询，全面提升高校图书馆微信服务质量。

三、加大宣传力度，创新推广方式

第一，结合二维码技术，绑定用户需求。高校图书馆要利用微信二维码开展宣传推广作用，可以把图书馆微信二维码打印出来，制作成精美海报，张贴在图书馆、教学楼、食堂、办公区等显眼位置，吸引更多师生通过扫描二维码的方式来关注图书馆微信公众号，扩大图书馆微信公众号知名度。图书馆可以把二维码投放在学校官方网站、微博账号首页，让学生在浏览学校相关信息时，顺手关注图书馆微信公众号。图书馆还可以组织线下宣传活动，在校园内开展阅读推广、诵读活动，吸引更多新生通过微信"扫一扫"功能进行关注。此外，图书馆还可以把二维码运用在出入馆门禁系统，用户可以通过二维码扫描进入图书馆，还可以通过二维码进行借还书、预约座位等，实现"无卡化"图书馆服务。

第二，创新宣传方式，抓牢新老用户。高校图书馆可以利用 LBS 功能向靠近图书馆的用户发送欢迎语、介绍性信息、影片展播信息等，进一步扩大图书馆宣传范围，提升图书馆微信关注量，还可以把图书馆微信公众号二维码增加到新生录取通知书中，让新生在家中也可以了解学校图书馆相关信息，还可以和师哥师姐们在微信公众号进行互动。很多高校开设了新生入馆教育课程，利用微信公众号和新生进行第一次交流，让新生了解学校文化理念、图书馆特色馆藏资源，激发新生对图书馆的关注热情。图书馆还可以采取激励措施来宣传图书馆微信公众号，如果用户关注图书馆微信公众号后，可以获得更多图书逾期罚金减免、延长借阅时间等特权，以此来激励用户关注微信公众号，还可以引导新用户把图书馆微信公众号置顶、设置为标星公众号，这样不仅可以把图书馆微信公众号与其他公众号区分开来，还可以时刻提醒用户，避免它们错过图书馆相关信息。此外，图书馆还要关注教职工服务，定期开展各个专业教师培训、阅读讲座等活动，为教师们提供更加全面的教辅材料和最新期刊、文献等资料，更好地履行学科服务职责。

四、提升推文质量，加强内容管理

在智能互联时代，知识经济成为社会的主流，高校图书馆微信公众号服务应紧跟这一潮流，丰富服务内容，坚持正确舆论导向。高校图书馆微信公众号要进行个性化数据挖掘，结合校内师生、社会大众的需求来丰富微信公众号服务内容，利用微信公众号进行信息推送，满足不同用户群阅读需求。

第一，坚持内容创新。随着新媒体如雨后春笋般出现，人们了解信息的渠道越来越多元化，大学生成为我国网民的主体，高校图书馆要积极利用新媒体进行宣传，挖掘新资源，丰富图书馆微信公众号推送内容，保证资源的个性化和特色，满足学生求知欲和好奇心，保证图书馆微信公众号的活跃度。高校图书馆微信公众号要尊重原创，当转载其他微信公众号原创文章或视频时，需标注文章来源，既可以保护原创成果，避免出现版权纠纷，还可以鼓励图书馆推出更多原创内容。例如把图书馆备受用户欢迎的热门文献、线下阅读推广活动进行宣传，把这些活动编辑成图文并茂的消息群发给所有用户，鼓励更多用户参与其中。图书馆微信内容要凸显趣味性、即时性、独特性、原创性，提供贴近大学校园生活、大学生就业的热点信息，让用户产生代入感，方便用户利用碎片时间来阅读微信公众号内容，激励更多用户自动转发、点赞。

第二，统一栏目标签，合理配置资源。图书馆微信公众号要统一标签栏目，方便用户提取自己需要的信息，快速标志自己感兴趣的推文，便于下次访问。图书馆要针对阅读量和点赞量较高的栏目进行重点推荐，打造独树一帜的图书馆微信公众号品牌，例如武汉大学的"微天堂真人图书馆"、厦门大学的"i学堂"，这样的金牌栏目便成了该校的特色与标签。

五、增强服务意识，转变工作方式

第一，提高服务的主动性，强化个性功能。高校图书馆微信公众号要定期发布问卷调查，对馆藏资源、智慧服务和馆员工作态度等进行调研，广泛搜集用户反馈的问题，制定针对性的整改方案，提升用户对图书馆微信公众号的好感度和忠诚度。高校图书馆要组建微信公众号服务团队，及时利用微信分组推送功能开展精准服务，结合馆内各项调研数据，定期向各个分组推送信息。此外，图书馆还可以增加语音查询功能，用户通过语音的方式在微信公众平台发送指令，后台通过语音识别功能，分析出用户需求，回复用户咨询问题，满足用户多样化的服务需求。

第二，增强服务意识。图书馆要整合馆内信息资源，加强馆员培训，让每位馆员都可以熟悉微信公众号操作流程。此外，馆员要转变工作思维方式，除了要做好馆内各项工作，还要实时关注图书馆微信公众号动态，学习微信公众号运营技巧，帮助图书馆顺利渡过服务转型时期。

第三，组建微信服务团队，管控工作流程。虽然很多高校图书馆都开通了微信公众号，但是公众号后续运营还存在问题，图书馆要积极组建专业化微信服务团队，负责微信公众号推广、策划和管理，保证微信公众号正常运营和服务。图书馆要积极和校外互联网企业合作，引进专业技术人员，保证微信公众号数据安全，例如保证图书馆微信支付安全性、用户数据保密性，及时解决公众号卡顿或闪退等问题，管理好图书馆信息资源，规范图书馆微信公众号运营模式。此外，高校图书馆要积极组织微信公众号运营培训，针对微信公众号推广、图文美化和人工回复等开展培训，培养专业化的图书馆微信公众号运营团队。

六、增强馆员与读者的互动，营造良好的阅读氛围

高校图书馆要保持和用户之间的良好互动，鼓励馆员利用微信公众号与用户进行互动，一方面可以帮助用户尽快找到所需的资源，提升资源利用率，另一方面可以提升馆员服务意识。此外，互动性可以增进馆员和用户之间的情感交流，馆员可以通过微信公众号人工回复，了解用户对微信服务、资源建设的建议，针对用户反馈的问题，调整工作方案。图书馆可以组织问答竞赛、征文、摄影等活动，让用户参与到图书馆微信公众号建设中，鼓励用户分享自己生活、学习和工作中的精彩瞬间，提升用户对图书馆微信服务的认可度。此外，图书馆微信公众号还可以举办一些奖励活动，例如线上打卡活动，用户坚持每天登录微信公众号签到，累计签到一定天数就可以兑换一定图书馆权限，例如延长借阅时间、电子文献下载次数等，还可以组织一些有奖问答活动，线上答题优胜者可以换取相关奖励，例如 QQ 会员，电话充值卡等，激发用户参与的兴趣。图书馆微信公众号还可以设立留言板，馆员每天要查阅用户留言，与用户进行线上互动，对提出建设性意见的用户给予奖励，激励用户为图书馆微信公众号进行宣传。

第八章　网络环境下高校图书馆服务创新

第一节　网络环境下高校图书馆个性化信息服务

一、网络环境下高校图书馆个性化信息服务的内涵

高校图书馆服务对象主要是在校师生，特定的服务群体决定了图书馆信息服务的内容和形式，图书馆要围绕学科建设、教师教学和学生学习等方面来开展信息服务，结合不同服务内容来选择合适的信息化服务工具。网络环境下高校图书馆个性化信息服务需要依靠特定系统来开展，例如数字图书馆、微信公众号等，用户可以根据系统功能来构建自己的特色资源，例如在系统中标记感兴趣的数据类型、检索记录，方便下次登录系统时可以快速找到上一次浏览位置。图书馆可以利用信息化工具来记录用户检索、浏览和下载等数据，进一步分析、预测出用户喜好和检索习惯，有针对性地向用户推送信息，例如针对教师推送科研类信息，针对学生推送专业课考试、备考资源和就业信息等。具体来说，高校图书馆个性化信息服务主要包括以下三个方面：

（一）服务内容的个性化

网络环境下，高校图书馆提供的智能软件、新媒体平台等，可以方便用户选择自己感兴趣的信息资源，利用手机、电脑等来获取信息，为用户提供个性化信息资源。此外，图书馆服务内容也越来越个性化，例如用户可以关注自己感兴趣的文献、阅读推广或读者圈，积极报名图书馆组织的线上线下阅读活动等。

（二）服务方式的个性化

网络环境下，高校图书馆转变了服务理念，由之前被动式服务，即用户在图书馆网络覆盖范围内、使用图书馆设备来浏览、检索和下载资源，转变为主动服务，逐步开展移动信息服务，让用户随时随地利用图书馆资源，方便用户利用手机、平板等来检索、在线阅读和下载资源，提供用户真正需要的资源，

落实好个性化信息服务理念。

（三）服务时间和地点的个性化

传统的服务方式下，用户获取信息要受到时间和地点的限制，例如用户只能在馆内查找纸质文献，网络环境下，用户可以在任何时间、任何地点通过自己的读者账号就可以浏览、下载图书馆资源。

二、网络环境下高校图书馆个性化信息服务的内容

（一）为教学服务

高校是我国培养高等人才的摇篮，也是推动我国"双创"战略的中流砥柱，最主要的任务就是为国家培养、输送更多高素质人才，图书馆作为高校重要组成部分，有责任为高校提供优质信息资源和信息服务，提升高校人才培育质量。教与学是高校日常管理最核心的两个板块，广大师生需要学习更深入、全面的专业知识，都需要补充和拓展课外知识，这恰恰就是高校图书馆的服务职责所在。高校教师终身学习意识比较强，渴望获取更多专业知识，提升个人专业能力，而学生希望拓展专业课学习视野，提升个人就业竞争力。高校师生对新时期图书馆发展提出了不同要求，更希望图书馆主动搜集、更新图书馆文献资源，满足教师教学的需要，搜集各个专业就业信息、资格证考试信息，向学生提供优质课外知识，满足学生自我提升的需求。

不同层次的服务对象对教学信息的关注和需要是不同的，教师和学生的立场和需求是不同的，这就需要图书馆开展有差别、分层次、个性化信息服务。对于高职院校、普通本科院校学生，图书馆可以提供与专业课课程相关的专业文献，帮助学生巩固专业课知识。针对知识层次比较高的研究生和博士生来说，图书馆要主动提供国内外最新研究成果以及各个领域科研专著等资料。

（二）为科研服务

科学研究是高校师生的另一个重要任务，不同专业、不同学历和不同层次师生面临的科研任务是不同的。例如中职学校学生的科研工作主要是毕业论文撰写，高职、本科院校学生则是在专业知识基础上进行科研学习，搜集和专业相关文献，尤其是专业领域最新科研成果和研究文献，针对这些文献进行分析，然后撰写毕业论文。不同学历的毕业论文要求也不相容，一般来说，高职和本科院校毕业论文更注重基础知识，对创新性和科学性要求不太高，因此学生毕业论文中运用的知识层次比较低，对信息服务要求不太高，图书馆主要根据不

同专业、不同学历学生来开发专业课程资源、学术期刊和文献资料，做好毕业论文相关信息服务。对于高层次的研究生、博士以及他们的教师来说，科研是他们最重要的工作，包括毕业论文撰写和科研成果展示，需要有理有据地进行阐述和讲解，对毕业论文质量要求比较高，对教师和学生创新意识和逻辑思维要求比较高，这一群体对图书馆信息服务要求比较高。因此，高校图书馆要立足本校学历水平和专业设置特点，为各个学科专业提供最新文献、期刊等信息资源，全面开发高质量、高层次学术研究成果，例如图书、期刊和实验素材等，帮助师生进行专业课创新，不断提升学生毕业论文和研究成果水平，提升教师个人科研能力。

因此，高校图书馆的信息服务要注重层次性和专业性，做好信息服务和科研服务对接，为广大师生提供优质信息资源，提升师生对图书馆信息服务认同感和满意度，促进高校教学和科研发展。

三、网络环境下高校图书馆个性化信息服务的特征

（一）以用户为中心

高校图书馆服务对象比较特殊，他们是青年大学生，创新和接受新事物能力强，追求个性化信息服务，这也是督促高校图书馆利用互联网开展个性化信息服务的动力之一。网络环境下，高校图书馆要扭转传统服务方式，以用户需求为导向，运用互联网搜集用户喜好、服务需求，提供个性化信息服务，有针对性上传文献资源，进行精准推送。

（二）双向信息服务，加强与用户之间的交互

网络环境下，图书馆信息服务建立在交互基础上，体现在图书馆与用户的互动上，体现在信息提供者和用户之间的互动，例如用户可以对信息资源进行点评、讨论，图书馆可以根据用户的反馈调整服务内容和方式，利用微信、网站和微博等提供便捷的信息服务，让用户可以在微信、微博上定制个性化信息空间。

（三）可定制的信息服务

互联网为高校图书馆信息服务开辟了新渠道，打破了地域和时间对图书馆服务的限制，为用户提供个性化设置，例如个性化显示界面、服务方式和特色馆藏资源，让用户根据自己个性化设置来选择资源，体现个性化定制服务。

（四）主动、精准的信息推送服务

网络环境下，图书馆可以利用大数据、微信公众号等搜集用户使用习惯、阅读喜好和线上评论，为每一个用户建立信息服务数据库，根据用户浏览数据来进行信息推送，打造全新的"信息找人"的主动服务模式。

（五）以现代网络信息技术为支撑

现代网络技术可以保障高校图书馆官网、官微和电子图书馆顺畅运行，简化了馆员服务流程，用户可以利用网络技术标记自己关注的内容，保护用户隐私数据，把更多优秀文献分享到图书馆系统，促进信息资源共享。图书馆可以利用数智能代理技术，满足个性化服务需求，保证数据精准推送，对用户在图书馆系统内的浏览、检索以及图书馆信息推送过程进行追踪，对用户身份进行识别，完成对用户信息的搜集、认证等数据加密服务，保证用户信息和隐私安全，保证图书馆信息资源安全。

（六）及时性、安全性

网络环境下，图书馆个性化信息服务要符合"互联网＋"时代特征，只有掌握最新信息才能掌握学习、工作和生活的主动权，高校作为信息服务机构，要及时搜集最新信息资源为用户提供服务。图书馆可以搜集相关信息，包括用户所借阅图书，点赞率最高、在线阅读量最高的信息资源，围绕这些信息开展服务，保障用户信息和隐私安全。

四、网络环境下高校图书馆个性化信息服务的实现方式

（一）个性化信息定制服务

个性化定制是未来高校图书馆信息服务的发展趋势，用户可以根据自己的阅读喜好、需求来选择服务内容、设置服务界面和接收消息标准，通过图书馆系统来定制自己的信息数量、内容和操作界面布局等。网络环境下，当用户设定好个性化服务标准，服务器就会自动为用户建立数据库，随时记录用户访问数据，例如搜索关键词、下载量和评论内容等，根据记录的用户信息进行信息推送，并允许用户自主设置操作界面。个性化信息服有两种模式：第一种是个人定制，用户根据自己的爱好和需求来选择系统服务和设置操作界面，这一模式的本质就是用户从系统提供的模板和数据中选择自己喜欢的服务模式，以便及时接收系统发送的各类通知。第二种则是系统自动预测，根据用户以往在系统内的浏览、下载和讨论等数据，自动对用户行为进行分析，构建用户信息服

务模型，这一服务模式的本质是建立用户信息需求模式，再根据系统分析出的用户数据进行精准推送。新时期高校图书馆在网站的网页设计上还存在一些问题，页面设计比较古板，缺乏创新，网页模块划分和文字内容缺乏针对性，难以满足不同用户需求。为了更好地满足用户个性化信息服务需求，高校图书馆要不断优化网页设计，留给用户更多自主决定权，提供更多系统功能，例如用户可以运用以上两种模式来设置图书馆网页，从图书馆网页设置提供的模板来选择自己最喜欢的页面设计方案，对相应模块进行设置，只接收自己感兴趣的信息，屏蔽垃圾信息。用户还可以根据自己的专业来定制信息服务方式，例如理工科类专业用户可以设置只接收建筑、物理、数学或计算机等相关知识，对系统推送的信息进行筛选，过滤掉一部分无效信息。

（二）个性化信息推送服务

网络环境下的信息推送服务，改变了图书馆传统服务模式。个性化信息推送最初是由国外一家网络公司提出，运用在计算机系统设计中，这种方式具有一定的智能性，不同于传统的数据服务，它可以自动提取用户网络信息，解决了用户利用网络盲目点击和阅读的问题。推送技术的核心理念是构建信息代理机制，在计算机服务器上建立一个信息搜索器和缓存系统来管理网络上的用户动态信息，服务器可以负责客户端数据挖掘工作，利用大数据、自动分类、信息过滤和推送技术来满足不同用户需求，还可以根据用户定制标准来调整信息服务，避免接收垃圾信息。

网络环境下高校图书馆个性化信息推送服务要坚持全面发展，首先要利用大数据技术广泛搜集用户数据，例如用户在图书馆官网、数字图书馆的检索、阅读和借阅记录等，对这些数据进行分析，根据大数据分析结果来预测用户阅读喜好、阅读习惯，以此来构建个性化信息服务模型，把搜集到的用户数据进行精细化处理，过滤掉干扰信息，确定最终用户推送内容。图书馆在推送信息过程中要引导用户把个人信息录入个性化信息服务系统，方便系统构建用户信息模型，再根据用户定制的服务内容，在数据库和互联网上自动搜索相关数据，筛选出符合用户需求的数据，把这些数据进行分类、排序，再把这些信息推送给用户。个性化信息推送服务是一种全新的主动服务模式，用户只需要在第一次输入检索关键词即可，图书馆系统可以自动保存用户检索数据、浏览数据等，方便用户下一次登录可以快速找到所需要的数据。

（三）智能代理服务

智能代理服务是一种全新的信息服务模式，当不明确用户个人信息和服务需求时，可以根据用户相关数据进行推测，分析出用户喜好，帮助用户快速查找相关信息，并为用户进行智能过滤，筛选出符合用户需求的信息，凸显智能代理智能化、自动化和精准化服务特点。

智能代理服务具有以下优势：一是可以减少用户搜索时间，根据用户检索词、浏览记录等过滤无效信息，对信息进行排序，方便用户第一时间找到所需信息。二是可以提升用户访问速度，根据用户搜索词来推荐相关资源，为用户提供拓展性信息资源。三是可以智能化推荐，互联网是一个开放的环境，图书馆信息资源数量庞大，很多用户不明确个人信息需求，智能代理服务可以根据用户相关数据进行匹配，筛选出最贴近用户需求的信息，提升信息查询、搜索质量。

（四）个性化信息检索服务

信息检索是网络环境下用户经常使用的一种操作，用户在检索过程中难免受到网络信息、硬件设施和搜索时间等因素限制，每一个用户的检索词汇、检索方式都各不相同，这也要求高校图书馆要提供个性化信息检索服务。图书馆在制定用户信息检索模板时，首先要了解用户最常用的信息检索方式、检索方法和检索结果等，科学制定个性化信息检索服务方案。针对不同用户的检索特征，图书馆可以在检索模板上设定不同专业、不同学历和不同期刊等模块，丰富图书馆信息资源，让用户对馆藏资源一目了然。图书馆要积极构建个性化检索平台，运用人工智能、大数据等技术过滤不良信息，让用户可以根据自己的需要在检索平台上进行对应内容的选择，从而提高信息检索和利用的效率。

（五）互动式服务

互动式服务是一种动态的服务方式，指的是图书馆与用户通过互动方式完成信息服务的整个流程。这种互动服务主要包括以下三种类型：第一种是实时互动，图书馆通过微信公众号、网站等平台提供在线咨询服务；第二种是延时互动，用户通过电子邮件、留言板等方式进行咨询，需要等待图书馆回复；最后一种则是合作互动，图书馆通过微信、官网等平台发放调查问卷，了解师生对图书馆信息服务的满意度和建议。图书馆与用户进行互动时，一方面可以为他们提供优质信息资源，解决他们在学习、教学和科研上的问题，另一方面则是搜集用户数据，根据用户专业、喜好和下载量等进行分析，分析出不同专业用户的信息需求，为后续制定个性化信息服务提供依据。此外，图书馆还可以通过搜集用户数据，了解他们对图书馆服务的意见，根据用户满意度调整信息服务模式，优化图书馆微信公众号、官网等平台资源，提升馆员信息服务水平。用户可以通过图书馆网站设立的留言、互助模块进行互动，例如在线咨询服务、用户交流、资源共享等服务，促进用户与用户之间、用户与图书馆之间的有效互动，随时随地解决用户阅读过程中遇到的问题，发挥个性化信息服务优势。

（六）信息资源管理服务

各大高校在专业设置、科研方向和图书馆资源上都存在着差异，网络环境下高校图书馆可以立足本校育人目标、优势专业等来制定信息资源管理服务模式，组织各个专业课教师配合图书馆工作，让图书馆资源更加专业化、系统化。用户可以在图书馆官网、数字图书馆或微信公众号等平台建立个人信息数据，定制自己感兴趣的推送信息等，收藏、点赞或下载感兴趣的文献。此外，用户还可以从图书馆馆藏资源中筛选自己感兴趣的资源，并把这些资源添加到个人信息数据库中，还可以收藏视频资源，随时随地添加或删除，为用户提供信息资源自主管理权，提升用户信息资源利用率。

第二节　网络环境下高校图书馆用户及其需求

一、网络环境下的高校图书馆工作

（一）网络环境对馆藏资源的影响

传统高校图书馆馆藏是一个具有明确界限的独立的物理实体，通常以静态方式存在，以印刷型纸质文献为主要收藏载体。随着互联网的发展，电子文献等日益成为受人们喜爱的资源，逐渐打破了印刷型文献在图书馆馆藏资源建设上的"霸主"地位。当下高校图书馆已经进入数字化时代，图书馆文献类型、资源结构和服务方式等都悄然发生了变化，逐步形成了印刷型信息资源、电子资源和网络信息资源三足鼎立的局面，近些年来电子和网络信息资源在馆藏资源建设中的比重逐年增加，是未来高校图书馆转型的重中之重。高校图书馆要重视信息化发展，加快不同类型文献之间的转化和兼容，一方面要积极把部分印刷型文献转化为数字文献，提升文献利用率，保护好珍贵馆藏文献；另一方面要打造数字化图书馆，丰富电子文献、学术期刊和图书等资源，更好地服务于高校学科建设和科研服务。

网络环境下，高校图书馆可以利用大数据、云计算等技术进行信息资源存储、检索和传递，打造数字化图书馆，促进信息资源共享，最大限度地丰富和保护馆藏资源。高校还可以积极邀请企业、政府部门参与图书馆建设，一方面寻求互联网企业帮助，研发数字化图书馆系统和微信公众号等数字化平台，另一方面要积极引进优势专业、科研和学术期刊电子资源，丰富图书馆馆藏资源。此外，图书馆还可以定期汇总用户借阅量最高的数据、师生最渴望引进或增加的文献，有针对性地引进信息资源。

（二）网络环境对高校图书馆馆员的影响

作为为高校教学、科研和文化建设提供基础服务的机构，图书馆要不断完善自身基础服务项目，为用户提供优质资源和服务，一方面要积极引进最新电子期刊、图书，采购各个专业的纸质文献；另一方面要提升馆员综合素养。馆员是高校图书馆服务的主要组织和实施者，

要不断提升他们的服务能力，为提升图书馆服务质量奠定坚实基础。传统图书馆服务内容和方式比较简单，馆员服务范围比较小，以解决图书借还、咨询为主，对馆员综合素养要求比较低，馆员主动服务意识比较弱。互联网环境下的高校图书馆，服务内容和服务手段越来越多元化，除了基础性咨询服务，还要积极提供数字化服务。馆员不仅仅提供简单的服务劳动，还要承担起图书馆系统维护、电子文献管理和微信公众号咨询服务等，成为了图书馆信息服务的中流砥柱。

目前，我国高校图书馆在人才引进、培养方式等方面还存在一些不足，主要体现在馆员信息素养参差不齐、知识服务模式陈旧和缺少图书馆学专业人才等方面。很多馆员都是学校引进人才的家属，这部分馆员文化水平比较低，缺少图书馆工作经验，信息化素养不高，很难胜任图书馆信息服务，也难以为读者提供深层次服务。此外，部分图书馆招聘的馆员虽然具备本科或研究生学历，但是图书馆学专业的馆员非常少，他们对图书情报专业知识缺乏了解。为了满足用户对图书馆信息资源服务质量的需求，图书馆要加强馆员培训，一方面要组织信息化培养，让馆员掌握图书馆微信公众号、官网等信息化平台操作，让他们可以熟练掌握数字资源采集、管理流程，掌握信息化服务平台操作技巧；另一方面要开展服务培训，为馆员介绍数据筛选、检索书目整理和咨询服务等流程，让馆员可以过滤掉互联网不良信息，为读者推送更加优质、专业的信息，

提升馆员创新能力和服务意识。在招聘图书馆馆员时，要尽量录取图书情报学、图书馆管理等相关专业的人才，综合应聘者创新能力、计算机应用能力和学术研究能力等来进行考核，打造高素质图书馆馆员队伍，为本校师生提供更加优质的服务。

（三）网络环境对高校图书馆服务理念的影响

高校图书馆要把服务渗透在学科建设、科研服务和阅读服务等工作实践中，以服务师生为目标，合理规划图书馆服务发展。以往，高校图书馆馆藏资源是服务主要内容，馆藏数量是衡量图书馆水平的重要依据，这也是国家教育部门评估高校图书馆建设质量的重要标准，为了顺利通过教育部门评估，很多高校图书馆盲目采购图书，导致采购的资源不符合本校发展实际，造成了资源浪费。很多高校图书馆服务理念比较守旧，忽略了数字化服务和人性化服务理念，影响了读者对图书馆服务的满意度。互联网的飞速发展，让高校图书馆信息服务迎来了发展的"春天"，电子文献、微信公众号和网络资源等成为图书馆转型的重点，无形中改变了高校图书馆服务理念。网络环境下高校图书馆开始探索为读者提供私人订制服务，构建信息共享服务模式，不仅可以搭建图书馆与读者、读者与读者之间的互动桥梁，还可以探索建立图书馆大数据库，从传统大众服务向个性化、定制化服务转型，满足不同读者需求，为他们提供超出预期的服务。

（四）网络环境对高校图书馆用户的影响

高校图书馆主要服务对象是在校师生，他们对图书馆信息资源、读者服务的要求不尽相同，网络环境下，用户信息需求量逐渐增多。传统环境下，高校图书馆用户主要是利用图书馆馆藏文献、图书和空间进行学习和科研，需要在图书馆内才可以享受这些服务，部分文献还需要馆员根据规章制度审批才能借阅。互联网环境下，首先，读者不仅可以到图书馆借阅各种图书、期刊，还可以在宿舍、家庭等场所通过访问图书馆信息化平台来进行借阅、续借和在线阅读等操作，体验图书馆的虚拟馆藏资源服务。其次，读者的信息化学习意识得到了提升，减少了对馆员的依赖，开始主动检索信息资源，根据自己的专业和喜好来查询文献，提升了信息意识和专业素养。

二、网络环境下高校图书馆的用户特点

（一）用户数量增加

传统模式下，馆藏资源、馆舍面积和技术是衡量高校图书馆建设水平的重

要指标。很多高校在修建图书馆时，会尽量压缩物理资源所占面积，增加读者阅读和服务空间，但是由于馆舍面积固定性，限制了图书馆接纳用户的数量。馆员数量也会影响用户数量，高校图书馆面对的是在校师生，人数众多，但是馆员数量有限，难以及时解决读者问题。网络环境下，很多高校图书馆开始构建虚拟馆藏资源库，利用大数据和物联网等技术开发新的电子文献资源，让用户在宿舍、教室等场所也可以访问图书馆门户，通过网站、微信公众号等平台浏览、借阅、下载资源，还可以和馆员进行在线互动，及时解决阅读过程中的问题，摆脱了图书馆空间、时间对阅读服务的限制。此外，网络环境下，图书馆用户数量大大增加，虚拟馆藏可以服务更多读者。

（二）用户类型多样化

网络环境下，随着高校进一步扩招，图书馆用户人数不断增加，用户类型也越来越多样化，我们可以把高校图书馆用户分为不同类型。高校图书馆用户主要是教职工和学生，随着图书馆进一步对社会开放，企业科研人员、技术人员也开始成为高校图书馆的服务对象。根据用户年龄，又可以分为青少年用户、中年用户和老年用户；根据组织形式，可以划分为个人用户和集体用户；根据主体存在方式可以分为虚拟用户和现实用户；根据用户需求，可以分为隐性用户和显性用户；根据用户利用高校图书馆服务的目的又可以分为学习型用户、休闲型用户、科研型用户和生产型用户；根据用户阅读需求心理，又可以分为盲目型用户、实用型用户、拓知型用户和研究创造型用户。高校图书馆作为师生学习、科研的主要场所，要根据不同用户需求来引进信息资源、制定服务方案。

三、网络环境下高校图书馆的用户需求

（一）高校图书馆的用户需求特征

随着"互联网 +"时代的到来，高校图书馆用户对信息需求、图书类型和内容上的要求都在发生变化，数字化、虚拟化资源逐渐成为图书馆转型的重点。网络环境下高校图书馆用户信息需求越来越呈现出多样化、个性化、系统化、时效性、交互性等特点，这些需求正在成为高校图书馆服务转型的方向，逐渐把用户需求精品化、个性化。此外，高校图书馆用户需求还具有鲜明的群体性特征，学生和教职工是最主要的服务群体，教职工又分为教学科研、非教学科研用户，教学科研类用户根据科研需要来搜集信息，例如高级职称教师对学术期刊、专利报告等比较感兴趣，初级职称教师对日常教学创新和学生管理比较

感兴趣。高校后勤人员和管理人员对管理类、文化建设类资源比较感兴趣。本科生、研究生和博士生对信息专业性、创新度要求也不相同等。总体来说，学历越高对信息资源质量、类型等要求越高，非科研岗位教师信息需求量、科研积极性相对低于教学科研类教师。

（二）决策、管理人员的需求

决策管理人员指的是高校校级领导、各二级单位主要负责人以及各级行政人员，他们的信息需求主要集中在国家政策法规和学校管理层面，特别是国家近几年颁布的教育法规、教学改革等文件，以及国内外高等教育、科研等最新成果，对信息准确性、全局性、完整性和方向性要求很高。高校管理层日常工作比较繁忙，他们无暇对海量信息进行汇总、分析和处理，更渴望图书馆可以帮助他们对相关信息进行筛选、分析，把最贴合高校教育管理改革的信息推送给他们。

（三）教学科研人员的信息需求

高校不仅仅是教书育人的场所，更是开展科研工作的"前沿阵地"，教师不仅承担着课程教学的任务，还要积极开展科研工作，为培养科研型人才做好准备。图书馆作为高校信息资源的提供机构，要关注教学、科研人员信息需求，积极引进各个专业最新发展动态、专业会议、期刊论文等最前沿的科研信息和成果，满足不同层次教师教学、科研需求。对于刚刚入职的青年教师来说，更富有创新精神、热情，求知欲更强，他们渴望快速胜任教学岗位，对他们对本专业最新教育理念、优质课件和职业资格证考试等相关内容需求更加旺盛。在科研方面，科研人员信息需求量较大，尤其是与科研专业息息相关的文献和成果。图书馆是科研人员获取信息的主要渠道，研究初期，科研人员需要通过图书馆查询科研项目的国内外研究文献，了解该领域的最新科研进展；课题研究过程中，他们更渴望获得与课题研究相关的专业信息，例如著名学者观点、实验数据和实验报告等资料，在这些信息资源的帮助下推动科研进展。随着科学技术飞速发展，学科划分越来越细化，学科交叉性日益明显，科研人员在课题研究过程中不满足本专业相关知识，还需要融合其他专业、其他学科的知识，这种情况下，他们不仅希望图书馆可以为他们提供课题相关文献，还希望图书馆可以对海量文献和信息进行智能筛选，保留最贴近课题研究的信息，帮助他们解决研究过程中的难题，攻克科研难关。随着我国大多数高校实现校园网络覆盖，图书馆电子资源库建设取得了不俗的成绩，为教学、科研人员提供了更多优质的电子资源，但是部分科研人员对数字化电子资源、资源数据库的运用还不够娴熟，需要图书馆辅助他们完成检索、下载，更渴望图书馆可以为他们提供专业化培训。

（四）教辅人员的信息需求

图书馆、网络中心、实验室和教学设备管理部门等都属于教学辅助部门，也是高校开展科研工作的保障单位。教辅部门信息需求主要集中在人力资源管理和信息化设备维修技术等方面，他们工作时间相对自由，对财务管理、卫生保健和体育活动等热情高涨，也会主动学习了解这类信息，他们的信息需求比较广泛、不局限于某一专业或某一学科，他们对信息深度要求不高。

第三节　网络环境下高校图书馆的服务模式

一、高校图书馆用户知识需求的服务模式构想

（一）开展以学科馆员为核心的知识导航服务

随着知识经济时代的到来，人们获取知识、挖掘知识、传播知识和创造知识的方式也随之改变，高校图书馆用户的需求已经从信息需求转化为知识需求，他们不再满足于图书馆提供的各种类型的信息资源，开始要求更深层次的知识服务。网络环境下，高校图书馆要肩负起学科建设、教学改革、科研工作的重任，立足本校优势专业、科研项目进展来搜集最新科研成果、文献等资源，为高校教师、科研人员和学生提供优质信息资源。图书馆要立足自身资源和人才优势，积极组织馆员了解各专业特点，培养学科馆员，使馆员为读者提供更加专业的知识导航服务，搜集更优质的资源。

（二）知识导航服务体系构成因素

1. 高校图书馆用户

高校图书馆用户群体主要包括在校教师、科研人员和学生，图书馆一切服务都要围绕用户需求来开展，推动图书馆服务创新。高校图书馆不仅仅要为用户提供海量信息资源，还要为用户提供知识导航，智能化推送信息，针对各个专业的师生提供定制服务，用户学历水平、职业素养和满意程度也是构建图书馆知识导航服务体系的重要因素。

2. 学科馆员

学科馆员作为学科联络人、学科咨询人，除了要具备普通馆员的基本素养外，还要掌握各个专业的基础知识，例如计算机、外语、农学等，培养良好的服务意识和沟通能力。

3. 学科信息资源

学科信息资源包括纸质资源、电子资源、博客等资源，还包括学科馆员所建立的学科知识库等网络资源。学科馆员要立足学科信息资源开展知识导航服务，针对图书馆机制、各个专业信息资源，满足不同专业的学习需求。

4. 知识导航服务平台

网络环境下，高校图书馆知识导航服务搭建起了学科馆员和用户之间的沟通桥梁，图书馆要积极搭建知识导航服务平台，优化学科服务、挖掘优质资源，营造良好的学习、科研氛围。Web2.0 环境下，图书馆要把知识导航服务延伸到微信公众号、官网等平台，满足用户专业阅读需求，提升图书馆导航服务质量。

（三）知识导航服务体系的实现

1. 建设交互式知识导航服务平台

网络环境下图书馆用户对馆员服务质量、专业性提出了更高要求，希望得到馆员更加专业的导航帮助。Web2.0 的出现搭建了交互式知识导航服务体系，方便馆员和用户之间的沟通。Web2.0 技术有利于帮助图书馆搭建用户服务平台，例如学科馆员可以开通微博、抖音账号，为用户提供多元化沟通渠道，定期在个人社交平台上分享图书馆信息，也可以邀请相关领域专家举办线上讲座，组织学生线上观看，也可以向用户推荐专家微博和微信账号，方面用户及时了解最新学术和科研信息，为用户提供更加专业的知识导航服务。其次，馆员还可以利用校园 BBS 论坛、QQ 等传统交互式聊天软件开展虚拟咨询服务，用户可以通过邮件、留言和点赞的方式向馆员、专家咨询，方便学科馆员开展知识导航服务。例如学科馆员可以利用微博与用户进行点对点交互式知识导航，根据用户微博关注信息、留言等数据搜集最新信息，以短信或私信的方式推送给用户，用户可以利用这种方式和学科馆员进行交流。虚拟交流社区更受高校师生喜爱，还可以搭建数字化信息检索平台，方便学科馆员搜集各个平台资源，并把这些资源转化为图书馆资源，方便用户阅读和下载。

2. 建立用户需求调查和服务评价机制

我国部分高校图书馆已经利用 Web2.0 开展知识导航服务，但是部分图书馆用户参与积极性并不高，满意度也不够理想，这说明图书馆还要需要深入挖掘用户需求，深入各个院系，主动了解师生需求，主动向他们提供知识导航服务，还要建立图书馆用户评价机制，采用调查问卷的方式搜集用户意见，找出当前知识导航服务中存在的不足，为学校学科建设、科研工作贡献力量。

二、构建交互性虚拟学习社区

（一）构建虚拟学习社区的可行性

互联网环境下，部分大学生出现了社交障碍，更渴望进行阅读交流，例如图书馆内独处时存在无助和寂寞感，缺乏安全感，渴望图书馆构建一个交互性虚拟学习社区。高校图书馆要关注学生心理健康，研究用户心理，构建虚拟学习社区，鼓励用户分享阅读，为用户组建不同主题的学习社区，满足用户群体聚合的学习心理需求。用户在虚拟学习社区可以讨论学习心得、共享知识和就业等信息，营造合作学习氛围。引导用户开展专业课、科研项目探究，把志趣相投的用户聚集在一起，组建新型的协作学习模式，满足用户群体性学习需求。随着 Web2.0 的出现，图书馆可以利用微博、微信和 QQ 群等搭建交互性虚拟学习社区，用户可以通过发表、转发微博、转载 QQ 文章等方式来分享信息，并在自己的社交圈内进行传播。高校图书馆可以把 Web2.0 应用到图书馆的 library2.0 建设上，积极搭建虚拟学习社区，为用户与图书馆之间搭建互动专区，促进馆内馆藏资源的共享。

（二）高校图书馆构建交互性虚拟学习社区的优势

虚拟学习社区具有开放性、灵活性、参与者聚合性等特点，迅速得到了高校师生的喜爱。

高校图书馆可以在官网上构建一个虚拟学习社区，提升图书馆网站服务功能。图书馆可以把丰富的馆藏资源和数据库资源分享到虚拟学习社区，为用户和科研人员提供最新的文献信息资源，但是虚拟学习社区离不开学科馆员的管理，因此，高校图书馆要积极培养专业素质高素质、创新意识强的复合型学科馆员。他们可以利用自身专业知识、图书馆资源开展知识导航服务，及时搜集用户资源需求和喜好，不断更新虚拟学习社区资源。馆员要积极用户沟通，了解专业课教学对图书和期刊的需求，整合校内优质资源，为学生搭建聚集性学习空间，还可以组建各个专业互动虚拟学习空间，教师和馆员负责社区互动，及时解决学生疑问，营造良好的学术和科研氛围。

（三）交互性虚拟学习社区的构建

课堂教学时间有限，学生需要利用课外时间搜集专业知识以及专业相关领域资源，教师也需要不断了解专业发展动态，对专业课教学进行拓展，提升个人专业技能，以应对课题申报和职称评审等。图书馆作为高校提供专业课资源、就业信息和科研信息的服务机构，要全面调研各个专业师生需求，为构建交互性虚拟学习社区做好准备。随着就业形势日益严峻，学生需要学好专业课，考取各种职业资格证，提升个人就业竞争力，教师则要及时掌握本专业就业动态，了解行业相关新动态，指导学生完成毕业论文。青年教师要积极参与交互性虚拟学习社区建设，参与论文指导、考研和考博培训与科研项目等，指导学生继续深造，提供就业信息，鼓励学生积极参与虚拟学习社区讨论、分享学习资源。

1. 资源建设模块

图书馆虚拟学习社区可以向用户提供各种学习工具、资源下载服务，还可以为用户提供信息素养培训课程视频、专业课考试题库和学习资料，用户可以根据自己的需求下载。学习社区要对各种资源进行分类，按照学科、专业、年份等进行分类，向用户提供视频、试卷和专业课等资料。例如图书馆可以结合近几年热门的公务员考试、考研试题、专业课教学视频、毕业设计、创业创新项目策划，英语四六级考试等，满足不同用户需求。图书馆要对海量信息资源进行分类和筛选，把优质资源整合为馆藏资源，建立相关数据库，以供各专业师生下载、使用，还可以把虚拟学习社区链接分享到学校图书馆网站或微信公众号，方便用户随时随地登录，提升虚拟学习社区使用率。

2. 个人知识管理模块

个人知识管理模块主要包括个人学习和收藏功能，体现了用户的个性化需求。用户可以在浏览虚拟学习社区过程中收藏自己感兴趣的话题、讨论组和网页，收藏自己的阅读喜好、访问链接和个人下载资源，还可以设定自己的文件夹，把自己喜欢的论文、影视剧资源和图书等资源收藏到个人文件夹，也可以向学习伙伴分享链接，推荐自己收藏的优质资源。学习记录可以帮助用户了解自己每天的学习进度、读书笔记、阅读心得和阅读小组讨论话题等，设定好自己的学习目标，督促自己按照计划完成阅读任务，提升用户自主学习能力。

3. 学习咨询交流模块

图书馆利用 Web2.0 技术为用户搭建虚拟学习社区，学习咨询交流模块就是该社区最重要的模块之一，用户可以通过微博、微信和邮箱等在线软件向馆员进行咨询，获取知识导航服务。例如用户可以针对某一问题在虚拟学习社区进行提问，寻求馆员或其他用户的帮助，随时随地解决自己的疑惑。部分高校图书馆构建了 Wiki 虚拟学习平台，用户可以上传自己的学习资料，并和其他用户进行讨论，还可以成立读者俱乐部或阅读群，把志趣相投的用户聚集起来，互相交流阅读心得、分享学习经验，还可以开展主题讨论，例如分享大学英语四六级考试资料、考研资料和毕业论文素材等。用户可以自主设立小组，并设置访问密码，方便保护本小组隐私，可以开通学习社区微博或 QQ 群，邀请馆员、专业课教师或校外专家参与线上互动，及时解决问题。此模块还可以为用户提供收藏和 RSS 知识内容订阅功能，用户可以在虚拟学习社区添加学习伙伴，设置自己的学习收藏夹，把自己的学习资源分享到互动空间，和学习伙伴共同学习，缓解个人独自学习的孤独感。图书馆可以在虚拟学习社区设置登录认证，只有成功注册的用户才可以进入虚拟学习社区，该社区不局限于服务在校学生，还可以对所有校友开放，让已经就业的学长学姐们分享工作经验，给在校学生做出良好表率。总之，虚拟学习社区是知识共享的阵地，它必将在知识创新的过程中发挥作用。

第四节　网络环境下高校图书馆服务创新的路径

一、创新服务理念

　　服务始终是高校图书馆发展的重点，网络环境下，高校图书馆职能已经发生了很大转变，服务属性也发生了变化。图书馆要尊重用户对图书馆服务的要求，围绕用户多元化需求来调整服务模式，创新服务理念，利用信息技术、新媒体等开拓新的服务渠道，构建全新的高校图书馆人性化服务模式。

　　高校图书馆服务理念创新涵盖了知识服务、特色服务、人性化服务等内容，其中人性化服务是核心，落实"以用户为本"服务理念是高校图书馆服务创新的重点，也是完善服务模式的主要方向。"以用户为本"服务理念倡导把每一位读者作为高校图书馆服务对象，把他们的需求和评价放在首位，根据他们的需求来调整服务方案。馆员要主动承担起服务创新工作，一方面要主动学习智慧图书馆理念、信息化平台操作等，另一方面则要提升个人服务意识，用热情周到的服务赢得读者认可。网络环境下，高校图书馆服务对象不局限于本校师生，开始辐射到更多群体，只要通过点击高校图书馆网站、微信公众号，就成为了图书馆的用户。这些都充分说明新时期高校图书馆服务已经打破了时间、空间的限制，丰富馆藏资源，逐步打造自己的数字电子资源，创新服务理念，才能满足更多用户需求。此外，高校图书馆还要立足长远发展，积极参与社会文化建设，把优质的电子文献分享给其他高校图书馆、公立图书馆，最大限度地满足用户信息需求，推动图书馆长远发展。高校图书馆要坚定"以用户为本"的服务理念，追求人性化、专业化、细节化服务，促进自身长远发展。

二、创新服务内容

（一）加快数字资源建设

网络环境下，高校图书馆的文献资源结构已经发生了显著变化，根据用户需求的调查显示，师生对电子资源的需求在逐年提高，这就要求图书馆加快数字资源建设的步伐，以满足用户的需求。高校图书馆应开拓资源建设渠道，全面充实数字馆藏。在此基础上，图书馆还应加强特色馆藏的建设，特色馆藏是提高高校图书馆社会影响力和服务竞争力的核心资源，通过特色馆藏的建设既可以吸引更多读者，又可以展示图书馆的特色，同时也是衡量图书馆价值的重要标准。

（二）加强信息资源的整合

大数据时代，高校图书馆信息资源数据呈现井喷式增长，为了积极应对这一变化，高校图书馆应建立大数据库，不仅要收录馆藏资源，还要积极搜集互联网、其他高校优质数据资源，对这些数据进行整理和分类，逐步加入学校图书馆信息资源库。互联网环境下，单一的纸质图书、期刊等已经很难满足用户需求，图书馆应对电子资源、纸质资源等进行整合，把所有资源分门别类，再把书目上传到图书馆信息化平台，方便读者查询纸质文献的摆放位置、在线阅读和下载电子资源，为读者提供更深层次的知识服务。

（三）加强信息共建共享

网络环境下，高校图书馆要把信息共建共享作为服务创新的主要目标，积极与兄弟院校进行合作，集合多家图书馆资源，打造图书馆联盟，实现图书馆共享服务的延伸。首先，高校图书馆可以建立快捷、完整的信息资源共享系统，利用互联网把各大高校图书馆、用户和信息资源衔接起来，打破各大高校图书馆之间的门户限制,方便读者查询各类信息。其次,各大高校图书馆要通力合作,不断更新共享系统资源,及时收录最新研究文献、图书等信息,鼓励读者上传、分享自己的优质资源,尽快实现高校图书馆信息的共建和共享目标。

三、创新服务方式

(一)移动图书馆服务

智能手机、平板电脑等移动终端设备的逐渐普及,给移动图书馆的打造提供了新载体,也推动了移动服务发展,用户可以通过手机或平板使用学校图书馆网站或微信平台,检索图书、在线阅读、下载和评论,凸显个性化信息服务特点。

第一,积极开发手机 APP 服务。随着智能手机的推广普及,各类手机 APP 纷纷出现,例如微信、微博和抖音等,更是成为大学生主要社交和获取信息的渠道。图书馆要积极组织开发图书馆应用软件,用户只要下载该软件就可以访问图书馆网站,方便用户利用碎片时间阅读。

第二,深入开展移动阅读服务。图书馆是高校大学生最主要的学习场所,不仅为学生提供海量资源,还为学生提供流畅的网络和舒适的学习氛围。随着互联网时代的到来,传统阅读模式逐渐被打破,多数大学生都在利用手机、平板来进行阅读,移动式阅读成为主要潮流,图书馆要积极应对这一挑战,利用阅读器或 APP 软件等方式来开展移动阅读服务。

(二)开展基于云计算的服务

随着大数据、云计算、人工智能等一系列技术的发展,高校图书馆的网络共享服务模式逐渐成形,云计算技术是开展网络共享服务的重要支撑,因此,高校图书馆要重视云计算服务,解决图书馆信息化平台资源管理和数据保护难题。云计算服务不仅可以帮助高校图书馆降低资源管理和人力成本,还可以丰富图书馆信息资源库,把其他高校图书馆、互联网等优质资源都纳入学校图书馆资源库中,提升图书馆资源利用率,也可以提升用户对图书馆的满意度。此外,高校图书馆还可以利用云计算搜集用户数据,精准、快速地处理图书馆个性数据,提升移动服务质量。

(三)多样的个性化服务

随着互联网发展,高校大学生、教学人员和科研人员对信息资源质量的要求越来越高,他们越来越渴望个性化服务,这也意味着高校图书馆要转变传统服务思维，应对用户需求。新时期高校图书馆个性化服务主要包括以下几个方面：第一，订阅服务。这一服务也就是我们常说的 RSS 服务，它是一种 XML 技术基础上发展而来的互联网集成技术，最初运用在网络平台上的新闻频道，运用 RSS 服务自身的信息聚合和推送功能搜集新闻素材，并向用户进行推送。随着 RSS 技术逐步成熟，逐渐被运用在高校图书馆信息服务中，只要用户订阅 RSS 服务，图书馆就可以向用进行定向推送，例如实时推送电子期刊、新书上架等信息，满足用户个性化信息需求。第二，推送服务。图书馆可以利用云计算技术分析用户在馆内的一切数据，例如借阅记录、下载类型和发表的评论等，对用户访问数据行为进行分析，利用关联技术提取用户阅读喜好和需求，以便开展下一步精准推送，向用户推送相关信息。常见的推送服务有图书借阅周期提醒、新书上架和阅读推广活动等信息。第三，预约服务。预约服务包括了资源预约、空间预约、设备预约等。资源预约指的是用户可以在图书馆官网或微信公众号等平台预约图书或图书馆活动，避免错过信息。空间和设备预约是最常见的预约服务，用户在图书馆官网或微信平台预约自习座位或研讨室等，在图书馆预约系统上登记个人信息，通过图书馆审核的用户就可以提前预约，大大缩短了用户等待时间，有利于提升用户满意度。

（四）智能化的自助服务

随着无线射频识别、物联网、无线传感和二维码等新技术的发展和应用，高校图书馆自助服务越来越便捷，自助借还系统、自助打印等服务逐步出现，迅速获得高校师生们的喜爱。对于用户来说，智能化自助服务可以实现自助借阅、检索和费用缴纳，方便用户处理借阅业务，缩短他们的等待时间，提升他们的阅读效率，还可以减轻馆员工作量，满足用户个性化需求。

高校图书馆自助服务以用户为核心，根据用户的阅读兴趣、爱好，自助进行检索、借还、打印和扫描等操作，这些操作可以在馆内智能设施的帮助下完成，无需寻求馆员帮助。图书馆自助服务离不开网络技术、智能化设备的支持，其中 RFID 技术是自助借还服务的基础，促进了图书馆资源的流通和共享，可以帮助图书馆节约人力和物力，为读者提供 24 小时自助服务。

（五）数字体验服务和空间服务

数字体验服务是近几年新兴的图书馆新型服务模式，利用馆内智能化设施、无线网络等提供开放式服务，方便用户搜索信息资源，体验智慧图书馆数字服务，拓展高校图书馆服务空间。例如北京大学图书馆的数字化服务，提供课程点播、经典文学名著数字图书等，满足了不同专业用户的需求。随着新技术的应用，数字化体验服务逐步拓展，正在成为高校图书馆新的转型方向，对拓展馆藏资源、创新服务模式具有重要作用。数字体验服务可以让用户通过高校图书馆网站、微信、微博等平台体验不同的服务，例如文献检索、在线阅读、下载和点评等服务，还可以拓展图书馆空间服务，让图书馆渗透到用户学习中。

四、创新人才培养

（一）提高馆员素质

馆员素质影响服务创新，也会影响图书馆各项工作的质量以及用户满意度。图书馆馆员要树立"以用户为本"的服务理念，一方面要主动学习智慧图书馆、网络化服务和图书馆移动客户端操作等信息化服务流程，还要不断提升主动服务意识，耐心解决读者疑问，及时回复、处理信息化平台读者咨询，真正让读者对图书馆产生归属感，提升读者对图书馆的满意度。此外，高校图书馆要培养一支熟悉图书情报专业知识、网络技术、信息化服务技能的馆员服务团队，为创新图书馆服务内容和方式奠定基础。

（二）加强馆员继续教育

高校图书馆正处于传统的图书馆向数字图书馆转变的关键时期，馆员在这一阶段发挥着重要作用，要积极配合图书馆转型工作，提升个人专业素养，积极参与学校组织的馆员继续教育，紧跟数字化转型步伐。高校图书馆馆员开展继续教育的主要途径包括：

1. 研讨会：图书馆邀请专家学者和图书情报学相关专业教师组织研讨会，针对图书馆某一问题进行讨论，现场解答馆员问题，提升馆员工作能力。

2. 学术报告：邀请研究图书馆数字化服务、智慧图书馆和移动终端服务等相关主题的学者，让他们分享学术研究过程和成果，开拓馆员视野。

3. 学历深造：鼓励馆员攻读图书情报、计算机等专业的第二或第三学历或学位。

4. 进修：选拔优秀馆员进行图书馆情报学相关培训，并送入高校相关专业继续学习。

（三）建立科学的激励机制

高校图书馆要建立创新服务激励机制，一方面可以激发馆员的工作热情，让他们结合工作实际，大胆创新服务理念和服务方式，为图书馆服务创新建言献策，另一方面可以鼓励馆员积极提升自身创新服务意识，全身心投入工作中。

高校图书馆要制定人性化的物质激励和精神激励标准，物质奖励要在奖惩制度配合下进行，明确奖励和惩罚标准，为馆员树立良好的工作榜样。例如图书馆可以组织优秀馆员评选活动，综合馆员每个季度的工作贡献值、用户评价和考勤等进行评选，给予优秀馆员经济奖励，对于积极参与课题研究、学术研究，并取得一定成果的馆员也要给予经济奖励。而对于经常迟到早退、服务态度消极的馆员，可以扣除一定的绩效作为惩罚，警醒其他馆员，营造积极向上的图书馆工作氛围，培养馆员爱岗敬业的良好工作作风。在物质奖励的同时，还要注重精神激励，例如给予月度优秀馆员表扬与激励，并把优秀馆员名单公示在图书馆官网、微信公众号等平台，激发馆员的职业认同感，让他们感受到图书馆对自己工作的尊重和认可，从而获得精神上的满足。馆员激励机制的完善是一项长期复杂的工作，需要对馆员的需求和实际进行不断地分析，并做出及时的调整，调动馆员的积极性和创造性。

第九章 高校图书馆创客空间服务

第一节 高校图书馆创客空间概述

一、创客空间的内涵与特点

创客空间的内涵

创客空间即众创空间，是创新型孵化器。"众"是主体，"创"是内容，"空间"是载体。是顺应创新 2.0 时代用户创新、开放创新、协同创新、大众创新的趋势，把握全球创客浪潮兴起的机遇，根据互联网及其应用深入发展、知识社会创新 2.0 环境下的创新创业特点和需求，通过市场化机制、专业化服务和资本化途径构建的低成本、便利化、全要素、开放式的新型创业公共服务。"创客空间"一词最早出现在 2011 年出版的《创客杂志》，该杂志对创客空间进行了定义，指出创客空间是客观存在的物理场所，设有开放式实验室、工作室和加工室，还会提供必要的文献资源。祝智庭，雒亮在《从创客运动到创客教育：培植众创文化》一文中指出目前较为热门的"柴火""新车间"等创客空间属于营利性质，部分高校建立的创客空间属于公益性质，但是无论是营利性还是公益性质，创客空间都更注重实体化空间，忽略了创客教育和科研服务。他们认为创客空间不仅包括实践空间，还应该包括创客项目实践过程中需要的学习资料、实践材料、创客项目书等材料。

创客空间是一个开放式的学习、交流、创作、合作与分享的学习空间，包括实体和虚拟学习空间，创客通过脑力和实践创作把自己的创意转化为实际产物。创客空间起源于创客运动，本质是一个共享性工作空间，为学习者提供所需要的材料和空间，把专业课知识转化为实实在在的作品。创客空间为人们提供了分享、合作的学习空间，为学习者提供实践所需要的文献、论文和实践材料，帮助学习者完成 DIY 项目。国内第一家创客空间成立于 2010 年秋季，命名为新车间，为高校教学改革、科普教育等营造了良好氛围，得到了学生、教师和科研人员的喜爱，迅速在北京、广州、南京和武汉等地区流行起来。

创客空间源于 DIY 运动，为用户提供各种材料、工具和技术，还提供无线网络和计算机，用户可以在这里进行探究性学习，与其他学习者进行讨论，制定完善的 DIY 实践项目，运用合作的方式进行创作。创客空间可以满足理工科、社会科学和人文艺术学科的学习要求，打造跨领域、跨学科的学习空间，致力于提升学习者交流和创新能力，为志同道合的学习者提供创新实践空间，也为培养创新、科研型人才奠定基础。

创客空间与图书馆在育人、服务和创新教育等方面有着很多共同点，图书馆收藏的丰富文献资源，可以为创客空间提供优质的学习资源，创客空间可以优化高校图书馆的氛围，鼓励学生把新创意付诸实践，拓展图书馆服务。美国图书馆界认为，创客空间和创客文化可以促进学校教育教学改革，推动图书馆管理和服务创新，为高校图书馆转型提供新契机。创客空间的兴起不仅有助于我国高校教育教学改革，助力"双一流"建设，促进各个专业学科的深度融合，进一步提升大学生的创新能力和实践能力，还可以利用高校图书馆优质文献资源开展人才培养工作，为高校教学、科研工作提供助力。由此可见，创客空间对高校图书馆转型具有非凡意义。

二、创客空间的基本要素

尽管各国创客空间形态各不相同，实践方式也存在差异性，但是大多数创客空间都包含了信息资源、设备资源、实体空间、虚拟空间、创客团队等要素。

（一）信息资源

创客空间的信息资源针对性更强，能够启蒙参与者创意、指导他们探究、开展创客实践活动，介绍国内外科技新动态、热点新闻，创客竞赛和创客活动相关信息，营造良好的创新教育氛围。

（二）设备资源

设备资源主要是指为保证创客表达创意、顺利完成创客活动的设备，例如 3D 打印机、扫描仪和机床等设备。创客空间设备资源主要分为基础设备和先进设备，基础设备指的是桌椅、计算机、测量工具和电路元件等，先进设备则包括了 3D 扫描仪、3D 打印机等各类新兴的数字制作工具等。

（三）实体空间

创客空间的实体空间指的是一个综合性、自由、开放的物理场所，也是创客们开展讨论、合作、实践的空间，空间内需要摆放各类数字化制作工具和桌椅、相关文献等设备，为创客提供自主实践、自主创新的空间。

（四）虚拟空间

创客空间的虚拟空间指的是利用计算机和互联网技术打造虚拟互动的模拟实践空间，方便创客进行学习、交流、共享和实践，打破了学科、虚拟空间和实体空间之间的界限。虚拟空间可以为创客提供创客空间的成功案例、创客知识库和创友交流平台，进一步激发创客的创新意识。

（五）创客团队

创客团队是创客空间的核心，是一群志趣相投的创客聚集在一起，有明确的奋斗目标、团队纪律，每位成员都各司其职，齐心协力地保证创客项目顺利实施。创客团队主要包括以下几个工作岗位。第一，创客。创客是创客团队的灵魂人物，带领团队成员制定创客方案，把自己的创意付诸实践。第二，创客专家。创客专家负责整个团队培训，搜集和创客项目相关的文献资料，指导团队完成创客 DIY 项目，协助他们处理实践过程中的问题，是创客团队的顾问。第三，志愿者。志愿者是整个团队的后勤服务人员，服务于创客和创客专家，负责创客空间的日常事务。

三、高校图书馆与创客空间的契合点

图书馆是高校提升学生信息素养的主要场所，创客空间则是培养创客创新素养的地方，二者都为学习者提供创新、阅读和实践的空间，还为学习者提供信息资源、设备资源和虚拟网络平台，致力于提升用户创新能力、实践能力和终身学习意识，高校图书馆与创客空间具备相同的社会使命。高校图书馆有着创建创客空间的先天优势，主要体现在以下几个方面：

首先，高校图书馆储备了大量优质信息资源，这些资源包括了各个专业、学科纸质文献和图书，数字资源等，是整个学校科研和教研基地，学术氛围比较浓郁，能够吸引更多师生参与到创客空间活动中。其次，高校图书馆内摆放了桌椅、计算机、打印机和投影仪等设备，这些设备可以直接利用于构建创客空间，帮助高校节约创客空间建设成本。再次，高校图书馆拥有专业化馆员，这些馆员学历水平、信息化素养、服务精神和管理经验都要高于普通服务人员，可以为创客空间提供专业服务。此外，高校图书馆人流量比较大，更有利于宣传创客空间，吸引更多师生了解创客空间、加入创客空间，扩大创客空间的影响力，进一步普及创客空间理念。网络环境下，高校师生信息资源需求飞速上涨，新媒体逐渐融入图书馆运营中，创客空间逐渐走入高校师生视野，很多师生倾向于参与创客空间学习。高校图书馆要尊重师生这一需求，积极在馆内打造创客空间，把馆藏资源融入创客空间建设中，积极采购 3D 打印机和机器人等先进设备，拓展自身服务范围，提升服务水平，为师生营造良好的创客空间学习氛围。创客空间可以配合高校开展创新创业教育，为学生提供实践学习的机会，进一步提升大学生创新创业能力。

四、高校图书馆创客空间服务的特点

（一）服务内容的针对性

高校图书馆创客空间与普通创客空间的服务对象不同，主要服务于高校师生，因此，高校图书馆创客空间在实践内容、实践方式和学术研究等方面的特色更突出。高校图书馆要立足优势专业、学科特色和科研项目等开展创客活动，根据创客空间项目来提供个性化服务，为创客提供先进设备、最新科研文献等材料，保证高校图书馆创客空间活动顺利开展，提升图书馆创客空间服务质量。

（二）服务方式的多样性

高校图书馆创客空间服务涵盖了虚拟空间服务和实体空间服务，打造了全新的线上线下混合服务方式。首先，高校图书馆创客空间服务属于主动性服务。积极宣传创客空间，吸引更多师生参与创客空间活动，并且为创客团队提供信息资源，馆员也会参与服务工作，把创客空间嵌入图书馆服务活动中。图书馆实体空间、桌椅、打印和扫描设备等可以服务创客活动，为创客空间提供知识培训、DIY 实践材料和创客活动支持，满足创客讨论、实践、模拟和展示需求。高校图书馆创客空间的虚拟空间服务指的是通过信息技术和传统创客空间的融合，为创客提供在线学习、交流与互动的平台，满足创意实施过程中所需要的各种资源和资料需求。图书馆主动性、嵌入性的服务可以提升高校图书馆创客空间建设步伐，为创客团队和图书馆创客服务搭建起沟通的桥梁，图书馆可以借助信息技术准确挖掘用户需求，合理投放创客空间材料，提升图书馆创客空间服务质量。

（三）服务人员的特殊性

馆员是高校图书馆创客空间的主要服务人员，他们不仅具备良好的文化水平、创新精神和专业素养，还对图书馆内各项设施、信息化设备操作了如指掌，可以为创客团队提供更加专业的服务。部分馆员沟通能力、社交能力比较强，可以协助创客团队搜集文献资源，帮助创客顾问和志愿者完成团队培训和日常管理工作。

五、高校图书馆推广创客空间的价值

（一）创客空间的推广为高校图书馆转型奠定了基础

在科技创新的冲击下，高校图书馆的发展前景面临着巨大的挑战。高校图书馆为学生提供的传统文献信息服务已经无法满足当代学生追求信息化的高速需求，高校图书馆不仅是文献资源的收藏场所，更应该充分利用馆藏资源，在传统图书馆的基础上逐步寻找转型的契机。创客空间就是高校图书馆转型的关键节点之一。

（二）推进理论与实践的结合

纵观国外高校图书馆，不仅为师生提供海量信息资源，还会经常性地组织各专业学生开展实践活动，引导学生把书本知识付诸实践，提升学生动手能力和创造能力。高校以培养高素质人才为主要目标，更看重学生实践能力和创新能力，创客空间不仅可以提升高校图书馆思维服务质量，还可以为学生提供创新创业新平台。高校图书馆创客空间给高校师生搭建了全新的开放式共享学习空间，把不同专业、学科知识融合起来，鼓励学生进行合作学习，激发学生的创新思维，提升高校创新教育质量。

（三）推动创客空间发展，吸引创客加入

创客空间作为高校图书馆的一项新兴业务，还处在发展初期，难免会遇到一些问题，图书馆要立足实际，大力宣传和推广创客空间，让更多学生了解创客空间，吸引更多大学生投身创客空间学习。高校图书馆可以在官网、微信公众号和馆内电子屏上宣传创客空间，让更多学生了解创客理念和创客项目，吸引更多学生前来图书馆，还可以在图书馆信息化平台展示创客空间活动视频，普及创客教育，发挥图书馆在创客空间推广工作中的作用。

（四）有助于推动创客空间在图书馆中的发展

创客空间在高校图书馆的兴起，是高校图书馆转型的必经阶段，有利于进

一步推广创客空间，培养创新型人才。例如华东师范大学图书馆的创意空间，配置了投影仪、计算机、无线网络和 3D 打印机等设备，营造了良好的共享交流社区，为创客团队提供一站式服务，让创客在享受最新阅读资源的同时参与创客空间活动，进一步提升图书馆创客空间的建设质量。

第二节　高校图书馆建设创客空间的动因、优势及意义

一、高校图书馆建设创客空间的动因

（一）高校创新创业教育的需要

创新型人才是 21 世纪最紧缺的人才，也是各国竞争的后备力量，2014 年，李克强总理提出了"大众创业，万众创新"的战略，奠定了创新创业教育在我国高校教育教学体系中的地位，各大高校应积极响应"双创"号召，提升学生的创新创业能力。创新创业教育不仅是我国迈向教育强国的重要途径，是贯彻"立德树人"教育理念的手段，也是提升大学生就业率的重要措施。国务院高度重视高校创新创业教育，明确了高校创新创业教育模式和标准。首先，高校要规划创新型人才培养体系，明确各个专业创新人才标准；其次，要不断完善创新创业课程体系，结合当前大学生就业形势来创新教学内容，增加创业就业实践活动，优化教学方法和评价方式，不断提升高校创新创业教学水平；再次，政府要积极参与高校创新创业教育，为学校创新创业基地建设提供资金，为学校联系合作企业。创客空间是对高校创新创业课程的延伸，综合了不同专业、不同学科知识，实现了信息技术、图书馆和传统教育教学完美地融合，为学生创造了自主创新创业的平台。

随着我国"双一流"建设、双创教育有条不紊地推进，高校教育改革进程进一步加快，创新创业教育越来越受到重视。高校创新创业教育要逐步实现向"学科化"转型，把创新教育和专业教育相融合，配合当下大学生就业，还可以邀请企业家、大学生创业者和科研人员等担任创新创业客座教师，为学生讲解创业经验、科研项目和新技术等，开阔学生视野，带领学生观摩企业设计、生产等流程，参与科普教育，全面提升高校创新创业教育质量。

创客空间的本质就是创新教育，这与高校创新创业教育的育人目标不谋而

合，图书馆是高校创新创业教育的重要组成部分，通过嵌入创客空间服务，把创新创业教育和创客空间建设融为一体。图书馆不仅拥有创客空间需要的先进设备，例如计算机、扫描仪和 VR 设备等，还拥有专业化馆员团队，可以为创客团队提供专业化服务。创客空间可以为高校学生提供交流和实践的机会，方便学生了解当下热门的人工智能、物联网和区块链等新技术，还可以结合本校特色专业，组织专业课相关的创客项目，鼓励学生发挥聪明才智，积极参与创客项目研发与实施，提升大学生综合素养。高校图书馆开展创客空间服务可以为创新创业教育提供实践平台，让学生把创意付诸实践，丰富学校创新创业教育实践教学内容，还可以让学生提前接触创业技能，培养更多创新型专业人才，响应我国"双创"战略。

（二）高校图书馆转型发展的需要

"互联网 +"时代的到来，推动了信息技术助力高校图书馆的转型，图书馆空间、信息资源服务方式也在发生变化。传统模式下，高校图书馆主要以藏书、阅览、阅读推广等服务为主，互联网时代下，高校图书馆开始尝试开辟微信公众号、网站和创客空间，全面发挥图书馆空间优势，丰富服务内容，让学生在图书馆内不仅能够阅读文献，还可以参与创客项目研究，帮助学生及时消化专业课知识，凸显图书馆的学科建设和研究作用，打造全新的学习共享空间、创意空间。

创客空间和高校图书馆一样，承担着为学生提供学习资源和实践空间的责任，创客空间侧重为学生提供实践交流和自主创作空间，图书馆可以为学生提供阅读空间和优质阅读资源。图书馆创客空间可以把信息资源和创作空间融为一体，为读者提供把阅读创意转化为现实的创作空间，方便不同专业学生进行合作交流，利用图书馆内计算机、扫描仪器等进行 DIY 创作，提升学生跨学科学习能力。创客空间融入高校图书馆后，可以为读者提供深度学习的机会，读者可以根据文献、学习成果来进行实践，例如在阅读完人工智能和计算机编程相关图书后，可以在创客空间进行实践，创新学习方式。

为了更好地服务读者，满足不同专业读者学习需求，高校图书馆要积极构建创客空间，为学生提供 DIY 实践，为他们提供优质文献、设备等资源，发挥图书馆在创新教育、创客空间推广上的作用，从而让图书馆更好地服务于学科建设、科研创新和人才培养工作。此外，创客空间可以利用图书馆的 3D 打印机、人脸扫描仪和计算机等进行拓展性学习探索，搭建阅读和创新创业实践的新联系，吸引更多读者走进图书馆，激发他们的创新意识和想象力，为培养创新型人才打下基础。

张久珍在"双创背景下图书馆服务新模式"主题论坛上指出，图书馆创客空间是创新生态圈的重要一环，高校图书馆具有多重属性，不仅仅是公益性知识服务机构，为师生提供海量信息资源，更要积极发挥服务属性优势，积极配合高校"双创"教育战略。此外，高校图书馆创客服务的本质是打造互动、开放式的实践学习平台，各个专业课教师和专家可以参与其中，指导学生设计创业计划书，利用专业课知识、创客空间材料等进行 DIY 制造，推进高校图书馆转型。

二、高校图书馆建设创客空间的优势

（一）物理空间

《普通高等学校图书馆规程》是高校图书馆的工作准则，各高校图书馆要重视用户体验，利用信息技术优化服务方式，满足新时期大学生信息化学习需求，优化馆内智能化设施。近年来，高校图书馆馆舍面积逐步扩大，要做好功能分区，合理利用，留出专属的创客空间。高校图书馆要合理布局，可搭建创客空间、信息服务空间和学习共享空间，根据不同空间需求来布置设备，实现馆藏空间和学习空间的合理配置，为创客空间创造良好的学习氛围，优化图书馆物理空间配置。

（二）文献信息中心

高校图书馆承担着学科建设、教学和科研的重担，不断完善文献信息资源库，保障用户平等获取信息资源，利用 3D 打印设备、计算机提供优质文献服务，提升用户实践和创新能力。高校图书馆是一个有机整体，应致力于为读者、学科建设和科研工作服务，打造读者、馆员和图书馆互动、协作的平台，不断扩充图书馆馆藏资源，打造数字化文献信息中心。高校图书馆在服务转型过程中，一方面要优化馆藏空间，利用互联网、多媒体设备来建立数字化文献中心，收录最新文献资源，满足师生专业课学习需求。另一方面则要积极打造电子文献大数据平台，收录电子期刊、电子书和音视频等资源，购买专业文献数据库，有针对性地搜集本校优势专业相关文献。

（三）专业人才队伍

高校图书馆是学校的文献信息中心，要着眼于服务全校师生，积极搜集各专业、各学科信息资源，不仅要建立专业信息资源库，还要搜集各专业就业、创新等领域的文献，更要积极培养专业化馆员。高校图书馆馆员具有多领域学习经验、图书情报学相关专业知识，可以胜任基础性服务，还可以服务于创客空间，为创客团队提供相应文献资源服务，为他们调试打印机、计算机和无线网络等，为创客空间活动顺利开展奠定基础。随着高校图书馆馆员招聘逐渐规范化，馆员不仅能够精通对口学科专业知识，还可以熟练操作图书馆信息化系统和各项智能化设备，可以更好地为创客团队服务，让创客空间更好地嵌入图书馆服务中，帮助高校图书馆完成服务转型。

（四）硬件设施

高校图书馆硬件设施比较完善，包括自助打印设备、自助借还机、多媒体、录音室等，馆内能够基本实现无线网络全覆盖，方便读者检索、在线阅读和下载资源。多数图书馆还设立了多媒体阅览室，计算机配置和网络信号要优于教学楼和宿舍，这些硬件设施都为构建创客空间提供了基础。例如东南大学图书馆为读者提供了空间服务、座位预约、自助借还、自助打印、电子书借阅机、电子读报机等设施，读者根据自己需求来使用这些设备。在空间服务方面，东南大学图书馆为读者提供有线电视、投影仪和 3D 打印机等设备，为读者搭建互动、共享、合作学习社区，提供一站式的资源服务，提升图书馆资源利用率。有的高校图书馆空间设施还包括了自助一体机、数字报刊系统、3D 打印机、AR/VR 设备、数字加工服务、复印彩扩服务、影音欣赏、会议室等，满足师生不同需求，也方便学生开展创客活动。

三、高校图书馆建设创客空间的意义

（一）促进跨学科交流，服务教育教学改革

在我国高校课堂教学中，教师占据了主导地位，对教材知识点进行全面讲解和阐释，师生互动往往比较少，限制了学生的创新思维，学生缺少自主实践的机会，不利于大学生创新创业教育和就业，这种教学方式亟待解决。随着 STEAM 教育理念和创客理念传入我国，很多高校开始反思自己的教学模式，图书馆作为高校教育教学的重要组成部分，也应积极参与到教学改革中，积极配合各专业教学。创客空间的核心是资源共享和实践，为学生搭建跨学科学习、DIY 设计和合作共享平台，引导学生结合专业课知识、科研文献等进行创新，提升大学生创新和专业课学习能力。此外，创客空间还为高校跨学科教学提供

了新渠道，教师可以组织学生在创客空间进行实践，例如利用 3D 打印机制作建筑模型、个性化包装袋和书籍封面等，鼓励学生进行分组探究，激发出学生的创新意识。高校图书馆可以借助创客空间辅助学校科研、实训教学，例如建筑类和艺术类专业可以利用创客空间开展设计活动，让学生利用创客空间的建筑材料、3D 打印机等来设计建筑模型。图书馆创客空间可以把馆藏纸质资源、数字资源、空间服务和不同院系学生聚集在一起，促进各学科交流，培养学生创新能力和实践能力，促进理论和实践教学的融合，提升图书馆服务质量。

香港理工大学图书馆开设的 L-Space，以灵感教育为主题，把灵感、创意和实践融为一体，灵感区域为学生提供了 VR 设备、扫描仪和计算机等设备，方便学生开展多学科协作学习，激发学生的创造力和好奇心。实践区由数字可视化室、数字演播室、数字创客空间组成，教师引导学生设计模型，拍摄实践视频，展示最终设计图纸，比拼各个小组完成的作品。武汉大学图书馆创客空间面向本校学生开放，每年举办 3D 打印设计大赛，设立了丰厚奖励，鼓励各个专业学生参赛，利用创客空间提升学生动手操作能力，促进跨专业、跨学科之间的合作，促进本校教学质量提升。

（二）营造创新氛围，促进创新人才培养

创新是民族发展进步的灵魂，也是高校教育教学改革的重点，虽然高校开设了创新创业课程，但是学生缺少实践的舞台，创客空间正好可以解决这一困扰，最大限度地发挥图书馆育人作用。高校是培养创新人才、科研人才和工匠型人才的摇篮，图书馆则是高校重要育人基地，不仅可以为师生提供信息资源和专业服务，还可以为学生提供舒适的自学空间、优质网络和创客空间，为专业课理论教学、阅读活动和实践架起沟通桥梁。

创新创业教育致力于培养具备创新精神、创新能力和实践能力的人才，创客空间的核心是培养创新人才，促进跨学科融合，引导学生在创客空间进行 DIY 设计和自主实践，二者在育人目标上是一致的。高校图书馆设立创客空间后，可以为学生提供跨学科的学习渠道，还可以把志同道合的学生聚集在一起，让学生把专业课知识、创意转化为 DIY 作品或创业计划书，进一步提升学生动手能力和创新创业能力。馆员和专业教师可以参与其中，为学生介绍当下热门的人工智能、新能源和 3D 打印等技术，为学生介绍大学生创业优惠政策，为他们提供专业的就业指导。创客空间延伸了专业课教学和创新创业教育的范围，让学生可同时学习多个学科知识，促进不同专业学生之间的交流，激发学生想象力，让学生可以把自己的创意付诸实践，让学生了解最新科研文献和就业信息。高校图书馆要积极构建创客空间，做好创新教育服务和创客空间服务的接轨工作，立足学校图书馆馆藏资源、智能化设备设计创客空间，结合学校专业特色组织不同主题的创客空间活动，让创客教育深入学生内心。

（三）拓展服务内容，促进高校图书馆转型

育人和信息服务是高校图书馆重要职能，高校图书馆不仅要建立完善的文献资源保障体系和人性化服务体系，为师生检索、阅读和下载文献提供保障，还要运用信息技术不断优化图书馆信息服务模式。图书馆要注重用户体验，运用微信、微博和抖音等开展线上服务，广泛搜集用户数据，为开展精准信息推送服务奠定基础。把创客空间服务纳入图书馆服务改革中，组织馆员学习创客教育理念，配合学校建设高校图书馆创客空间。图书馆创客空间要协调好文献查询和实践活动，根据创客活动主题提前准备文献和音视频等资源，帮助学生顺利完成科学探究、DIY实践等创客空间学习任务。

创客空间为高校图书馆转型提供了新契机，图书馆可以利用创客空间提升服务质量，优化学科服务和数据服务方式，一方面可以为读者提供更舒适的阅读空间，另一方面可以把图书馆转化为小型创新创业孵化园，不断丰富高校图书馆自身服务内容。首先，图书馆要转变理念，积极学习创客空间相关知识，了解创客空间学习流程，为创客团队搜集各类资源。其次，图书馆要合理规划空间，合理摆放桌椅、计算机、投影机、扫描仪和3D打印机等设备，为学生创造舒适的创客学习空间，根据创客空间活动，灵活更换相关设备和材料。再次，创客空间进入图书馆后，图书馆服务内容也发生了转变，增加了创新创业服务内容，加快了高校图书馆服务转型，提升图书馆对学生的吸引力。

第三节　我国高校图书馆创客空间建设存在的问题

一、宣传力度不够

高校图书馆有责任配合学校开展大学生创新创业教育，并为学生提供创新实践平台，积极宣传创客空间，把创客空间纳入图书馆服务体系中，呼吁更多学生加入创客空间学习中。

高校图书馆在推广创客空间过程中存在一些问题，例如馆内信息资源利用率偏低，有的学生对图书馆馆藏资源不够了解、数据库浏览量和下载量较低，部分馆员对创客教育不够了解，馆内设施不够完善，这些都影响了图书馆创客空间的推广和活动开展。图书馆对创客空间的宣传力度不够，大都集中在新生入学教育中。部分图书馆馆员对新生开展创客教育，目的在于吸引学生走进图书馆，激发学生创新思维，大都还停留在对高校图书馆创客空间服务内容、创客项目和创客专家团等的介绍，很少向学生具体介绍创客空间活动流程等。此外，有些高校图书馆宣传创客空间的渠道往往比较单一，简单的馆内讲座、张贴海报和官网宣传很难激发学生参与兴趣，很多学生对学校创客空间项目缺乏了解，影响了创客空间在高校的推广。

二、服务的主动性不强

高校图书馆馆员负责创客空间服务工作，馆员是图书馆服务的主要实践者和参与者，他们具备图书情报学相关专业知识、良好的服务意识和学历背景，对图书馆空间、设备和网络等都比较熟悉。多数馆员的日常主要是处理馆内图书借阅、电子数据库维护、咨询服务和信息推送等工作，参与创客空间活动的馆员比较少，在服务过程中很难满足创客团队的需求，影响了创客空间活动。有的馆员主要还是以传统服务和管理工作为主，更倾向于学习与图书馆业务相关的专业知识以及职称评审，很少主动学习创客空间相关知识。此外，很多馆员受工作环境影响，忙于图书馆繁忙的借阅和咨询工作，很少主动学习创新创业教育、创客空间等新理念，即使图书馆开辟了创客空间，也无法胜任创客空间服务，无法为创客团队提供专业化服务。很多馆员认为创客空间并不属于自己的工作范畴，不愿意花费时间和精力学习创客教育知识，参与创客空间服务工作的热情并不高，这也是图书馆需要解决的问题。

三、服务资源不足

服务资源也是影响高校图书馆创客空间运行的关键因素，主要体现在以下几个方面：设备资源更新换代缓慢、创客服务平台功能不健全和信息化资源服务不完善。第一，高校图书馆创客空间一般都会配备 3D 打印机、激光切割机等高新技术设备，这些设备造价比较昂贵，很多学校不会再购买 DIY 制作工具、新材料，影响了创客活动的开展，难以激发学生参与兴趣。此外，图书馆创客空间很少投放颜料、画板、毛笔等绘画工具，吉他和钢琴等乐器也比较少，创客团在活动过程中缺少放松活动，没有落实以人为本的创客教育理念。第二，有的高校图书馆创客空间服务平台比较杂乱，功能划分不太明确，没有展示本校成功创客案例以及国内外名校的创客空间优秀案例，很多学生对创客空间的了解比较浅薄。部分图书馆向学生推送的创客空间信息比较单调，只是简单介绍本校创客空间教育理念、成功案例，介绍过于复杂，没有凸显出本校创客空间的亮点和独特创意，很多学生不愿意花费时间来参与创客空间活动。第三，图书馆创客空间服务平台没有和创客进行良性互动。例如很多高校创客都是通过 QQ、微信等软件进行交流，通过图书馆微信公众号等共享创客资源，缺少专业化创客服务平台，不利于创客们进行小组讨论和学习。

第四节　高校图书馆创客空间的构建

一、高校图书馆创客空间服务模式构建的原则

（一）用户需求为导向原则

高校图书馆构建创客空间的目的是为大学生服务，因此要把"以人为本"作为创客空间的核心理念，利用图书馆大数据平台搜集学生喜爱的文献、信息，挖掘出他们的真正需求，再结合学校专业课特点，为读者提供人性化创客空间服务。Viva Bella 公司的设计师马克.罗扎认为，设计的本质就是挖掘消费者内心需求的过程，设计师根据消费者的喜好来进行设计，满足消费者创新、创意的心理需求。设计师在设计过程中，要对客户需求进行全方位了解，精准挖掘客户期待值和创意，为客户量身定制作品。创客是高校图书馆创客空间的"消费者"和实践者，图书馆要尊重创客群体需求，构建符合创客需求、满足创新教育主题的创客空间。

（二）普适性原则

高校图书馆往往经费比较紧张，创客空间的运行需要先进设备和高速网络支持，需要大量资金，图书馆要采购一些普适性设备和电子资源，既可以满足创客空间需求，又可以满足图书馆日常管理、阅读服务需求。此外，图书馆要立足自身学校特色、馆藏资源来构建创客空间，参照国内外高校图书馆创客空

间模式进行构建，保留创客空间基本元素，添加学校自身特色，提升创客空间建设和服务质量。

（三）创新教育原则

高校图书馆创客空间与社会营利性创客空间不同，更侧重创客空间的教育功能，利用其来开展校内科普教育、创新教育。高校在构建创客空间时要将创新理念贯穿于整个建设和服务过程，还要积极宣传创客文化，激发学生创新思维，吸引更多学生进入图书馆创客空间中来，让他们了解创客教育，让他们在 DIY 实践中感悟创新教育的价值，从而提升他们的创新能力。

二、高校图书馆创客空间的构成要素

（一）高校创客

创客是创客空间的核心和能动性要素。高校创客主要以本科生、研究生和博士生为主，他们既是高校图书馆创客空间的服务对象，也是创客空间各种设备的使用者，对创客空间活动影响深远。新时代下高校图书馆的定位不仅仅局限于信息资源中心、学习中心和交流中心，大学生们更渴望新颖的创客服务，这也是高校图书馆转型目标之一。创客们渴望高校图书馆为他们提供最新设备、创新、共享和实践的空间，提供最新科研文献，馆员也要积极学习创客理念，辅助他们完成作品设计、制作和推广工作，提升自身创新意识和实践操作能力。

（二）创新资源设备

创新资源设备指的是高校图书馆创客空间运过程中行所需要的各种设备，要满足跨学科、跨专业设计要求，还包括创客活动所需要的纸质文献、工具和材料等。值得一提的是，创客空间的资源设备并不是一成不变的，需要图书馆根据近期创客空间活动主题、创客团队的反馈等进行调整和更新，例如根据不同创客教育主题更换文献、材料和打印设备等，及时补充和更新资源。

（三）创客空间

创客空间是高校创客交流、协作、互动、共享的场所，也是高校图书馆为创客空间创造的实践空间。高校图书馆可以根据创客需求来构建创客空间，可以对创客空间进行分区，分为创客知识培训区、个人学习研究区、小组交流讨论区、创意想法实践区、创客成果展示区等区域，满足不同创客学习需求。创客可以在不同区域进行讨论、设计、焊接、打印等操作，和整个创客团队敲定最终的设计方案和操作流程，把小组创意转化为作品，从而发挥出创客空间的服务价值。

（四）创客服务平台

创客服务平台是高校图书馆创客空间的技术核心，主要是利用互联网技术、大数据技术、云计算和计算机网络技术等搭建起来的服务平台，旨在为高校创客群体提供实时线上服务，为他们打造互动交流平台，更好地配合创客空间活动，打造综合性线上线下创客学习、服务空间。创客服务平台包括了创客教育平台、创友交流平台、日常管理平台，其中创客教育可以为创客群体提供或内外高校创客竞赛案例、优秀创客设计书等，让初次参与创客空间活动的学生尽快投入学习状态，并搜集和本次创客空间活动相关的视频、文献、著作等资源，方便创客在线浏览和下载，增进创客小组之间情感交流。此外，创客教育资源还要涵盖创新创业教育、科研教育和学科建设等专业知识，把图书馆创客服务和图书馆学科建设和科研服务工作衔接起来。

创客交流平台包括了 QQ、微信、微博等社交软件，创客与创客之间可以在该平台上进行在线交流，分享各自在创客空间活动中学习到的新知识，分享创客活动视频、论文和作品等。图书馆可以在创客交流平台设立一个类似于微博"超话"的模块，素不相识的创客因为关注了同一个创客空间话题，就可以开展实时互动讨论。创客在"超话"模块可以发表自己的观点，分享自己的 DIY 设计理念，运用的计算机技术和设计理念，用视频、图片或文字的方式和其他创客进行交流，听取其他创客对自己设计和点评，也可在该模块寻求帮助，例如针对自己在创客活动过程中遇到的问题进行提问，类似于微博的"求助帖"，向其他创客或创客团队寻求帮助，更好地服务创客空间。创客交流平台不仅让创客与创客实践有了深入交流，还增进了创客和图书馆之间的交流，馆员可以及时搜集创客交流平台数据，搜集创客个性化创意，采用更加快捷的方式完成创客活动。图书馆要制定创客空间日常管理制度，对创客空间、3D 打印机等高新技术设备进行维护，及时回复创客或创客团队的预约，为他们安排创客空间使用。

（五）创客服务团队

高校图书馆创客空间服务团队负责为创客提供智力服务、技术指导，协助创客完成创新活动，高校图书馆创客服务团队主要由馆员、导师和志愿者组成，他们各有所长，可以为创客提供更加专业的服务。高校图书馆馆员包括了普通馆员、学科馆员、技术馆员、数据馆员，他们主要负责组织创客空间的各项活动、协调创客之间的合作关系，指导创客操作各项软件件设施，为创客团队提供文献检索、下载等服务，同时还要管理创客服务平台，为创客做好后勤保障工作。创客导师则是图书馆聘请的各个专业教师、校外科研人员，他们具有渊博的知识、丰富的专业知识和良好的创新能力，可以指导创客进行 DIY 设计，协助他们完成创新实践活动。志愿者主要由高校学生组成，负责创客空间设施管理、环境卫生和材料整理、更换等工作，为创客提供良好的活动氛围。

三、高校图书馆创客空间的建设原则

（一）整体性原则

高校图书馆设立创客空间的初衷在于传播创新创业文化，服务学科建设、推动高校改革步伐，提升图书馆服务质量，因此，高校图书馆要积极设立创客空间，遵循学校整体发展规划，满足专业建设需求，体现整体性设计原则。不同类型高校在专业设置、育人目标和教学方式等方面存在着差异，各大高校要立足自身特点，制定个性化创客空间建设方案，例如应用型本科院校更注重实践教学，侧重理工科类专业实践，创客空间建设要符合这一理念。此外，高校图书馆还要进行功能分区，不同学科专业特色不同，创客空间可以根据学科专业特色来进行建设，例如设计理工科、文科、艺术类等创客空间，营造浓郁的学术氛围，促进跨学科融合。

（二）以用户为中心原则

了解用户需求是提升高校图书馆创客空间服务质量的重要因素，"00后"大学生更渴望参与和将来就业方向相关、动手实践操作类和创新创业类创客活动，高校图书馆要围绕学生这三大诉求来建设创客空间，满足学生创新创业学习需求。创客空间是大学生实践性学习的新渠道，也是他们交流创新理念的平台，可以促进不同专业学生的交流，因此高校图书馆创客空间要以服务学生为核心目标，根据不同专业和学科特点，不断更新技术、更换创客空间材料和设备，搜集优质文献资源，为学生搭建跨学科学习平台，促进学生创新意识、创新能力和创新精神的培养。

（三）因地制宜原则

图书馆在建立创客空间时，要根据学校的类型，结合图书馆的空间布局进行规划。首先，图书馆要根据馆内可用空间来设计创客空间，为创客提供充足的活动场地，合理利用馆内各项设备。其次，图书馆要评估馆内软硬件设施，决定是否引进新设备，满足创客探索的需求。再次，图书馆还要积极组建专业化创客空间服务团队，抽调优秀馆员，为创客提供人力资源保障。各高校要根据自身教学目标、专业设置和图书馆资源等情况来进行设计，做到因地制宜地建设高校图书馆创客空间。

（四）动静分区原则

创客空间离不开切割机、数控机床和 3D 打印机等设备，这些设备在运行过程中难免会产生一些噪声，影响其他读者学习，为了最大限度地降低对其他读者的影响，图书馆要做好创客空间的动静分区工作。例如，图书馆可以在馆内安装隔音门，把创客空间和阅读区分隔开，也可以把创客空间设立在馆内比较"冷清"的角落，既可以合理利用馆内空间，还可以避免打扰其他读者。

（五）多元合作原则

创客空间的运转离不开人力、物力和财力的支持，需要大量资金和专业服务团队进行后期维护，高校资金和人力资源往往比较有限，要积极寻求政府、企业和科研机构的合作，为创客空间争取更多资金、技术和人才上的支持，实现高校图书馆创客空间的长远发展。首先，图书馆要积极与学校学生社团、二级学院和职能部门等开展合作，例如可以和创新创业指导中心合作，把最新的创新创业理念融入创客活动中，让学生获得第一手的创新创业消息，为创客活动提供创新教育指导，吸引更多学生加入创客空间，进一步扩大创客空间的影响力。其次，有分馆的图书馆，可建设有分馆特色的创客空间，根据各分馆的设备、文献资源等组织不同主题的创客空间活动，打造多馆合作模式。还要积极与企业合作，争取企业资金和设备支持，邀请企业技术人员指导创客空间活动，为学生提供更多创新创业机会。

（六）艺术性原则

创客空间是一个 DIY 艺术设计和创造的空间，可以实现跨学科交流，在学科碰撞中激发学生艺术灵感和创新思维，因此，高校图书馆创客空间要坚持艺术性原则。例如可在创客空间投放吉他、小提琴等乐器，让创客在疲惫时可以放松，也方便艺术类专业创客利用乐器进行创新，还可以投放各类材料，鼓励创客进行 DIY 设计，提升图书馆创客空间吸引力，也可以激发用户创新思维，促进交流与合作。

第五节　高校图书馆创客空间的服务推广策略

一、整合内外部资源，打造特色创客空间

（一）结合外部机遇充分发挥内部优势

创客空间发源于国外，国内高校图书馆要结合国外高校成功经验，抓住外部机遇，积极建设和推广创客空间，借鉴国外高校图书馆创客空间的建设方案，结合我国高校教育改革实际，全面提升我国高校图书馆创客空间建设水平。国内高校图书馆要积极吸取国外图书馆创客空间建设经验、引入国外先进的创客案例和推广方式，借鉴先进的创客人才培养方式，打造具有中国高校特色的创客空间教育模式，为我国培养更多创新型人才。高校师生专业能力、学习能力都要高于社会人群，他们更渴望参与创新实践活动，图书馆要立足师生需求，把高校图书馆创客空间教育优势最大化。图书馆要合理设计创客空间，利用好馆内馆藏资源、软硬件设备，组建专业化馆员服务团队，配合创客团队开展丰富多彩的创客活动，把创客教育嵌入图书馆服务体系中，全面提升图书馆服务能力，让更多师生了解创客教育，加入创客空间活动中。

（二）利用外部资源优势

国外高校图书馆创客空间软硬件设施比较完善，大型创客设备比较多，图书馆创客空间资金比较充足。例如多伦多大学图书馆的 Gerstein 科学信息中心，不仅拥有 3D 打印机，还拥有数控机床和机器人等设备，这些设备造价昂贵，国内高校图书馆很少采购这些设备。为了解决这种困境，国内高校要加大图书馆创客空间建设的投入，积极采购先进设备，还可以和政府、企业进行合作，联合打造创客空间。例如上海交通大学的"交大—京东创客空间"，该创客空间是由上海交通大学和京东集团合作建立，京东集团提供智能产品，由京东人工智能研发人员参与创客空间指导工作，既可以缓解高校资金压力，又可以把新技术、新理念融入高校图书馆创客空间建设中。图书馆要积极寻求政府资金支持，采购 3D 打印机、数控设备和机器人组件等，积极搜集和创客空间活动相关的文献，为学生提供全方位服务。

（三）打造具有自身特色的创客空间

高校图书馆要认清自身定位，立足自身优势，利用图书馆微信公众号、官网和学校官网等渠道进行宣传，介绍创客空间理念、设备和创客空间案例，吸引更多学生参与创客活动，逐步丰富图书馆服务项目。图书馆可以根据学校办学特色、学科特色和专业特色来构建创客空间，既可以为不同学科专业学生提供创新实践平台，还可以服务于学校创新创业教育，推动学校特色学科、特色专业建设。随着国内创客教育逐渐繁荣，很多企业、机构开始建设营利性创客空间，高校图书馆要积极应对挑战，发挥图书馆创客空间的优势，结合学生社团、团组织、党组织等开展创客活动，制定学分制、奖金制、奖励制等激励制度，利用微信群、QQ 群进行推广。

二、加大创客空间推广的力度

（一）新闻媒体宣传推广

随着微博、微信和抖音等新媒体的出现，宣传渠道越来越多样化，高校图书馆可以利用这些新媒体来宣传图书馆创客空间，让更多师生了解创客教育，了解创客空间，还可以逐步把创客理念逐步推广到社会和其他高校。高校图书馆创客空间建设初期，知名度不高，需要借助高校新媒体、地方媒体进行宣传，逐步把创客空间理念传播到校外。图书馆可以利用校园广播、校报、图书馆微信公众号和官网来宣传创客空间，介绍创客空间设备、创客教育活动和创新教育课程，吸引更多学生参与图书馆创客教育活动。

（二）官方网站建设

随着互联网时代的全面到来，网络逐渐成为宣传推广高校图书馆创客空间的重要方式，让学生足不出户就可以了解图书馆创客空间活动、阅读活动。高校图书馆要把创客空间宣传纳入网站、新媒体平台宣传内容中，可以根据创客空间特色进行宣传，在图书馆网站醒目位置设置专栏，介绍创客空间导师、创客团队以及创客空间案例等，让学生可以对创客空间活动一目了然，提升创客空间在学生群体中的知名度。可以借鉴国外高校图书馆创客空间服务经验，优化官网设置，在图书馆官网醒目位置展示创客空间图片，详细介绍图书馆创客空间设备、资源、导师和优秀案例等，激发学生了解、参与创客空间的积极性，为学生提供网上预约创客空间活动的名额，提升图书馆网站创客空间访问率，扩大创客空间知名度。

高校图书馆可以尝试建立创客空间网站，例如清华创客空间开设了网站，介绍创客活动、创客项目、创客教育等内容，各个专业教师轮流担任创客导师，系统性讲解设备操作、DIY 设计、计算机系统调试和创新实践流程，帮助学生把创意转化为作品，有效地宣传推广了图书馆创客空间。图书馆可以把创客空间网站和图书馆网站的链接衔接起来，学生可以在两个网站之间跳转，提升图书馆创客空间的宣传力度。

（三）开通微博和微信等交流平台

随着微博、微信平台的迅速崛起，我国高校纷纷开通了微信公众号和微博账号，紧跟互联网时代发展步伐，利用微信和微博辅助开展教育教学工作。据不完全统计，截至 2020 年，微信及 We Chat 的合并月活跃账户数达到 12.25 亿，大学生就是其中数目最庞大的一个群体，因此，高校图书馆要积极开通微博和微信账号，一方面可以吸引更多学生走进图书馆，另一方面可以为学生提供更优质的服务。

高校图书馆可以开通创客空间微信公众号和微博账户，定期向师生推送创客空间相关新闻或活动，展示图书馆创客空间作品和创客活动视频，公布近期创客空间即将举办的活动，吸引更多用户点击创客空间微博和微信账号。图书馆可安排馆员专门负责创客空间微信和微博账号管理，一方面要及时发布、更新创客空间信息，另一方面要及时回复创客空间微信和微博留言，及时解决用户问题，并搜集、整理用户反馈的意见和建议。

（四）社团和创客讲座推广

高校社团活动是最受大学生喜爱的活动，体现了高校校园文化的特色，图书馆可以利用社团活动来宣传创客空间，打造线上线下联合推广模式，让更多学生主动了解和参与创客空间。高校社团众多，图书馆可以与各社团合作开展活动，一方面可以安排馆员在各社团进行创客讲座，为社团成员介绍图书馆创客空间活动，带动更多人参与创客空间活动。另一方面可以联合社团成立新的创客空间社团，由馆员负责辅助工作，让学生掌握创客空间社团的主动权，利用社团活动来推广创客空间，让更多学生加入创客空间社团，提升创客空间文化品位。

图书馆可以把创客空间活动和社团活动结合起来，组织丰富多彩的创客社团活动，为全校师生展示创客学习成果，宣传创客空间。创客社团可以结合成员专业来组织活动，带领创客们集思广益，设计多元化创客项目书，把创意转化为作品，这也是开展创新创业教育的有效路径。此外，社团可以和企业、科研机构合作，举办创客设计大赛，为社团吸引更多资金，为企业提供新创意和创新人才。

三、合理规避创客空间推广隐患

（一）防止僵尸网站的形成

为了配合创客空间的宣传推广，高校图书馆要积极开通创客空间网站，根据学校特色、图书馆特色来构建网站，做好网站后期维护。虽然我国很多高校图书馆开设了创客空间，但是创客空间和图书馆网站关联性不大，主要体现在图书馆网站上关于创客空间的内容比较少，更新不及时，影响了学生对创客空间的了解和参与的积极性。图书馆不仅要把创客空间融入网站中，还要做好网站后期维护和信息资源管理工作，树立长远发展理念，及时更新图书馆网站图片、宣传品等各类资源，保持网站活跃度。此外，图书馆要做好网站、微信和微博账号服务工作，安排馆员负责账号管理，及时回复留言，及时更新创客空间内容，让学生实时了解创客空间活动，增进创客之间的交流。

（二）培养专业馆员维护创客空间

高校图书馆要注重馆员培养，让馆员系统地学习创客教育理论，提升馆员的创新和实践能力，提升创客空间的使用率和服务满意度。馆员不仅要主动学习各项创新设备操作和创客服务技能，还要树立人性化服务意识，积极协助创客团队工作，为创客团队提供一站式服务，让更多学生体验创客空间创新性，提升学生体验感。目前很多高校图书馆馆员主要还是以常规阅读服务为主，随着创客空间的发展，馆员要积极转变这一理念，了解各类创客活动流程，以便更好地为学生服务。

（三）制定创客产品知识产权条例

创客空间离不开互动、交流与分享，创客空间的核心就是激发学生的创新思维，鼓励学生展现个人创意，在这种开放式环境下，很容易产生知识产权纠纷。例如创意被盗取、违规使用和酬劳纠纷等问题，因此，高校图书馆创客空间要积极开展知识产权讲座，让创客了解知识产权保护的相关法律，维护创客的合法权益。高校图书馆可以制定创客产品知识产权保护条例，例如针对图书馆创客空间作品进行产权保护，培养学生知识产权保护意识，为学生讲解我国专利申请流程，保护学生创意，同时为学生介绍常见的知识产权纠纷案例，提升学生创意保护意识，避免学生的创意被窃取。

（四）构建多途径推广模式

高校图书馆要利用新媒体、校企合作、校园广播等形式进行对创客空间进行宣传推广，不断拓宽创客空间宣传渠道，促进创客空间的长远发展。创客空间不仅可以为学生提供发挥创意、自主设计的舞台，还可以提供多元化的展示活动，凸显跨学科学习的优点。例如，武汉大学图书馆工学分馆推出的创客空间就是以咖啡店运营为主，摆放木质桌椅、暖色调灯光、布艺沙发、咖啡机……为学生提供了良好的创客体验氛围。该创客空间致力于推广咖啡店创业计划，并引导学生利用图书馆文化资源来设计咖啡店发展方案，鼓励学生发挥创意，打造不同主题咖啡店，提升学生创新和创业能力。此外，高校图书馆还可以利用虚拟仿真等人工智能技术打造创客空间，为学生提供5D实感体验活动，激发学生新创意，丰富创客空间活动和推广方式。

四、实施多元化创客空间服务

（一）嵌入式服务

嵌入式服务指的是把高校图书馆创客服务融入创客活动的各个环节，发挥图书馆创客服务团队爱岗敬业、创新精神，为创客提供一站式优质服务，协助创客团队进行设计、实践和展示等活动。高校图书馆创客活动分为两大模块，一方面是创客自主组织的创客活动，另一方面则是由馆员和创客联合组织的活动。这两种类型的创客活动，都离不开创客和馆员的合作，馆员要积极了解创客空间学习流程，根据创客活动主题提前准备好文献、材料和设备，并对创客团队进行安全培训，为他们讲解各项设备安全操作技巧，保障创客活动安全、有序地开展。其次，馆员还可以面对面地向创客讲解3D打印机、扫描仪等设备操作技巧，拍摄创客团队研发过程和最终作品展示，丰富高校图书馆创客空间活动的素材。

很多大学生都是初次接触创客活动，馆员要做好创客教育普及，最大限度地利用馆藏文献、视频等资源，为参与创客空间活动的学生进行培训，系统地讲解创客活动起源、本质以及本校创客空间案例等，激发学生参与热情和创新热情，鼓励更多学生加入创客团队。馆员可以为创客讲解各项设备操作技巧，播放学校优秀创客团队活动视频和优秀作品，激发创客团队的创作热情，让创客尽快熟悉实践流程。此外，图书馆还可以邀请科研人员担任创客专家，根据图书馆创客空间设备、馆员队伍综合能力等制定不同主题的创客空间活动，不断提升馆员专业素养，以便为创客提供更加专业的服务。图书馆创客空间馆员服务包括了文献检索、馆际互借与文献传递等服务形式。创客专家可以手把手教授学生设备操作，解决创客在实践操作中存在的问题，帮助创客团队完善设计方案，促进创客创新能力和动手能力发展。

高校图书馆还要积极为创客提供虚拟环境嵌入服务，馆员和志愿者可以通过创客服务平台开展虚拟化服务，例如搜集国内外高校图书馆创客空间案例，创客比赛题目和创客空间活动视频，并把这些资源上传到创客服务平台、图书馆微信公众号，为创客提供优质资源，帮助他们顺利完成创客计划书。创客可以利用服务平台资源获取设计灵感，借鉴其他创客团队的优秀作品，激发创意，提升创客团队作品数量，并把这些资源分享到图书馆创客空间服务平台上，逐步丰富图书馆创客空间的素材，提升图书馆创客空间服务质量。

（二）延伸服务

创客创造的每一份成果都是智慧和创意的结晶，是高校图书馆创新教育的重要成果，也是创客团队的知识成果，因此，高校图书馆要积极开展延伸服务，开展创客知识产权保护教育，为创客介绍相关法律法规，提升他们的知识产权保护意识。馆员要细心记录、保存、归档和推广创客空间作品，推广创客团队成果，让师生深入了解图书馆创客空间活动，激励他们参与其中，把图书馆创客空间的活动视频、参考文献、创客方案书、创客作品等纳入学校创客教育资源库中，并把这些资源分享在图书馆创客空间网站，在图书馆官网上进行推广，方便用户浏览、点评和下载，扩大创客空间影响力。

参考文献

[1] 邵安华 . 高校图书馆的德育功能研究 [D]. 河南财经政法大学，2019.

[2] 董轩嫣玥 . 基于母语文化培养学习者的跨文化交际意识 [J]. 媒体时代，2015（7）：217.

[3] 农艳春 . 大数据时代高校图书馆服务工作研究 [M]. 长春：吉林大学出版社，2018.

[4] 康桂英，刘春平 . "互联网 +" 时代高校图书馆学科知识服务中知识产权问题研究 [J]. 教育现代化，2020，7（38）：6-9.

[5] 陈婧 . 高校图书馆德育功能提升研究 [D]. 湖南农业大学，2015.

[6] 李爽 . 浅析新形势下数字图书馆的建设与前景 [J]. 科技资讯，2012（20）：249-250.

[7] 陈进 . 大学图书馆泛学科化服务体系 [M]. 北京：海洋出版社，2018.

[8] 刘雅琼，肖珑 . 高校图书馆用户服务的创新发展趋势研究 [J]. 图书情报工作，2015，59（20）：34-40+93.

[9]《图书情报工作》杂志社 . 信息素养的研究与实践进展 [M]. 北京：海洋出版社，2014.

[10] 张莹 . 高校图书馆用户服务的创新发展趋势研究 [J]. 卷宗，2019，9（30）：168.

[11] 刘华卿 . 互联网时代高校图书馆与公共文化服务的融合发展和实践 [M]. 长春：吉林大学出版社，2019.

[12] 张春红主编 . 新技术、图书馆空间与服务 [M]. 北京：海洋出版社，2014.

[13] 徐梅 . 全媒介视角下高校图书馆组织机构文化发展研究 [J]. 图书馆学刊，2016，38（01）：14-18.

[14] 马语谦 . 高校图书馆创客空间服务推广研究 [D]. 黑龙江大学，2018.

[15] 张向先，李昆，郭顺利，弭元英 . 知识生态视角下企业员工隐性知识转移过程及影响因素研究 [J]. 情报科学，2016，34（10）：134-140.

[16] 张向先，郭顺利，李昆 . 新媒体环境下高校图书馆学科服务团队知识共享机理分析 [J]. 图书馆建设，2017（05）：79-86.

[17] 唐淑香著 . "互联网 +" 时代高校图书馆学科服务研究 [M]. 西安：西安交通大学出版社，2018.

[18] 马立骥，余洪著 . 强制隔离戒毒模式创新与思考 [M]. 武汉：武汉大学出版社，2016.

[19] 纪杰著 . 智慧城市建设模式及智慧重庆推进策略研究 [M]. 北京：经济科学出版社，2018.

[20] 于玉林编著 . 现代会计交叉学科发展概论 [M]. 北京：中国人民大学出版社，2012.

[21] 张向先，李昆，郭顺利，弭元英 . 知识生态视角下企业员工隐性知识转移过程及影响因素研究 [J]. 情报科学，2016，34（10）：134-140.

[22] 郑小容 . 高校图书馆的思想政治教育功能特征探索 [J]. 绵阳师范学院学报，2016，35（01）：61-63+67.

[23] 陈华洲著 . 思想政治教育资源论 [M]. 北京：中国社会科学出版社，2007.

[24] 郭晶，余晓蔚主编 . 大学图书馆学科服务案例精选 [M]. 上海：上海交通大学出版社，2014.

[25] 刘婷婷 . 基于微信公众号的高校图书馆移动信息服务研究 [D]. 黑龙江大学，2018.

[26] 刘瑶 . 高校图书馆智慧转型中的管理问题研究 [D]. 山东大学，2019.

[27] 于永丽 . 面向科研的高校图书馆微信知识服务模式研究 [J]. 图书馆学刊，2017，39（08）：74-80.

[28] 林燕 . 高校图书馆与大学生的思想政治教育 [J]. 中国成人教育，2011（08）：43-45.

[29] 傅琳 . 浅谈图书馆的服务创新 [J]. 科技情报开发与经济，2011，21（29）：34-36.

[30] 曾献尼，姜晓丽，苏卓 . 高校传媒思想政治教育功能发展趋势及对策——以广东高校传媒为研究个案 [J]. 高等农业教育，2008（06）：31-33.

[31] 陈涛 . 浅谈 Web3.0 及其在高校图书馆的应用 [J]. 科技视界，2012（19）：243+260.

[32] 张鸣远 .MOOC 视角下高校图书馆应对策略探讨 [J]. 办公室业务，2018（22）：182–183.

[33] 万文娟 . 我国高校图书馆 MOOC 服务现状与策略分析 [J]. 国家图书馆学刊，2016，25（03）：34–40.

[34] 陈力 . 互联网信息保存刻不容缓 [J]. 北京观察，2014（08）：44–45.

[35] 徐小丽 . 网络环境下少儿图书馆的个性化信息服务 [J]. 图书馆学刊，2012，34（05）：104–105+109.

[36] 蒋靖璇 . 高校图书馆微信公众平台信息服务用户满意度测评 [D]. 湘潭大学，2018.

[37] 韩丽著 . 高校图书馆学科化服务的实践发展 [M]. 昆明：云南大学出版社，2014

[38] 海琴 . 新形势下高校图书馆服务育人的创新研究 [J]. 探索科学，2020(6)：253–254.

[39] 郭峰 . 大学图书馆利用 MOOC 开展信息服务的挑战与对策分析 [J]. 西部皮革，2017，39（24）：77.

[40] 张彩霞 . 大学图书馆利用 MOOC 开展信息服务的挑战与对策分析 [J]. 中文信息，2017（1）：44.

[41] 梁勇进 . 欧盟大学图书馆 MOOC 发展及对我国的启示——以瑞典卡罗林斯卡学院图书馆的实践为例 [J]. 图书馆，2015（11）：70–73.

[42] 张文琴 . 家族企业隐性知识转移模式研究 [D]. 安徽财经大学，2015.

[43] 张婷婷 . 大学生荣辱观培育研究 [D]. 大连理工大学，2007.

[44] 陈怡静 . 高校图书馆创客空间信息服务模式研究 [D]. 黑龙江大学，2018.

[45] 范红梅 . 高校图书馆创客空间建设发展研究 [J]. 长江丛刊，2018（34）：233+235.

[46] 马语谦 . 高校图书馆创客空间服务推广研究 [D]. 黑龙江大学，2018.

[47] 杨晓光 . 高校图书馆创客空间建设研究 [J]. 图书馆学刊，2017，39（01）：14–19.

[48] 杨洪泽 . 当代大学生思想政治教育实效性研究 [D]. 东北师范大学，2013.

[49] 周雅琦，牛宇，贺彦平 . 高校图书馆创客空间服务探索与实践——以国

防科技大学图书馆创客空间为例 [J]. 新世纪图书馆，2020（12）：56-61

[50] 陈振标，刘敏榕，刘雨农. 高校图书馆运营创客空间的 SWOT 分析和策略研究 [J]. 图书馆学刊，2017，39（05）：36-42.

[51] 吴潜涛，刘建军著. 新时期思想政治教育史论 [M]. 合肥：安徽人民出版社，2004.

[52] 王知津，曹文振. 我国图书馆新媒体服务研究展望——基于高被引论文的分析 [J]. 图书馆论坛，2017，37（09）：62-69+78.

[53] 微信营销手指间的营销艺术 [J]. 网印工业，2015（06）：39-40.

[54] 王涛. "微形式"在高校思政教育中的应用研究 [J]. 湖北开放职业学院学报，2019，32（03）：62-64.

[55] 曾园园主编. 物联网导论 [M]. 北京：中国铁道出版社，2012.

[56] 张耀灿等. 现代思想政治教育学 [M]. 北京：人民出版社，2006.

[57]《习近平总书记教育重要论述讲义》编写组. 习近平总书记教育重要论述讲义 [M]. 北京：高等教育出版社，2020.

[58] 朱丽，庄文静，邓纯雅等. 2015 培养属于你的"创客"[J]. 中外管理，2015（01）：32-33.

[59] 祝智庭，雒亮. 从创客运动到创客教育：培植众创文化 [J]. 电化教育研究，2015，36（07）：5-13.

[60] 冯文全. 道德教育原理 [M]. 北京：北京师范大学出版社，2013.

[61] 冯佳，张丽，陆晓曦.《2050 年高校图书馆尸检报告》解读 [J]. 图书馆建设，2011（02）：13-15.

[62] 黄薇，王雷鸣. 中华人民共和国著作权法导读与释义 [M]. 北京：中国民主法制出版社，2021.04.

[63] 郭碧玉. "双一流"高校图书馆学科服务平台建设研究 [D]. 辽宁大学，2020.

[64] 新媒体联盟地平线报告（2015 图书馆版）[J]. 北京广播电视大学学报，2015（05）：39-49+60.

[65] 全民阅读"十三五"时期发展规划 [N]. 中国新闻出版广电报，2016-12-28（003）.

[66] 李彦昭，许德山，於维樱等. 美国国会图书馆 2011—2016 战略规划 [J]. 图书情报工作动态，2011，（4）：1-9.

[67] 教育部发布《高校思想政治工作质量提升工程实施纲要》[J]. 高等职业教育探索，2017，16（06）：33.

[68] 郑雅萍著. 服务育人 高校后勤育人的理论与实践 [M]. 杭州：浙江人民出版社，2009.06.

[69] 陈岐岳. 习近平总书记在全国宣传思想工作会议上的讲话摘录 [J]. 文艺生活（艺术中国），2021（01）：4-5.

[70] 习近平. 习近平谈治国理政 第 1 卷 [M]. 北京：外文出版社，2018.01.

[71] 习近平. 习近平谈治国理政 第 2 卷 2 版 [M]. 北京：外文出版社，2018.03.

[72] 习近平. 习近平谈治国理政 第 3 卷 [M]. 北京：人民出版社，2022.04.

[73] 普通高等学校图书馆规程 [J]. 大学图书馆学报，2016，34（02）：5-8.

[74] 庄守经. 关于修订《中华人民共和国高等学校图书馆工作条例》的几点说明 [J]. 高校图书馆工作，1982（01）：5-8.

[75] 中华人民共和国高等学校图书馆工作条例 [J]. 图书馆学通讯，1981（04）：13-16.

[76] 教育部等八部门关于加快构建高校思想政治工作体系的意见 [J]. 中华人民共和国教育部公报，2020（04）：23-27.

[77] 江泽民在中央思想政治工作会议上的讲话 [N]. 齐鲁石化报，2000-07-05（001）.

[78] 习近平. 在中国科学院第二十次院士大会、中国工程院第十五次院士大会、中国科协第十次全国代表大会上的讲话 [J]. 中国经济评论，2021（6）：6-12.

[79] 习近平. 做党和人民满意的好老师——同北京师范大学师生代表座谈时的讲话 [N]. 山东理工大学报.2014.10.20（第 02 版：专刊）.

[80] 中共中央国务院印发《关于新时代加强和改进思想政治工作的意见》[J]. 旗帜，2021（8）：5-6.

[81] 张兵. 信息化时代高校图书馆服务模式的改革创新研究 [J]. 兰台内外，2021（34）：55-57.

[82] 姚晓彤. 美育视角下高校学生产生图书馆焦虑的原因及对策分析 [J]. 新世纪图书馆，2021（11）：16-20.

[83] 王兴旺，耿哲，王一. 高校图书馆服务育人体系构建研究 [J]. 图书馆工

作与研究，2021（S1）：125-130.

[84] 束方彦.教育信息化视角下高校服务育人能力的重要性及提升策略 [J].重庆电子工程职业学院学报，2021，30（04）：78-82.

[85] 林坤.高校图书馆总服务台人员职业素养分析 [J].内蒙古科技与经济，2021（15）：127-128+130.

[86] 秦中云，王彤.课程思政理念下高校图书馆教学支持服务研究 [J].北京联合大学学报，2021，35（03）：28-33.

[87] 曾小红.论高校图书馆的育心育德育人功能[J].科技资讯，2021，19（20）：169-171.

[88] 李鹏.立德树人视角下高校图书馆服务育人工作探析 [J].兰台内外，2021（08）：64-66.

[89] 谭少丽."三全育人"视角下的高校图书馆服务模式创新探讨 [J].大众文艺，2021（07）：148-150.

[90] 王跃东.新形势下高校图书馆服务育人创新对策 [J].兰台内外，2021（11）：55-57.

[91] 黄征.高校图书馆服务创新型文化创意人才培育的实践与研究——以粤港澳大湾区 H 农林院校为例 [J].科教导刊，2021（10）：178-180.

[92] 颜惠平.加强高校图书馆礼仪建设提升读者服务工作水平 [J].内蒙古科技与经济，2020（23）：142-143.

[93] 丁红.高校图书馆第二课堂的功能及实施路径 [J].图书馆学刊，2020，42（10）：71-75.

[94] 徐军平.新形势下图书馆服务育人创新对策[J].人才资源开发，2020（18）：32-33.

[95] 王玉玫，陈丹阳.新时代高校图书馆大学生志愿服务育人机制与管理创新探究 [J].北京教育（高教），2020（07）：34-36.

[96] 杨元香.网络时代高校图书馆服务思想教育的困境分析 [J].佳木斯职业学院学报，2020，36（06）：297-298.

[97] 王亚莉.创客时代高校图书馆创新创业服务实现路径探究 [J].河南图书馆学刊，2020，40（04）：59-62.

[98] 刘维娥，黄小萍.高职院校图书馆服务育人功能探析 [J].天津职业院校联合学报，2020，22（02）：116-119+124.

[99] 马月红. 新时期高校图书馆育人途径探索 [J]. 教育教学论坛，2020（08）：97-98.

[100] 万乔. "三全育人"视角下高校图书馆多维度服务模式的构建与实施 [J]. 内蒙古科技与经济，2020（01）：158-159.

[101] 王小珏. 解读高校图书馆如何落实服务育人工作 [J]. 传播力研究，2020，4（02）：195-196.

[102] 刘桂清. 提升高校图书馆服务育人水平的路径探析 [J]. 内蒙古科技与经济，2019（24）：149+152.

[103] 万乔. "三全育人"视角下高校图书馆多维度服务模式的构建与实施 [J]. 内蒙古科技与经济，2020（01）：158-159.

[104] 袁也涵. 高职院校图书馆服务大学生创新创业教育的思考——从全国高校思想政治工作会议精神谈起 [J]. 中国多媒体与网络教学学报（中旬刊），2020（02）：112-113.

[105] 胡秀丽. 高校图书馆创新服务育人功能的路径探讨 [J]. 采写编，2019（06）：170-171.

[106] 梁占修. 高校图书馆环境育人问题研究 [J]. 产业与科技论坛，2019，18（21）：262-263.

[107] 梁占修. 高校图书馆德育功能研究 [J]. 采写编，2019（05）：177-178.

[108] 姚越. "三全育人"理念下强化高校图书馆育人功能的途径探究 [J]. 创新创业理论研究与实践，2019，2（18）：165-166.

[109] 常春圃. 新时代应用型高校图书馆服务育人环境的创新研究 [J]. 教育教学论坛，2019（38）：80-81.

[110] 查道懂. 新时代高校图书馆立德树人功能及其实现路径 [J]. 大学图书情报学刊，2019，37（05）：8-10+26.

[111] 于丽萍. 新形势下高校图书馆服务育人创新研究 [J]. 科技视界，2019（21）：177-179.

[112] 冯蓉. 互联网 + 环境下的高校图书馆工作思路 [J]. 内蒙古科技与经济，2019（11）：120-121+123.

[113] 阿孜古丽·色提. 高校图书馆服务育人工作的几点思考——以新疆财经大学图书馆为例 [J]. 传媒论坛，2019，2（09）：140+142.

[114] 侯占奎. 高校阅读推广工作融入立德树人的路径选择 [J]. 思想政治课研

究，2019（02）：110-114.

[115] 周玉霞.新形势下高校图书馆服务育人创新研究[J].科学大众（科学教育），2019（03）：173+156.

[116] 王静，冯佩茹，王祥伟.新时期高校图书馆微信公众号平台建设现状及对策研究[J].知识经济，2018（23）：140-141.

[117] 于宏明.浅探高校图书馆服务育人功能的发挥[J].中小企业管理与科技（中旬刊），2018（09）：127-128+189.

[118] 洪玉鑫.大思政教育视野下民办高校图书馆流通工作探究[J].传播力研究，2018，2（26）：256.

[119] 司丽华.高校图书馆档案馆开展服务育人的路径探析[J].办公室业务，2018（15）：24-25.

[120] 刘颖.探讨高校图书馆服务育人的基本途径[J].价值工程，2017，36（32）：191-192.

[121] 李杨，柴腾，张久珍.高校图书馆毕业季活动育人功能分析——以北京大学图书馆为例[J].图书情报工作，2017，61（16）：157-164.

[122] 刘延刚，徐华.传承创新　服务育人——应用转型视角下的高校图书馆工作理念[J].绵阳师范学院学报，2017，36（09）：41-45.

[123] 陆芳芳.数字阅读环境下高校图书馆服务育人模式创新的思考[J].黑河学刊，2017（02）：161-162.

[124] 尹秀波.基于渗透式教育的高校图书馆全面育人研究[J].河南图书馆学刊，2017，37（02）：129-131.

[125] 刘桂清.高校图书馆在服务育人中的角色与作用及创新实例[J].南方论刊，2016（11）：81-82.

[126] 黄群.基于教学资源整合下的高校图书馆在线教育互动平台的构建[J].科技展望，2016，26（02）：274-275.

[127] 李瑞华.高校图书馆服务育人促学风的实践与思考——以贵州师范学院图书馆为例[J].贵州师范学院学报，2015，31（10）：92-94.

[128] 夏燕燕.高校图书馆学科馆员的知识服务研究[J].吉林省教育学院学报（上旬），2015，31（06）：138-139.

[129] 朱鹏威.信息时代高校图书馆服务育人体系建设探析[J].白城师范学院学报，2015，29（05）：81-84.

[130]孙海波.应用型高校图书馆服务育人功能拓展[J].现代交际,2016（01）:187–188.

[131]毕玲,李玉文.论高校图书馆在应用型人才培养中的育人工作[J].蚌埠学院学报,2014,3（06）:142–144+161.

[132]邓佩珍.以微信公众平台优化高校图书馆服务育人功能的探讨[J].农业图书情报学刊,2014,26（12）:141–143.

[133]常克俭.高校图书馆服务育人的理性思考[J].科技风,2014（22）:265.

[134]卜荣芳.浅论高校图书馆服务育人工作[J].考试周刊,2014（81）:31.

[135]吴艳艳.高校图书馆实现育人功能的路径研究[J].办公室业务,2014（15）:224.

[136]冯克品.三本院校图书馆服务育人的"四化"问题与对策——以宿迁学院为例[J].韶关学院学报,2014,35（07）:197–200.

[137]安娜,汤恺.论以人为本是高校图书馆服务育人工作的基本原则[J].企业导报,2014（14）:30+2.

[138]吴芳,李珊珊,马建军.高校图书馆学生志愿者工作管理与服务探索——以武汉科技大学图书馆为例[J].图书情报工作,2014,58（S1）:221–224.

[139]蔡晓勇.高校图书馆在构建和谐校园中的育人功能[J].科技情报开发与经济,2014,24（10）:100–102.

[140]王圣宏,赵秀琴.新时代高校图书馆思想政治教育使命与责任探究[J].黑龙江教育（理论与实践）,2021（12）:8–12.

[141]傅敏燕,宋瑞超,丁正荣,李玲玲.高校图书馆融入思政教育的研究与探析[J].湖北开放职业学院学报,2021,34（23）:92–94.

[142]张兵.信息化时代高校图书馆服务模式的改革创新研究[J].兰台内外,2021（34）:55–57.

[143]焦烈.高校图书馆在大学生思政教育中的功能发挥研究——《高校图书馆服务与大学生入馆教育研究》荐读[J].情报理论与实践,2021,44（10）:213.

[144]张丽丽,陈威莉.高校图书馆在大学生思政教育中的作用发挥——评《多维视域下的高校思想政治教育》[J].热带作物学报,2021,42（10）:3113.

[145] 员立亭，杨黎．高校图书馆开展思想政治教育工作探析 [J]．商洛学院学报，2021，35（05）：76–80．

[146] 张淑杰．新时代高校图书馆助力立德树人的思考 [J]．黑龙江省社会主义学院学报，2021（03）：61–64．

[147] 张祎，余敏杰．"大思政"视域下高校图书馆服务思政课辅助教材建设的思考 [J]．图书馆工作与研究，2021（S1）：66–70+118．

[148] 周绪忠．图书馆服务新时代高校思想政治工作策略研究 [J]．黑河学刊，2021（05）：101–106．

[149] 秦中云，王彤．课程思政理念下高校图书馆教学支持服务研究 [J]．北京联合大学学报，2021，35（03）：28–33．

[150] 尹桂平．高校图书馆红色教育实践及效果评价思考 [J]．中国现代教育装备，2021（13）：157–159．

[151] 曹晓旭，张欢．公共危机情况下高校图书馆思政育人途径探析 [J]．轻工科技，2021，37（07）：185–187．

[152] 尹桂平．高校图书馆红色文化育人机制研究 [J]．中国现代教育装备，2021（11）：157–160．

[153] 闫炳文．新时代高校图书馆思政育人功能探析——以内蒙古科技大学为例 [J]．包头职业技术学院学报，2021，22（02）：70–72．

[154] 韩祎楠，戴文静，王威．结合高校图书馆空间搭建阅读推广活动创新模型——以哈尔滨工业大学图书馆为例 [J]．兰台世界，2021（06）：147–151+146．

[155] 肖运安，丁玲．互联网条件下高校图书馆红色文化建设研究 [J]．江西科技师范大学学报，2021（02）：52–56+51．

[156] 项姝珍．"课程思政"与嵌入服务——高校图书馆阅读推广模式新探 [J]．河南图书馆学刊，2021，41（04）：63–65．

[157] 钟思．基于思政教育的图书馆阅读推广策略探讨 [J]．产业与科技论坛，2021，20（07）：272–273．

[158] 钟思．高校图书馆"思政 + 文化"模式新探索——以华中师范大学图书馆为例 [J]．办公室业务，2021（06）：78+86．

[159] 谢宝义，周小平，张哲，王晓华．"互联网 +"时代高校图书馆开展思想政治教育路径研究 [J]．石家庄铁道大学学报（社会科学版），2021，15（01）：

53–57.

[160] 李燕，张红燕，金小旃 . 基于 O2O 服务模式的高校图书馆思想政治教育探究——以宁夏大学图书馆为例 [J]. 传媒论坛，2021，4（05）：132–134.